好习惯成就孩子一生

优秀的孩子之所以优秀，
是因为他们养成了更多的好习惯

杨亚芳 编著

北京理工大学出版社
BEIJING INSTITUTE OF TECHNOLOGY PRESS

版权专有 侵权必究

图书在版编目 (CIP) 数据

好习惯成就孩子一生 / 杨亚芳编著. —北京：北京理工大学出版社，2017.8
（2019.4重印）

ISBN 978 - 7 - 5682 - 4281 - 3

Ⅰ. ①好… Ⅱ. ①杨… Ⅲ. ①习惯性 - 能力培养 - 儿童教育 - 家庭教育 Ⅳ. ① G78 ② B842.6

中国版本图书馆 CIP 数据核字 (2017) 第 158567 号

出版发行 / 北京理工大学出版社有限责任公司
社　　址 / 北京市海淀区中关村南大街 5 号
邮　　编 / 100081
电　　话 /（010）68914775（总编室）
　　　　　（010）82562903（教材售后服务热线）
　　　　　（010）68948351（其他图书服务热线）
网　　址 / http://www.bitpress.com.cn
经　　销 / 全国各地新华书店
印　　刷 / 三河市华骏印务包装有限公司
开　　本 / 710 毫米 × 1000 毫米 1/16
印　　张 / 20.75　　　　　　　　　　　　责任编辑 / 闫风华
字　　数 / 277 千字　　　　　　　　　　　文案编辑 / 闫风华
版　　次 / 2017 年 8 月第 1 版　2019 年 4 月第 5 次印刷　责任校对 / 周瑞红
定　　价 / 36.00 元　　　　　　　　　　　责任印制 / 施胜娟

图书出现印装质量问题，请拨打售后服务热线，本社负责调换

序

好习惯是对孩子最好的教育

习惯是人们在长期的实践过程中逐渐养成的、一时不容易改变的行为、态度和倾向，它像一套自动化程序，支配着人们不自觉地在这个轨道上运行。

《三字经》中有一句我们耳熟能详的话："人之初，性本善。性相近，习相远。"这里的"习"，就是指习惯，可见我国从古代开始就认识到了习惯的力量。

著名教育家叶圣陶也非常重视习惯的作用，他曾说过："什么是教育？简单一句话，就是养成良好的习惯。"

世界著名心理学家李德也曾说："播下你的良好行为，你就能取得良好的习惯；播下你的良好习惯，你就能拥有良好的性格；播下你的良好性格，你就能拥有良好的命运。"

发展至今日，我们也愈加相信，每个人的天赋条件一般差不多，而导致日后的成就千差万别的主要因素之一，就是其后天养成的习惯。

在教育孩子时，我们的父母也越来越认识到，好习惯会让孩子终身受益，而坏习惯会贻害孩子一生，而教育孩子的关键就是培养孩子的好习惯。

良好的做人习惯能给孩子一生的幸福。让孩子学会做人，是教育对父母的基本要求。不管孩子以后能否取得大成就，父母都应该先培养他们做人的习惯。

这就要求父母培养孩子的自信，让孩子懂得自尊自爱、谦虚不骄。与此同时，培养孩子的爱心、孝心、同情心、幽默感等也至关重要。

良好的做事习惯能成就孩子的一生。会做事，才能提高效率；会做事，才能事半功倍；会做事，才能够在更短的时间内获得更大的成功。

在培养孩子的做事习惯时，父母要让孩子学会经过周密计划、分析决策后高效地把事情做好。在做事的过程中，要让孩子专注、重视细节，同时以勇于吃苦的精神坚持到底。

培养孩子的独立习惯是父母要重视的，独立能让孩子真正成为社会的一员。父母可以让孩子在认识自己后，树立正确的目标，在自我激励下努力前进。

当然，在这个过程中，还要让孩子学会自制，学会与他人合作。同时，也要坚持自己的主见，用坚强的意志战胜一切困难。

良好的学习习惯是孩子取得好成绩的根本，也是奠定一生学习能力的基础。学习对孩子的重要性不言而喻，不喜欢学习、不会学习的孩子，很难拥有美好的未来。

父母可以指导孩子珍惜时间，在讲究方法的前提下努力学习，以取得更好的成绩。学习的好习惯有很多，这些习惯不但会推动孩子学习进步，还能为孩子以后顺利适应社会打下基础。

当然，需要父母帮助孩子养成的好习惯还有很多，理财、社交、思考、健康、安全、心理等方面，都需要有好的习惯做支撑。

日本教育家福泽俞吉说："家庭是习惯的学校，父母是习惯的老师。"家庭是教育的最好教室，父母是孩子最重要的老师。父母采用什么样的教育方式，孩子就会养成什么样的习惯。

儿童是形成习惯的关键时期，尤其是3~12岁的孩子。只有在孩子年幼的时候，培养孩子的好习惯，孩子将来才能成为一个全面发展的人。

如果父母在孩子的关键时期，没有培养孩子的好习惯，那么等孩子养成坏习惯的时候，想要再帮孩子改掉它们，就很难成功了。

为了帮助和指导父母做好孩子的习惯教育工作，本人特意编著了这本《好习惯成就孩子一生》，希望通过有效的案例和详细的讲解，让父母掌握帮助孩子培养好习惯的关键。

培养孩子的好习惯，不仅是教育的目的，也是家庭教育的核心内容。为了孩子的健康成长和终身幸福，希望父母们能努力培养孩子的良好习惯。

目 录

第一章　做人的好习惯：孩子出生后的第一课

自信满怀——孩子获得成功的基石……………………………… 2
自爱自重——引导孩子珍惜自己的荣誉………………………… 5
充满爱心——懂得付出爱才能得到爱…………………………… 8
孝顺父母——影响孩子一生的根本习惯………………………… 11
乐观向上——让成功多一份可能………………………………… 14
同情他人——让孩子获得更多人心……………………………… 17
谦虚不骄——放低姿态才能进步更快…………………………… 20
勇敢不惧——让孩子豁出全部的力量行动……………………… 23
风趣幽默——让孩子做一个快乐的人…………………………… 26

第二章　做事的好习惯：让孩子会做事、做成事

周密计划——让孩子顺利实施具体行动………………………… 30
分析决策——让孩子学会果断地做决定………………………… 33
讲究效率——效率是做好工作的灵魂…………………………… 36
专注一事——专注于所期望之事必有收获……………………… 39
重视细节——小事和细节成就完美……………………………… 42

吃苦耐劳——不能吃苦就是给失败制造机会…………………… 45
坚持到底——给孩子达到目标的重要力量…………………… 48
勇于负责——做好每一件事就是负责…………………………… 51
自我反省——给孩子一面看清错误的镜子…………………… 54
知错就改——改正错误永远是不嫌迟的………………………… 57

第三章 独立的好习惯：让孩子真正成为社会的一员

树立目标——用理想激励孩子走向独立………………………… 62
自我管理——孩子走向自立的第一步…………………………… 65
自我激励——让孩子在沮丧时重拾自信………………………… 68
认识自己——不能认识自己的人离成功最远…………………… 71
意志坚强——引导孩子走向快乐和幸福………………………… 74
自我克制—— 一点小克制也能让孩子变强大 ………………… 77
与人合作——用他人的力量成就孩子…………………………… 80
坚持自我——让孩子坚持自己的原则…………………………… 83
学做家务——让家庭成为孩子自立的考场……………………… 86
大胆尝试——每一次尝试都是一次成长………………………… 89

第四章 学习的好习惯：取得好成绩的最佳途径

珍惜时间——做时间的主人而非奴隶…………………………… 94
刻苦勤奋——成为天才的决定因素是勤奋……………………… 97
讲究方法——方法让努力更有效果……………………………… 100
制订计划——让孩子构建知识大厦的蓝图……………………… 103
课前预习——为课堂认真听讲做好准备………………………… 106
高效听讲——牢牢抓住每一个四十五分钟……………………… 109
独立作业——验证孩子学习效果的机会………………………… 112

课后复习——让孩子消化所有的知识点························115
虚心好问——有疑问才能有更大的进步空间····················118
主动学习——好成绩源于自动、自发的学习····················121
巧妙考试——教孩子取得高分的技巧··························124

第五章 理财的好习惯：给孩子创造财富的能力

俭朴节约——节省下多少，就得到多少························128
科学消费——让孩子体验消费的乐趣··························131
学会储蓄——引导孩子存下属于自己的财富····················134
认识金钱——帮助孩子摆正对金钱的态度······················138
计划开支——让消费变得有所控制····························141
学会记账——清楚地知道每一笔钱的去向······················144
打工赚钱——让孩子利用劳动赚钱····························147
不追名牌——适合自己的才是最好的··························150
接触商业——尝试初级的商业活动····························153
认清广告——看清购物广告后面的猫腻························156

第六章 社交的好习惯：帮孩子拥有现在和未来

诚实守信——擦亮孩子为人处世的"招牌"······················160
文明礼仪——给别人留下好的第一印象························163
尊重自己——自尊让孩子得到他人的尊重······················166
待人接物——让孩子用正确的方式待人························169
关爱他人——温暖别人，也快乐自己··························172
学会倾听——让孩子把倾听内化为习惯························175
满怀感恩——感恩能为孩子赢得更多帮助······················178
心胸豁达——心胸宽广一些，朋友便多一些····················181

正视虚荣——不让孩子被光鲜的外表迷惑……………………… 184
换位思考——让孩子养成善解人意的习惯……………………… 187
与人分享——分享不是失去而是得到…………………………… 190
拒绝嫉妒——嫉妒，伤害别人，更伤害自己…………………… 193

第七章　思考的好习惯：最影响孩子前途的因素

勤于思考——提高孩子的知识和智力水平……………………… 198
爱上阅读——让孩子储备丰富的知识…………………………… 201
细心观察——深入认识事物的必经途径………………………… 204
超强记忆——给孩子一个最强大脑……………………………… 207
学会质疑——问题能激发孩子积极思考………………………… 210
保持好奇——好奇是一切思考的催化剂…………………………213
激发想象——让孩子的思想尽情畅游…………………………… 216
乐于创造——孩子走向成功的有效捷径………………………… 219
思考运用——思考是为了更好地指导实践………………………222

第八章　保持健康的好习惯：身体是所有活动的基础因素

讲究卫生——让孩子知道干净才是美……………………………226
科学用眼——给孩子一双明亮灵动的眼睛………………………229
热爱运动——健康永远是孩子的大资本…………………………232
规律作息——让孩子每天都充满活力……………………………235
科学饮食——不挑食、不偏食的孩子更健康…………………… 238
不理烟酒——让孩子对自己的身体负责………………………… 241
缓解压力——让孩子学会给心灵减压…………………………… 244
不吃零食——不让垃圾食品填满身体…………………………… 247

调节情绪——摆脱情感失控的状态……………………………………… 250
科学用脑——大脑也需要适当的休息……………………………………253

第九章 自我安全的好习惯：让孩子能够保护好自己

沉着冷静——情况越危急，越能保持冷静……………………………… 258
直面挫折——勇敢地解决生活中的难题………………………………… 261
随机应变——让机智帮孩子化险为夷…………………………………… 264
自我保护——让孩子拥有保护自己的力量……………………………… 267
遵纪守法——避免因触犯法律受到惩罚………………………………… 270
安全用网——不让孩子被网瘾控制………………………………………273
理性看"性"——科学引导孩子的性心理………………………………… 276
抵制"黄毒"——给孩子一颗纯净的心…………………………………… 279
拒绝骚扰——随机应变摆脱"咸猪手"…………………………………… 282

第十章 心理健康的好习惯：让孩子的内心快乐起来

克服焦虑——给孩子健康平和的心态…………………………………… 288
情绪稳定——稳定的情绪利于身体机能的运转………………………… 291
活泼开朗——让孩子的身体，心灵都健康……………………………… 294
远离恐惧——让孩子的内心不再害怕…………………………………… 297
打败忧郁——内心愉悦才能保持健康…………………………………… 300
告别害羞——让大大方方成为生活的常态……………………………… 303
消除多疑——放下疑虑，遵从自己的内心……………………………… 306
不再孤独——努力让自己融入热闹中…………………………………… 309
摆脱悲观——让孩子的心里天天是晴天…………………………………312
平息暴躁——让孩子熄灭心头的无名之火……………………………… 315

第一章

做人的好习惯：孩子出生后的第一课

自信满怀——孩子获得成功的基石

自信就是相信自己，是走向成功的第一步。自信是一种积极的心理品质，是促使人奋进的内部动力，是一个人取得成功所必备的、重要的心理素质。

有所成就的人无不具有超凡的自信，他们敢于尝试，就算失败也能被自信拉一把，从而获得成功。

如果孩子满怀自信，就能积极进取，勇于尝试新鲜事物，乐于接受各种挑战，获得成功；如果孩子缺乏自信，会时常被颓废和绝望困扰，给生活和学习造成不必要的影响，甚至会因此耽误自己的一生。

这很容易理解，同一件事情，如果孩子坚信自己可以取得成功，他就会努力争取，即使遇到了困难，也不会随便怀疑自己的能力；反之，如果孩子对自己没有信心，一遇到困难便畏畏缩缩，就难以登上胜利的高峰。

李欢上五年级，学习很好，平常在班里经常考第一名。但是她性格有点内向，缺乏勇气和自信，尤其是参加大型的考试时，她总会发挥失常。

这次又要期末考试了。李欢这段时间学习认真，也进行了系统的复习，本应该信心百倍的，可是她依旧缺乏自信，怕考不好会丢人，让老师和同学笑话。

考试前几天，李欢吃不下饭、睡不着觉，结果自然又发挥失常。父母也不知道要怎么帮助她树立信心，战胜心理障碍。

自信心作为一种心理品质，它的树立贯穿于孩子整个性格的形成过程中。自信心的树立，有助于孩子其他性格的完善。

自信是孩子一生中宝贵的财富，是孩子成长过程中的精神食粮，能帮助孩子努力克服困难，排除各种障碍，使孩子更好地表现自己，实现自己的价值。

合格的父母有责任帮助孩子树立自信，积极地面对生活和学习。自信是可以传染的，父母要信任自己的孩子，并将这种信任传染给孩子，让孩子挺起胸膛，扬起自信的风帆。

方法一：用赏识激发孩子的自信

赏识教育是孩子成长路上的营养剂，很多父母都喜欢抱怨自己的孩子不够优秀，盯着孩子的缺点不放，却没有意识到，父母对孩子进行赏识教育，可以使丧失信心的孩子重拾信心，也可以帮助困境中的孩子坦然面对挫折和困难。

秦亮是个不自信的孩子，学习成绩也不理想。尤其是英语成绩，总是拖班级的后腿。这让他越来越不自信，甚至对学习失去了兴趣。

这次英语考试，秦亮比上次有了进步，但还是没及格。妈妈看着他的试卷，表扬他书写很工整，还夸他这次比上次有了进步。在妈妈真诚的赏识中，秦亮逐渐地找到了学习的信心。

可见，不自信的孩子需要来自父母的赏识。父母是孩子最值得信赖的人，只要父母给予孩子赞美和赏识，孩子就会变得自信。

方法二：用成功体验增加孩子的自信

大部分的孩子都有自尊心，他们喜欢享受成功的快乐，并能将这种愉悦持续很长一段时间。因此，父母可以利用这一点来教育孩子。

张澜是个很不自信的女孩，虽然非常喜欢朗诵，却不敢上台朗诵。在妈妈的鼓励下，张澜参加了学校的朗诵比赛，获得了二等奖的好成绩。

后来，每当张澜遇到困难，或者开始怀疑自己的能力时，她就会回想自己以往取得的成绩，然后坚定地相信自己能行，且最终战胜了困难。

父母要分析孩子渴求成功体验的心理，善于发现孩子的每一点进步，并不失时机地给以鼓励，用成功体验增加孩子的自信。

父母要在孩子享受成就感的时候，帮助他们点燃自信的火花。但要注意，不能让孩子因为这些成功而盲目自信，要时刻注意防止孩子骄傲。

方法三：给孩子制定合理的目标

父母对孩子的期望值决定了孩子的努力程度。父母要全面客观地评价孩子，给孩子确立适合的目标，保证孩子通过努力可以实现，或是跳一跳就够得着。

给孩子制定合理的目标，当目标达到时，孩子就会获得自信。如果目标过低便达不到发展孩子能力的目的，目标过高会让孩子产生挫败感，都不利于孩子自信心的树立。

方法四：帮助孩子克服自卑心结

自卑的孩子往往缺乏自信。自信是成功的首要秘诀。自信在孩子的成长过程中发挥着很大的作用，它是孩子取得好成绩和不断进步的动力。帮助孩子克服自卑心结，才能让孩子的身心得到健康发展。

父母要在生活中留意孩子的心理变化，一旦发现孩子存在自卑心理，就要积极引导，将自卑从孩子心理祛除，让孩子找回自信。

自爱自重——引导孩子珍惜自己的荣誉

自爱自重,就是自己爱护自己,珍惜自己的生命和名誉,能够根据自己的意愿将自己作为一个有价值的人来接受,并且毫无怨言。

法国哲学家伏尔泰说过:"自爱是我们所有感情和所有行动的基础。"一个思维健全的孩子是懂得自爱的孩子,他的一切行动都会表现出这种品质,如:帮助别人实现愿望,默默地自我欣赏、自我赞扬等。

自爱可以帮助孩子树立良好的品德,让孩子把自己作为一个有价值的人对待。让孩子学会自爱自重,就意味着让孩子学会自己爱自己,自己接受自己。

王慧上初二了,在学校结交了不少朋友,但这些朋友非但没有帮助她进步,反而带着她一起逃课、上网,这让爸爸很着急。

面对爸爸的批评,王慧强词夺理说:"现在整个学校的学习氛围一点也不浓,大家都一样,我不这样就没有办法合群。"

爸爸把屈原的故事告诉了她,屈原在充斥着一帮小人的朝廷中,始终不与他们同流合污,与荷花一样,具有出淤泥而不染的精神和品质。

爸爸说:"如果你能在污浊的环境里,坚持自己的原则,不受各种坏风气的影响,你以后的人生也会变得很不一样。"

王慧听了爸爸的话,决心向屈原学习,远离那些"污泥朋友",改变不良的行为,做一个自重自爱的女孩。

父母要教育孩子学会自爱,按照一定的标准塑造自己的形象。这就需要父母和孩子都要摒弃一个陈旧的观点：人的自我形象要么是积极的，要么是消极的。

实际上，孩子有许多自我形象，而且它们是在不断变化的。不管形象如何，孩子都要学会自己接受自己、欣赏自己。

有些人认为，自爱行为是一种极端利己主义的令人反感的行为，其实这是一种误解。自爱与自夸毫无共同之处，自夸是企图靠自吹自擂来赢得他人的注意和赞许，是一种病态行为。

自爱是一种力求完善的动力，也是一切伟大事业的渊源。为了让孩子有所成就，父母要帮助孩子成为一个自爱的人。

方法一：父母要为孩子树立榜样

孩子的自我意识不够强烈，他们需要从父母的身上寻找模仿的地方。父母做到了自爱，孩子也能在潜移默化中懂得自爱。反之，孩子则会自暴自弃或是骄傲自大。

王文伟今年七岁了，他们家刚刚被评为文明家庭。去年，王文伟的爸爸被辞退了，但是他没有自暴自弃，而是积极地做起了生意，实现了自身的价值，赢得了大家的好评。

平时，父母就教育王文伟要懂得自爱，爱惜自己的能力，同时，父母也相敬如宾，在王文伟面前树立了良好的形象。

家庭是孩子接触最早的环境，父母要在家中为孩子做好自爱的典范，既在孩子心目中树立榜样，又提高自己在孩子心里的威信。

方法二：教给孩子爱惜自己的身体

身体发肤受之父母，孩子要爱惜自己的身体。父母要关注孩子的心理安全，健康的心理才能保证孩子珍惜自己的生命，爱惜自己的身体。

只有懂得尊重生命的人才能有资格谈论自爱，才能得到别人的尊重。一个孩子如果随意对待自己的身体，也就做不到爱惜别人了。父母让孩子懂得爱惜生命是自爱的前提和基础，也是取得成功的保障。

方法三：让孩子重视自己的名誉

父母要让孩子重视自己的名誉，爱惜自己的声誉，讲文明、懂礼貌，不做损害别人利益的事；让孩子知道，爱自己的同时能得到别人的认同和称赞。

李妍和白燕是同桌，白燕最近买了一支漂亮的自动铅笔，李妍很是羡慕。这天放学后，李妍捡到了这支笔，并带回了家，打算好好欣赏一下。

妈妈知道了，就告诫李妍要重视自己的名誉："如果同桌明天误会了你，把你当成小偷，那就糟了。"李妍意识到自己的过失，答应改正。

父母要让孩子在心里放一把衡量自己道德的标尺，以督促自己做个品德高尚的人。一个自爱的孩子，就不会拿自己的名誉当儿戏，从而遵纪守法，过得从容和舒心。

方法四：让孩子在集体活动中学会自爱

父母教育孩子自爱，就要鼓励他们主动与人交往，积极参加集体活动，培养自己开朗、乐观的性格。让孩子相互影响，是教育的好方法，也是培养孩子自爱的好途径。

在这个过程中，孩子将学会正确处理与他人的关系，养成尊重自己、尊重他人、助人为乐的良好品德。一切成功都来自努力，只有自尊自爱，生活中才能充满阳光。

方法五：教孩子正确区别自爱和自私

自爱和自私是不同的，自爱是自己爱护自己，自己尊重自己，而自私则是一切以自我满足为出发点，毫不顾忌别人的感受。

父母要做好孩子的指导工作，帮助孩子正确区分自己的行为是自爱还是自私，在相互比较中学会自爱，远离自私。

充满爱心——懂得付出爱才能得到爱

爱心是孩子心灵的阳光,有了这阳光的照耀,孩子的一生才会光明灿烂。父母对孩子爱心的培养,要从小抓起,从小事抓起。

在孩子的成长过程中,父母要多让孩子感受到家庭的爱,这是孩子爱心萌生的起点。让孩子感受到被爱的幸福和温暖,是孩子懂得奉献爱的心理基础。

许多父母对孩子都是疼爱有加,却忘了培养孩子的爱心意识。孩子只学会了接受爱,却不会付出爱。渐渐地,孩子就丧失了去爱人的能力,变得以自我为中心,非常自私自利。

有一天当父母想让孩子做点事时,才发现了问题的严重性。因为孩子早已认为父母对自己好是理所当然的,但是怎样来敬爱、回报父母,孩子却从未想过。

周时今年上初一了。这天坐车时,他运气比较好,刚站了一会儿,旁边的乘客就下车了。周时见状,赶忙坐了下来。

很快,上来一个抱小孩的妇女,售票员说:"请哪位乘客帮忙让一下座?"周时正好坐在那个妇女旁边,可他觉得自己好不容易才有一个座位,不愿意起来,于是便装作没看见。

这时,坐在周时后面的一个阿姨给那对母子让出了座位。周时听到背后传来了很多议论声,可他假装没听见。

自我中心和自私自利是培养孩子爱心的大敌,平时在生活中,父母要多给孩子爱的启迪，让孩子有付出爱的机会。同时，要培养孩子的怜悯心和同情心，让孩子能够感受到别人的痛苦，并愿意付出爱的行动，从而使爱心的种子在孩子心中生根发芽。

孩子的爱心非常稚嫩，如果父母关注它，它就会茁壮成长；如果对它漠视和打击，它就会渐渐枯萎。

父母要想培养出一个富有爱心的孩子，就应该对孩子的爱心小心呵护，通过点滴的积累，构筑起孩子爱的大厦，使爱心在孩子的心中扎下根，并伴随着孩子的成长不断升华。

方法一：通过角色游戏来培养孩子的爱心

角色游戏对于培养孩子的道德情感、交往能力、独立能力等都有帮助，而且也能让孩子在这种模拟现实生活的游戏中获得极大的愉悦感。

李皓然是一个比较有爱心的孩子。从小，爸爸就经常让李皓然招呼一些玩伴到家里来玩，通过角色扮演游戏来培养他的爱心。

有时，孩子们会一起玩医生照顾病人的游戏，每个人都有不同的角色分工。这样一来，李皓然就懂得了在别人生病时要怎么做，也懂得了病人是要给予特殊关爱的。

父母在孩子游戏时，应引导孩子让游戏活动向健康的方向发展，在游戏中多加入一些爱心成分，让孩子在游戏中体验到关爱人和被关爱的感觉。这种情感的模拟体验，会促进孩子在现实生活中爱心行为的产生。

方法二：父母要多向孩子展现自己的爱心

父母对孩子的影响是最直接的，平时多向孩子展示一下如何做一个有爱心的人，比对孩子讲一百个爱心道理都有效。孩子从父母身上受到的影响，是会影响孩子一辈子的。

只有有爱心的父母，才能培养出有爱心的孩子。父母首先要让自己充满爱心，并多对孩子展现爱心，这样才能对孩子有好的影响。

方法三：让孩子学会为别人着想

孩子在生活中，也会碰到各种各样让他们感到痛苦的事情。父母要指引孩子在别人也遇到类似的痛苦时，多想一想自己当时的疼痛经验，推己及人。

妈妈生病了，不能为王宇飞准备早餐了。爸爸上班前，嘱咐王宇飞去早点铺买早点吃。王宇飞听后，拿着钱就出去了。

回来时，王宇飞不仅给自己买了一份，还给妈妈带了一份，并帮妈妈把吃药的开水也倒好了。妈妈看到儿子这么体贴自己，心里乐开了花，病情似乎也一下子减轻了不少。

利用这样的方法，父母可以让孩子学会理解和体谅别人，能让孩子产生同情心和怜悯心，并主动给予他人物质和精神上的帮助。孩子学会了设身处地为别人着想，也是有爱心的一种表现。

方法四：为孩子提供奉献爱心的机会

很多时候孩子不是不会爱，只是被剥夺了爱的机会。父母不能一味地疼爱孩子，什么事都自己做。

在生活中，父母要给孩子奉献爱心的机会，平时让孩子做一些家务事、让孩子喂养小动物等，都是培养孩子爱心的好方式。很多研究显示，让孩子养动物可以增加孩子的爱心指数。

孝顺父母——影响孩子一生的根本习惯

百善孝为先。孝顺父母是我们中华民族的传统美德，更是孩子优良品德形成的基础。一个连父母都不孝顺的孩子，是难以成为社会需要的栋梁之材的。

孩子是否孝顺，不仅关乎父母与子女的关系，更关系到孩子今后在社会上会如何表现以及如何对待他人的恩情。有些孩子知恩不图报，就是源于父母对他不孝顺的纵容。

今年十四岁的张菲菲，不仅学习成绩好，更重要的是她非常体贴父母，是个非常孝顺的孩子。

张菲菲的父母平时工作很辛苦，但他们并不掩饰这一点，这使张菲菲从小就懂得父母养育自己的不容易。她在学校从不和同学比吃穿，总是认真踏实地学习。

另外，张菲菲的父母也都是非常孝顺的。他们不管平时工作多么忙，都会去爷爷奶奶和外公外婆家帮忙做家务，陪老人聊天。

张菲菲从小受到父母孝顺行为的影响，也学会了怎么孝顺父母。每次父母下班，她都会很快从卧室里跑出来，为父母泡茶，给他们捶背，给他们解乏。

许多父母为孩子付出一切都无怨无悔，并不要求他们的回报，所以他们认为，孩子孝不孝顺并不重要，持有这种想法的父母是非常不合格的父母。

且不说对孩子这种行为的纵容将对社会造成什么影响，就连父母引以为豪的爱，都是不健康的爱。爱并不等于纵容，爱是一种互动的过程，并不仅仅意味着无私的给予。

孩子孝敬父母，进入社会后才可能会关心他人，对他人给自己的恩情给予回报，与他人进行良好的关系互动。如果一个孩子连自己的父母都不孝顺、不尊重，又谈什么尊重他人、热爱社会呢？

孩子孝顺父母不是一件顺理成章的事情，需要父母有意识地激发和引导。因此，在对孩子进行教育时，培养他们的孝心应该成为其中的重要一环。

方法一：父母应该给孩子树立孝顺的好榜样

让孩子看到父母的孝顺行为，无疑是培养他们孝顺品质的最好方式。所以，父母平时要多尊重和孝敬自己的父母、长辈，给孩子树立孝顺的榜样。

父母还可以利用空闲时间带孩子去帮助他的爷爷奶奶、外公外婆做一些家务，陪他们聊天，让孩子在父母的影响和带领下默默形成孝顺的好品质。

方法二：坦然接受孩子的孝心

父母的辛苦，孩子看在眼里，总会有一些表示。当孩子孝顺父母时，父母不仅要心领，更要以行动表明自己的态度，而不是拒绝他们的孝心。

例如孩子为父母夹菜，父母应该接过来吃；孩子要为父母分担家务，父母应该递给他们拖把或扫帚。父母的这些行为，对孩子萌发的孝心无疑是最好的强化方式。

方法三：让孩子体会父母的辛苦

很多孩子不是不孝顺，而是根本不知道父母的辛苦，认为父母养育自己是件很容易的事情。父母要让孩子了解这其中的不容易，激发他们的孝心。

兆维今年十一岁，正在上小学六年级。兆维的妈妈是超市的收款员，每天要站在柜台前工作八小时，很辛苦。

有一次，兆维跟着妈妈去上晚班，刚陪妈妈站了一小时，他便去休息室睡觉了。等兆维睡醒后，发现妈妈还站在柜台前不紧不慢地收款，他终于体会到了妈妈的辛苦。

从此以后，兆维总是寻找各种机会为妈妈减轻负担，帮妈妈做饭、洗衣服、拖地、为妈妈按摩。这一切，都让辛苦的妈妈感到非常欣慰。

父母不要刻意在孩子面前隐藏自己的辛苦，甚至可以带孩子去体验自己一天的工作。孩子体会了父母养育自己的不容易，自然会变得更加孝顺。

方法四：从小事入手训练孩子的孝心

生活细节最能反映一个人的孝心，也最能表达孝心。父母应该主动与孩子沟通，引导他们孝顺自己。

今年刚刚十岁的王培是家中唯一的孩子，父母非常重视对她孝顺品质的训练。他们都认为，一个孩子如果连父母都不孝顺是难以真正成才的。

每天下班回来，父母都要求王培主动向他们问好，为他们泡茶、捶背，陪他们聊天。这些都将计入王培每天的品德表现，父母会据此决定给她奖励或者惩罚。

最初，王培很反感，但很快就从表面的服从变成了真正发自内心的孝顺。由于父母具体的行为指导，她也知道如何能让父母减轻一些负担，从而越来越体会到孝顺的乐趣。

父母可以把孝顺父母、长辈列入孩子的品德表现评估，具体引导孩子实施孝顺的行为。父母可以要求孩子从生活中最平常的小事做起，回报大人的养育之恩。

乐观向上——让成功多一份可能

乐观是一种智慧，是一种积极的生活态度。乐观的生活态度会使人以微笑的目光看待一切，宽容一切，并为自己设计和建立一个健康、愉快、丰富的生活模式。

乐观向上能使孩子看到有利的一面，期待更大的成功。乐观向上的孩子可以坦然地面对生活和学习中的一切，不论是痛苦还是幸福，也不论是失败还是成功。

乐观还可以激发孩子大脑的活力和潜力，帮助他们更好地克服困难。乐观的孩子不会因为一时达不到目标而悲伤，也不会被突然降临的厄运击垮，反而会用意念中的美好期望代替现在的困境。

学习成绩不错的李星，最近转校到一所很有名的学校，里面的学生都很优秀。结果，他在这所学校就不像以前那么突出了，这让他对自己的学习和未来都很没有信心。

期中考试后，班里开家长会，老师把李星的情况告诉了他妈妈。妈妈意识到李星的心理出现了问题，便主动找李星谈心，给李星松绑，告诉他只要积极争取就够了。

在妈妈的鼓励下，李星的压力变小了，心态也变得积极起来。没过多久，他的成绩自然就提高了。

在孩子的成长过程中，他们往往看不清未来的方向，随时都会遇到艰辛、困难。但是不管生活和学习有多么不顺利，父母都要教育孩子不应消极，不应沉沦，要鼓励孩子勇敢地去面对，用积极乐观的心态去迎接生活和学习的挑战，这样他们才能走出困境，走向成功。

事实上，每个孩子都应该有一颗积极向上的心。教育孩子时父母要保持一种积极的心态，支持他、鼓励他，使孩子在发展的过程中，始终有一个良好的精神支柱。父母积极支持，可以使孩子保持一种更加乐观的态度。

乐观的态度对孩子的成长发育起着至关重要的作用。乐观的性格是可以培养的，父母要在实践中帮助孩子养成乐观的好习惯。

培养孩子积极乐观的性格，有利于孩子的健康成长，能够让孩子以更好的心态战胜一切困难，所以父母一定要想办法给孩子最好的指导。

方法一：父母要营造一个轻松愉快的生活环境

父母是孩子的第一任老师，家庭是孩子性格得以形成的场所。孩子的乐观心态首先源自父母、源自家庭，所以，培养孩子乐观的心态，父母要从自身做起。

张蓓的爸爸妈妈工作很忙，压力很大，回到家经常抱怨。妈妈说公司竞争压力太大，有关系的都被提升了，只有自己还在原来的岗位上。

爸爸也抱怨，说公司刚去的新人做事偷懒，却整日给老板点烟倒水的，结果成了老板的助理，对着大家发号施令。

整日生活在这种家庭环境中，张蓓对待问题也很消极，并且还学会评论别人了，整天和同学说老师偏向谁，不喜欢她。

做乐观的父母，为孩子营造一个快乐轻松的家庭环境。受家庭乐观环境的熏陶，耳濡目染父母的乐观，孩子就会成长为一个乐观向上的人。

方法二：父母要培养孩子积极的心态

做人做事的心态直接决定孩子的成败。积极的心态是帮助孩子取得成绩的基础，积极的心态虽然无法保证孩子一定会取得成功，但是其取得成功的先决条件。孩子心态积极，乐观地面对生活，接受挑战，就会离成功越来越近。

培养孩子乐观、积极的心态不是一朝一夕就能实现的,要通过父母和孩子长期的共同努力,使积极的心态成为孩子的习惯。

方法三：父母要教会孩子正确面对人生挫折

在挫折面前只有保持自信和乐观,才能保持心理上的平衡。父母要教育孩子保持自信和乐观的态度,把挫折看成是充实人生经历的一段路程——做好了心理准备,压力也会减少。

每个人都要面对各种各样的挫折。挫折是孩子的必修课,只有经历过挫折的孩子,才能更好地适应激烈的竞争和复杂多变的社会。

挫折教育可以帮助孩子树立一种面对挫折时积极乐观的态度。挫折本身不能造就一个人,能够造就孩子的是在挫折和苦难中找到打败它们的精神武器——积极乐观。

方法四：父母要及时排除孩子的不良情绪

即使天性积极乐观的孩子,也难免会遇到影响自己积极心态的问题。遇到麻烦时,孩子一般会表现出悲观的情绪。

父母要留意孩子的情绪变化,及时和孩子沟通,通过交流帮助孩子排除心理障碍,化解孩子的悲观情绪、不良心态。

父母要帮助孩子找到克服困难的正确方法,教给孩子保持积极乐观的精神,让孩子成为一个面对任何困难都保持乐观向上的人,这样孩子才能健康快乐地成长。

同情他人——让孩子获得更多人心

同情心是传统美德中的仁爱之心和善良之心,是一种非常珍贵的情感,也是一种做人必备的基本素质。

富有同情心,对孩子个性的健康发展很重要,也有利于孩子建立良好的人际关系。孩子有了同情心,就会对别人的痛苦很敏感,能够从别人的角度来想问题,更好地理解和接纳别人。这样的孩子往往会表现出心地善良、性情温和,因而受人欢迎。

没有同情心的孩子,心里装不下别人,更别说去理解和接纳别人了。一个缺乏同情心的人,性格容易走向怪异和极端,让人难以亲近。

现在的孩子通常养尊处优,养成了以自我为中心的习惯,从而导致了同情心的淡薄。对于这种情况,父母一定要有所警惕。

王云今年五岁了,是父母的掌上明珠,全家人什么事情都要听他的。要是不顺他的意,他就会生气、耍赖。平时在幼儿园,只要有人不按他的意思来做游戏,他就发脾气、闹别扭。

有一天,王云又和小朋友打架了。起因是老师要分组做游戏,把一个腿有点瘸的小朋友和王云分到了一组,结果,一轮比赛下来,王云这组输了。

王云心里很不高兴,走过去就把自己的搭档推倒在地。看到对方伤心地哇哇大哭起来,王云却幸灾乐祸地说:"就是你害得我输掉了。"

同情心是构成孩子完美个性、良好品德的要素之一。孩子从一出生就开始学习各种情感,同情心也在其中。富于同情心的孩子,更富于想象力,他们对于生活中一切——不论是有生命的还是没有生命的事物，都会表示出自己的同情心。

同情心还是促使孩子产生善良举动的内在动力。一个富有同情心的孩子，会在生活中收获到更多的关爱，也让人乐于接受自己；而缺乏同情心的孩子，更容易走向冷漠和孤僻。

对于孩子同情心的幼苗，父母要给予好好保护，千万别让孩子的同情心随着童年的走远而渐渐消失。

方法一：父母要鼓励孩子关爱别人

当孩子看到别人痛苦时，自己也会流露出痛苦的表情，便是同情他人的表现之一。这是孩子同情心形成的心理基础，父母要给予鼓励。

冯绍已经四岁了，在和汪密一起玩时，汪密不小心摔了一跤，把膝盖给摔破了，疼得直哭。冯绍看他这么痛苦，仿佛自己也伤到了一样，竟然也掉起了眼泪。

冯绍的妈妈看到了，连忙把他们领回了家，帮汪密擦上了消毒药水，还贴了创可贴。冯绍马上拿出自己心爱的汽车玩具，哄汪密开心。

妈妈看见冯绍的表现，马上表扬了他。冯绍听了妈妈的表扬更积极了，主动说一会儿要送汪密回家。他的神态就像一个小大人一样，把汪密也逗得笑了起来。

其实，孩子的同情意识在幼年的生活中会经常呈现，父母要及时鼓励孩子的这些行为，而不要去取笑和打击他们。因为这种美好的情感一旦被毁坏，就很难再恢复了。

方法二：培养孩子的分享行为

让孩子学会与人分享，是培养孩子同情心的一个好办法。孩子在与人分享的过程中，会学会替别人着想，从而更在乎自己的言行对人的影响。

同情，从学会与人分享开始。一个会为别人考虑的孩子，在别人遇到困难时也会心生怜悯，竭尽自己的所能去帮助别人。

方法三：引导孩子爱护弱小

孩子并不是天生就没有同情心，父母只要稍加引导就会发现，孩子也是非常善解人意和愿意保护弱小的。

刘兵放学回家跟妈妈说："我们班上有几个同学的家被洪水淹了，老师让我们给他们捐款。"妈妈一听，就鼓励他把买滑板的钱捐出去。

刘兵不乐意了，对妈妈说："为什么要帮助他们呢？"妈妈想了想，对他说道："星期天，你跟妈妈去看看那些受灾同学就明白了。"

星期天，刘兵随妈妈一起去看了受灾家庭的状况，回来后就像变了一个人似的。最终，刘兵将自己的积蓄都捐了出去。

父母要引导孩子同情和爱护弱小，让孩子多去接触一些处境比较贫弱的人群，从中让孩子学会同情人、帮助人，因为真实的场景会更具说服力，能够唤起孩子的同情意识。

方法四：培养孩子爱护动植物

通常，多养小动物的孩子心思会比较细腻，感情会更丰富，也会更富有同情心。而随意拆砸玩具，恶意对待小动物的孩子也会更具攻击性，缺乏同情心。

父母在平时要多注意培养孩子对动植物的热爱，让孩子在照顾动植物的过程中，学会同情、体贴他人，把别人放在心上。如果孩子有意地损坏物品，或残酷地对待小动物，父母一定要给予制止和批评。

谦虚不骄——放低姿态才能进步更快

谦虚是一种重要的美德。谦虚的孩子乐于与人分享自己的喜悦，也能够看到别人的优点，接受自己的缺点。

谦让也是源于谦虚，孩子因为具有了谦虚的品质，才会在与朋友相处的过程中真心谦让，让大家都能分享到快乐，也愿意把自己的喜悦传播给他人。

也就是说，孩子如果拥有谦虚的品德，不仅会受到父母、长辈及朋友的欢迎，对于各项能力的发展也会有很大的帮助。

不谦虚的孩子，在家里和社会上处处唯我独尊，不会与人礼让，也不会分享。他们平时对父母不太尊重，不喜欢遵守规矩，对物品也不爱惜。这对孩子将来的发展非常不利。

王军上六年级了，是个学习兴趣很浓的孩子，学习成绩在班里也一直名列前茅，所以王军的自我感觉特别好，做什么事都觉得自己才是权威，在家里也越来越不把爸爸妈妈的话放在心上。

一天，爸爸要王军教邻居家的小明学数学，王军不高兴地对爸爸说："我的数学是学得很好，但我每天做完功课还有自己的事呢。"

爸爸说："我都答应阿姨了，你让他每天和你一起做作业吧，有不懂的就问你。"王军不情愿地答应了。

小明过来后，王军不是让他给自己拿东西，就是给自己倒水等。过了几天小明就不愿过来了，还跟妈妈说："王军哥哥不尊重人，还很骄傲，我受不了。"

孩子只有学会了谦虚，才能学会欣赏别人的优点，并努力地去学习。而骄傲的孩子拒绝虚心学习，必将阻碍他们继续向前发展。

当比赛中别人取得胜利的时候，谦虚的孩子会为对手感到高兴而不是嫉妒，并愿意向别人学习。因为虚心学习，所以他们一直在进步。

现在的很多独生子女就是缺少这种能力，许多孩子已经发展成了骄傲自大的小霸王和娇娇女，承受能力特别差。一旦遇到挫折和失败，疼痛也会更加强烈；而谦虚的孩子在遇到挫折之后，会努力地去寻找自己的弱点，向人学习，及时改正。

所以说，谦虚的美德能够让孩子一步一步不断前进，一点一点地巩固自己的优点，父母一定要让孩子成为谦虚的人。

方法一：教孩子认识骄傲的危害

孩子骄傲，就会认为自己是最优秀的，从而拒绝有益的劝告和批评。尤其在学习上，知识是一个无边的海洋，孩子如果因为一时的成绩领先就忘乎所以，那么在以后的学习中就会不肯接受批评，也无法承受自己的失败而渐渐地走下坡路。

父母一定要让孩子认识到骄傲的危害，同时注重培养孩子谦虚的品质，让孩子在各方面不断进步。

方法二：帮孩子全面地认识自己

孩子产生骄傲情绪，往往是由于自己在某些方面优于别人。父母要让孩子认识到，每个人都有自己的强项，也都有劣势，要学会全面地看待自己。

刘峥由于从小就上音乐培训班，所以在学校的文艺汇演中总能获得别人羡慕的眼光。这让刘峥变得骄傲了。

刘峥不爱运动，这次又被体育老师批评了，妈妈告诉他："老师说的是对的，你是有表演才能，但是要学会谦虚，要知道，比你厉害的人多着呢。"

刘峥听了妈妈的话，意识到自己的确是有点儿骄傲自满了，就决定改变自己的态度，做一个谦虚的人。

父母要让孩子明白，在小范围里他可能处于强势地位，但是从更大的范围来讲，他还是有很多的不足，需要虚心地学习，才能使自己不断进步。

方法三：让孩子正确地对待批评

正确对待批评是一门终生的学问，孩子是否有谦虚的心态，从他能否正确地对待别人的批评上就能表现出来。

谦虚的孩子会理性地对待别人的批评，骄傲自满的孩子则不愿意接受别人的批评，即使批评是对的，也会带有抵触情绪。

所以，父母一定要让孩子乐于接受批评，这样才能及时地改正自己的缺点，不断地充实和完善自己。

方法四：对孩子的表扬要适度

孩子还小，比较容易在取得成绩之后自满，此时父母就要注意对孩子的夸奖一定要适度。如果过度了，就会助长孩子的骄傲情绪。

数学是黄言的强项，这次他又考了一百分。黄言回到家骄傲地向爸爸炫耀："我觉得我是一个天才，我又得满分了。"

爸爸怕他太骄傲了，立即给他泼了冷水："你可别说大话，陈景润都没说自己是天才。"黄言听后，兴头一下子没有了，自己回屋写作业去了。

后来，妈妈在饭桌上表扬了黄言。黄言说："我还有很多没学好的地方呢。"爸爸看到黄言变谦虚了，便拍了一下黄言的肩膀说："儿子，加油，老爸支持你。"

过度的表扬就是鼓励孩子不要谦虚，如此一来，孩子就会生活在虚假的飘飘然中，失去对自己的客观评价，走向失败。所以父母要注意，对孩子的表扬要适度。

勇敢不惧——让孩子豁出全部的力量行动

勇敢是一种品格，不仅在生活、学习中需要孩子用勇敢的精神克服各种困难，即使在以后走上工作岗位，也要勇敢拼搏，才能获得事业的成功。

所谓勇敢，是遇到困难、挫折时不退缩，是勇敢接受，努力地战胜困难。父母要重视培养孩子的勇敢精神，把孩子培养成坚强、勇敢的人。

王珂今年上三年级了，是个勇敢的小姑娘，有时候甚至比男孩子都要大胆。这与父母平时对她的教育是分不开的。

父母工作忙，晚上有时很晚才回家，王珂俨然就成了家里的小大人。从小开始，她就能走夜路，从来不知道害怕是什么。

这天上体育课要学习跳高，大家第一次接触，都不敢尝试，连男孩子都往后退。王珂没有怕，勇敢地和老师说让她试试，并顺利地跳过去了，从而赢得了大家的称赞。

胆小是孩子的性格缺陷，现在的很多孩子都不够勇敢，遇到困难时想到的是逃避，而不去积极地应对。

胆小的孩子一般意志薄弱、缺乏自信、不能以积极的态度面对挑战，经不起困难和挫折，难以取得成功。而且，他们也往往缺乏良好的人际交往能力，不善于表现自己，适应社会的能力较差。

造成孩子胆小怕事的原因很多：有的父母本身就不够勇敢，这使孩子不断效仿；父母过分溺爱孩子，包办一切，不给孩子锻炼胆量的机会；父母经常打骂孩子，挫伤孩子的自尊心和自信心，使孩子不敢勇敢地表现自己。

培养孩子勇敢的性格不是一朝一夕的事情，父母要找到孩子胆小怕事的原因对症下药，而不要一味地责怪孩子。有了父母的关爱和鼓励，孩子会快速地变得勇敢起来。

勇敢的孩子敢于逆势而行，敢于冒险，也就更容易成功。父母要在日常生活中锻炼孩子的勇气，使孩子变得坚强，有足够的能力去应付未来人生道路上的困难和挫折。

培根说过，人生最重要的才能，第一是无所畏惧，第二是无所畏惧，第三是无所畏惧。有了无所畏惧之"气"，再加上无坚不摧之"勇"，孩子就不会被任何苦难吓倒。

方法一：父母要给孩子做勇敢的表率

很多时候，孩子其实很勇敢，只是父母误认为孩子不勇敢。孩子碰到困难和挫折时，无法忍受的是父母的态度。如果孩子摔倒了，就鼓励他勇敢地爬起来。如果父母惊慌失措，即使摔得不重，孩子看到父母的反应也会哭个不停。

马岚在玩单杠时，不小心从上面掉了下来。妈妈见了，立刻惊慌失措，打电话叫来马岚的爸爸，一起将她送到了医院。

在急诊室里，医生要为马岚接骨，告诉她会很疼。马岚没有什么反应，妈妈却害怕得掉下了眼泪。

爸爸把妈妈叫了出去，告诉她："孩子本来不害怕的，你这一哭孩子还以为多严重呢。你别进去了。"后来，妈妈再进去的时候，马岚微笑着对妈妈说："妈妈，我是勇敢的女孩。"

因此，父母要做孩子的表率，不可感情用事，要用自己的勇敢来帮助孩子克服困难。只有勇敢的父母才会培养出勇敢的孩子。胆小的父母只能造就胆小的孩子。

方法二：及时夸奖孩子的勇敢行为

性格懦弱的孩子偶尔勇敢一次本身就是一件难得的事情。当胆小的孩子取得一点小进步时，父母就要及时对孩子的行为进行鼓励。

父母要夸奖孩子做得好的方面，不要随意否定孩子的努力。但是，要注意不可夸大事实，以免使孩子滋生骄傲情绪。

父母要赏识孩子，关注他、鼓励他，让他不断地积累勇敢的意识。要知道，被父母夸奖的孩子在以后的学习、生活中会表现得更加勇敢。

方法三：通过游戏锻炼孩子的胆量

懦弱的孩子往往缺乏与人交际的能力，不善于表现自己，适应社会的能力较差，也就谈不上勇敢了。游戏是孩子热衷的活动，对孩子的身体和智力发展都大有裨益。

在玩游戏的过程中，孩子会遇到很多困难，父母不要急于帮助孩子解决困难，而要耐心地等孩子自己战胜困难。这样既能培养孩子的动手能力，还能锻炼孩子的意志力和勇气。

方法四：让孩子分清勇敢和鲁莽的区别

父母要让孩子认识到什么是勇敢，他们才能学会勇敢。对孩子来说，勇敢的最高境界是先保护自己，然后通过合理的手段去感化他人，让他人摒弃危害社会的行为习惯。

如果不这样做，勇敢给人的感觉便会是鲁莽。逞强的血气之勇，无视法律的江湖义气之勇，绝不是真正的勇敢。

父母要鼓励孩子多结交勇敢的、志趣相同的朋友，在与朋友的交往中培养孩子的勇敢性格，让他勇于面对生活中的一切。

风趣幽默——让孩子做一个快乐的人

幽默是一种愉悦的心理反应,也是一种乐观的精神。对于一个孩子来说,如果生性幽默,会给自己和他人带来很多的欢乐。

但是,幽默并不是所有的孩子天生都具有的,只有30%的幽默感来自孩子天生的性格,剩下的都是通过后天培养而练就的。

幽默能够给人带来愉悦,可以增进人与人之间的距离,促进人际沟通及和谐。而且具有幽默素质的孩子,也是拥有乐观心态的孩子,可以在遇到挫折时从容应对。

张冉现在六岁了,平时有点儿娇气,还有点儿像小刺猬。有一天,她又爬到了床上乱蹦乱跳。妈妈说:"你快下来吧,再跳下去床就要坏了,晚上爸爸妈妈就要睡地板了。"

张冉一听,就答道:"那也很好啊,睡地板还不怕摔跤呢。"爸爸在一旁听了哈哈大笑,说道:"嘿,你还学会幽默了。"

妈妈一听,也来了灵感,对女儿喊道:"那请你快点回到地球上来吧,不要老是在太空中穿行了。"

张冉一听也乐了,对妈妈说:"那好吧,马上回归地球。"说完,她便从床上跳下来了。看到女儿这么乖,妈妈也舒了一口气。

孩子具有幽默气质,潜移默化中也会成长为一个乐观的人。乐观的心态对孩子的成长是非常重要的,能让孩子不被困境和挫折吓倒,而用从容积极的心态去面对。

爱笑的孩子更容易发现幽默，也更能制造幽默。孩子多一些发自内心的笑声，不仅是童年的愉快记忆，也会成为完善人格的必要因素。教会孩子幽默，也就是教会了孩子快乐的本领。

总之，幽默是情商的重要组成部分，可以给人带来亲和、放松的感觉。幽默是人际关系中的润滑剂，可以给他人带来欢乐。有时候机智的幽默还可以缓解交流中一些紧张的情形，让整个交流过程能够以更好的状态进行下去。

父母要想让孩子养成良好的幽默感，平时就要多注意对孩子幽默感的培养。父母要努力为孩子营造一个宽松愉悦的家庭生活环境，让孩子能够在快乐的环境中成长。

方法一：让孩子体验幽默的魅力

幽默可以源自别人，也可以出自自己的内心，它是一种对待生活琐事的乐观态度，能帮助孩子解决很多生活难题。

王飞和爸爸一起坐公交车去公园玩，一不小心，他撞到了一位叔叔身上。他道歉后，叔叔笑着说道："没事，小朋友，是我的吸引力太强了，我高兴还来不及呢。"

爸爸在王飞耳边悄悄说："儿子，这就是幽默的魅力。"王飞听后，便也悄悄地答道："您不会也想吸引住我吧。"在相互打趣中，父子俩很快就坐到了终点。

幽默是人际交往中的润滑剂，能够迅速地化解人际交往过程中的尴尬，甚至还可以轻易化解矛盾。父母要给孩子一双找寻幽默的眼睛，让孩子能够体会到幽默的魅力。

方法二：教会孩子幽默说话的技巧

幽默和技巧也是有关系的。要想在言辞中展现出幽默的风采，除了需要大量的词汇储备外，还要能够巧妙地连缀。

在很多中国传统艺术中，也有关于幽默说话技巧的讲解。在相声和幽默小品中这种语言运用得更普遍，父母可以让孩子多观摩学习，从中有所收获。

方法三：让孩子学会说笑话

孩子可能有一颗品味快乐的心，但是由于语言表达欠佳，很多孩子无法更精彩地呈现出自己的趣味生活。

赵维和每天放学之后，妈妈都要他讲一下班里当天最有趣的事情。从赵维和的叙述中，妈妈还可以了解到他的学习情况。

刚开始，赵维和给妈妈讲趣事，总是自己在笑，却不知道要怎么样来表达。妈妈便教他先要说清楚时间、地点、人物，再讲出完整的故事情节。按着妈妈的指点，赵维和会表达了。

教会孩子说笑话、讲趣事，不仅可以帮孩子带来更多欢笑，还可以给孩子带来一大群朋友。一旦孩子过得快乐，身边也会伴随着更多听众。

方法四：多让孩子看幽默故事

多让孩子看幽默小故事，可以让孩子在轻松愉悦的环境下喜欢上阅读，还能够潜移默化地培养出孩子的幽默细胞。

黄明的爸爸爱听笑话，也爱看笑话书。每次他看完笑话书，都会推荐给黄明看。父子俩常在一起评论哪个笑话好笑，哪个不好笑。

黄明看的幽默笑话多了，也就成了班上最会讲笑话的人。大家没事都爱围着他，让他讲几个笑话乐一乐。

多让孩子看幽默故事，能够培养孩子乐观向上的精神状态，增加孩子的幽默储备，让孩子能够轻松自如地表现出幽默感。

第二章

做事的好习惯：
让孩子会做事、做成事

周密计划——让孩子顺利实施具体行动

做事有周密的计划，是一种良好的学习和做事习惯。一个没有周密计划的孩子，在生活中就像黑夜行走，没有路线，也没有终点。

养成周密计划的习惯，能让孩子把自己的生活和学习安排得井井有条，对自己什么时候该做什么事情，能够做到心中有数。

孩子小时候不会打理自己的生活，不会合理安排自己要做的事情，长大了之后就不可能成为一个优秀的工作者。所以，父母应该努力培养孩子周密计划的良好习惯。

章林今年十岁了，做事从来没有计划，总是想到什么就做什么。有一次放学前，老师让大家为第二天的郊游做好准备，并完成家庭作业。

这下可把章林急坏了。回到家，他写了一会儿作业，又开始翻箱倒柜地找郊游需要用的物品。妈妈下班后看到屋里一片狼藉，顿时皱起眉头，对章林说："你在干什么啊？"

章林辩解说，自己正在找东西，妈妈无奈地说道："无论做什么事情，你先得做个计划啊。你先把自己需要的东西列在一张纸上，然后分门别类地开始找，这样不仅效率高，而且不会遗漏什么。"

在现在的家庭里，孩子做事没有计划的原因有很多，但主要还是父母没有注重培养他们做事周密计划的习惯。孩子从早到晚的一切活动都是在父母的指挥下完成的，自然不知道怎么做计划，只知道听从安排，没有一点主动性。

父母大都认为孩子的自觉性太差了，大人不管着，孩子根本不会去做。但是父母却没想到，孩子这种"不自觉"是因为父母太"自觉"了，把孩子的积极性压制住了。

培养孩子做事有计划的习惯，对孩子一生的发展都很重要。为了达到这个目的，父母要有计划地对孩子进行教育。

方法一：父母要让孩子知道制订计划的原因

许多孩子不愿意制订计划，这时候父母不应该强行命令他们，而应该耐心地告诉他们为什么要制订计划，制订计划能给他们带来什么好处等。

十岁的王响平时有点散漫，生活、学习没有计划，妈妈让她制订学习计划，她说："我不想制订什么计划，那样多受约束啊，一点也不自由。"

妈妈耐心地告诉她："其实制订一个良好的计划是让你真正获得自由的好方法。你每天的任务都得完成，但如果制订了计划，就能用最少的时间达到目的，对不对？"

王响点点头，接受了妈妈的建议。

父母可以这样告诉孩子，制订计划其实是为了节约完成任务的时间，也是保证孩子高效高质完成任务的良好习惯。孩子明白制订计划能够给自己节约时间，然后可以干自己想干的事后，便不会再拒绝制订计划了。

方法二：教孩子学会科学制订计划的方法

计划不是随随便便就制订出来的，要讲究一定的方法。学习做计划是孩子养成周密计划习惯的重要一步，因此父母要尽早把这些方法教给孩子。

父母应该告诉孩子科学制订计划就要让计划与实际情况相符合，如果计划脱离实际情况，那么计划在实施时便会出现问题，因而也难以养成周密计划的习惯。

父母应该指导孩子先对自己的各项情况进行分析，然后再结合自己的能力制订科学、具体的计划。

方法三：父母要监督孩子执行计划

孩子的自制力能力差，父母要监督孩子严格执行计划。如果制订了计划却不按计划行事，计划便是一张白纸，没有任何意义。

赵强上五年级了，做事情一点计划也没有，经常到睡觉时间才想起来还有事情没有做完。妈妈根据赵强的情况，帮助他制订了一个详细的学习、生活计划表。

没想到执行计划的第一天，赵强就落下了一项任务。于是妈妈按照事前的约定，扣除了他一周的零花钱。在妈妈严格的监督下，赵强终于养成了按计划行事的良好习惯。

父母应该在尊重孩子的意见的前提下为他们制订计划，并设置相应的奖励和惩罚措施，以帮助孩子严格按照计划行事。例如孩子按计划完成任务后，父母可以带他们去游乐园。如果孩子不按计划行事，父母就要扣除他们的零花钱或者采取其他惩罚措施等。

方法四：帮助孩子改掉拖拉的毛病

孩子有拖拉的毛病，父母可以采取限时的方法来矫正。孩子背书拖拉，父母可以规定孩子必须在多长时间内完成背诵。完成受奖，没完成受罚，超出的时间过多则加大处罚力度。

只要父母能坚持立场，每天坚持采用限时的方法，孩子拖拉的习惯就一定能改正过来。

分析决策——让孩子学会果断地做决定

教孩子做事时学会分析决策,就是帮助孩子提高对问题的认识程度和解决问题的能力。孩子学习的过程就是认识事物的过程,做事的过程就是解决问题的过程,父母要明确孩子在成长过程中要做到什么。

父母要让孩子能认识事物的本质,并且能很好地把握自己,做出正确的决策和选择。这样一来,孩子就能学会自己做事情,并把事情做好,做完美。

元旦马上到了,各班都在为元旦节目做准备。张悦是文体委员,他想让今年的节目和往年相比有点特殊和新意,便决定不准备节目,大家自己动手包水饺。

回家后,张悦将自己的想法告诉了妈妈。妈妈首先肯定了他的想法,然后又教育他,做决策要考虑别人的意见,让他明天去征求大家的意见。

但是张悦听不进去,他觉得只要自己认为没问题,大家是不会有意见的。可是真到了元旦那天,他才发现大家并不喜欢这个决定,很多人根本不会包水饺。

张悦感到很没面子,早早就回家了。

在孩子小的时候,正确的决策和错误的决策可能会交替出现。父母不用担心,只要不造成无法挽回的后果,就要放手让孩子去做。因为教训给孩子的记忆,要比父母给予的成功来得更有价值。

分析决策能力只有在实践中才能体现出来,当孩子参与某些活动的时候,父母要给予支持和鼓励,让孩子大胆去做,不要怕失败。在实践中多多锻炼，既能提高孩子在实践方面的能力，又能提高他们分析、决策问题的能力。

同时，父母在锻炼孩子分析、决策能力的过程中，不能只做旁观者和看客。在孩子自己做事情时，父母的担心肯定会有，但是要注意指导方法。用正确的方法让孩子自己学会怎样去分析事物、怎样做正确的决策。

如果孩子一直在父母的保护下，很多事情都是由父母来告诉他对错、应该怎么做，孩子可能会减少犯错误的机会，把事情做得更好，更能让父母满意。但是，不可否认，孩子也因此失去了很多认识事物、学习、成长的机会。

父母要有意识地锻炼孩子的分析、决策能力，孩子的事让他自己去做判断、去做选择。父母不要让自己的意识主导孩子的思想，在必要的时候，父母可以给孩子提出建议，但是决策权应该在孩子手中。

方法一：让孩子在决策前先分析、了解事物

为了避免孩子做事太冲动，犯下不该犯的错误，父母要提醒孩子，做事情前要做好充分的准备，要先分析、了解事物。《孙子兵法》上讲："知己知彼，百战不殆。"只有先知道对方、了解对方，才能取得胜利。

因此，父母必须让孩子认识到准备对事情成功的重要意义。只有了解事物，才能做出合理的计划，制定出正确的决策。如果没有了解，无论计划多么完美，都如同空中楼阁，根本无法实施，更别说成功了。

了解事物的方法很多，现在资讯这么发达，孩子了解信息的渠道也很多，如电视、电脑、书报等。同时，孩子可以向老师、父母、同学请教，或者通过亲自调查、访问等方式，获得必要的信息。

方法二：让孩子学会选择

很多事情的解决方法不止一个，条条大路通罗马，父母要让孩子对同一个问题想出多个解决办法。要让孩子学会勤思考，多角度考虑问题，让孩子为问题尽可能找出多个解决办法，从中选择最佳的方法。

父母要教育孩子，做选择时不能只从自己的利益出发，而要从整个事件考虑。要想使问题得到圆满解决，只有一个人的利益得到满足是不可能实现的，必须站在大家的立场，满足多数人的利益，才能获得大家的支持，事情才能顺利进行。

方法三：让孩子在做事情前考虑到可能出现的后果

做任何事情都有结果，如果孩子能在事前把可能出现的后果预测到，就会使他们的决策更具有针对性，进而努力把结果朝好的方向转化，不致出现后悔不迭的情况。

虽然有很多事情是无法预测的，但孩子还是可以根据现有条件和情况进行分析，选择相对有把握的事情去做的。

刘燕非常想考北京大学，而在填报高考志愿的时候，她却报了北京师范大学。原来，父母与她一起对历年北京大学招生的分数做了分析，发现凭她的分数上不了北大。

最后的结果正如刘燕预测的，她顺利考入北京师范大学。大家都很佩服她的理智和眼光，这其实都是父母在背后一再叮咛，要她考虑好再选择的结果。

孩子在做事情的时候，父母不能强行命令孩子按自己的要求去做，不能替孩子决定他们自己的事情，但是父母要让孩子用冷静的头脑对待问题，在做决定前考虑好决定可能带来的结果。一旦做出决定，就要对自己的选择负责。

讲究效率——效率是做好工作的灵魂

孩子做事不讲效率，没有时间观念，是很多父母都面临的一个问题。明明一个小时可以完成的作业，孩子却一直拖到深夜还没有完成，这让很多父母都头疼不已。

孩子做事情没有效率，有部分原因是孩子没有时间观念，学习主动性差。孩子们不明白节省下来的时间是自己的，也不知道学习是为了自己。

这类孩子做作业时慢吞吞的，常常是一副漫不经心的样子。有的孩子放学回来半天了，连书本都没有打开，在父母的再三催促下才会动身去书房写作业，父母不在的时候就拼命地玩游戏。

还有的孩子效率低是因为没有找到科学的方法，做事不遵循规律。他们往往一回到家就开始玩游戏或者看电视，然后在父母的催促下去写作业，这样不仅把自己弄得很累，而且写出来的作业质量也不高。

王秋影上四年级了，他十分聪明，但是学习成绩很不理想。这一点，其实从他每天做作业时的态度和方法上就可以知道。

每天，王秋影放学回家后，会去厨房看看妈妈做什么好吃的。被妈妈呵斥一顿后，他又跑到客厅和爸爸一起看电视。

爸爸无奈，只好把电视关了，他这才嘟囔着进了书房。他先翻翻语文书，再翻翻数学书，偶尔还偷偷地拿起玩具玩一会儿，或者趴在桌子上发呆。

等到妈妈叫王秋影出来吃晚饭时，他往往还没开始写。王秋影经常到半夜才能完成作业，和高效学习相差甚远。

每个孩子的情况都不相同，因此学习时最有效率的方法也不同，做起事情来，也都有各自的方法。

父母应该认真观察孩子的情况，根据他们自身的特点指导他们选择做事的方法，以便高效率地完成各种任务。

做事情讲究效率是一种优秀的习惯和态度。讲究效率的人做事情目的明确、安排合理、计划周全，他们严格尊重客观规律，在规律的前提下让自己的才华充分展示出来。

孩子讲究效率，在学习上就是最优秀的学习者，以后工作了也会是最优秀的员工或老板。为了孩子将来能适应知识经济时代的发展，父母应该培养孩子做事讲究效率的良好习惯。

方法一：培养孩子的效率观念

效率观念是每个讲效率的孩子必须首先树立起来的观念。如果孩子心中没有效率的观念和意识，那么跟他们说多少遍"讲效率"都是没有用的。

冯倩十二岁了，可是一点效率观念也没有，做事总是拖拖拉拉的，很少按时完成任务。用妈妈的话说就是，"不等到火烧眉毛，她从不着急"。

一天晚上，冯倩从六点半吃完饭就开始写作业了，写到十点才写完。其实，她的作业并不多，虽然妈妈一遍遍地催促，但她的效率还是不高。

因此，父母应该努力让孩子树立起良好的效率观念，鼓励他们在规定的时间内完成任务，努力提高自己的效率。在父母不断的鼓励和提醒下，孩子慢慢就能养成讲效率的习惯了。

方法二：教孩子学会利用黄金时间

父母应该教育孩子在最适合睡觉的时间睡觉，获得充足的休息，养好精神为一天的工作和学习做准备；在最适合记忆和学习的时间学习，让大脑细胞活跃起来，更高效地完成学习任务。

王宇以前经常玩游戏到深夜一两点，第二天又很晚才起来。在妈妈教他利用黄金时间后，他做事情变得非常有效率。

妈妈教育他："每天晚上11点到第二天凌晨3点是人休息的黄金时间，你却在玩游戏；每天早晨6点到7点是最佳记忆的时间，你却在睡觉。时间段不同，学习做事的效果也不一样，你应该把自己的黄金时间段找出来。"

王宇听了之后，觉得妈妈说得很有道理，便学会了利用黄金时间。

父母应该教育孩子充分利用做各类事情的黄金时间，以提高做事的效率，培养他们讲究效率的做事习惯。

方法三：拒绝借口，帮助孩子克服拖延

孩子拖拖拉拉，做作业慢慢吞吞、没精打采，父母可以采取严格限时的方法来纠正他们的这种行为。父母可以规定孩子起床在几分钟内完成，如果没有在规定时间内完成，则予以相应惩罚，绝不宽待。

父母应该严格监督孩子每项任务的完成时间，把奖励和惩罚措施实施到位，以彻底根除孩子拖拉的坏习惯。

方法四：帮孩子平衡游戏和学习的时间

游戏和学习并不冲突，对于孩子来说，二者都很重要。游戏是孩子童年里最美丽的回忆，而学习则关系着孩子未来人生的成败。因此，父母应该帮助孩子平衡好二者的时间关系。

父母可以利用游戏来引导孩子加快学习时的效率，培养他们做事讲究效率的良好习惯，这会给孩子带来一生的好影响。

专注一事——专注于所期望之事必有收获

专注是指孩子的注意力高度集中于一件事的能力。只有专注的孩子才能忘我地做事，即使身在闹市也依旧能够专心。

孩子只有形成一种专心的习惯，才可能在日后对自己的事业全身心投入，不会被其他事情干扰。可以说，专注力直接关系到孩子日后的工作或学习能否取得成功。

张佳是个十岁的小女孩，不管是学习还是做其他事情，总是漫不经心。爸爸特别宠她，认为小孩子粗心没什么。

后来，张佳的情况越变越糟。老师给她的爸爸打电话无果后，又给妈妈打了电话。妈妈这才知道，张佳上课总是做小动作，甚至和同学偷偷下棋，说悄悄话，屡教不改。

妈妈平时工作很忙，她的学习和生活都是由爸爸照顾。这天，妈妈提前下班回家，发现爸爸在客厅里看电视，张佳则把客厅里的茶几当成书桌，一边看电视一边写作业。

看到这一情景，妈妈立刻明白张佳不专心的原因了。她走进屋里，把电视关了，要求张佳马上回自己的房间写作业。

注意力不集中是现在的孩子普遍存在的一个问题，需要引起父母的高度重视。一般来说，小时候做事情三心二意的孩子，长大了之后做事情也难以养成专注的习惯，工作不认真，工作效率低下，而且虽然想法很多，但付诸实践的很少。

孩子的注意力是一个不断发展的过程，不同年龄段的孩子的注意力是不同的，而同一年龄段的孩子由于各种因素的影响也存在差异。但是注意力的集中以及专注的良好学习习惯，完全可以通过父母有意识的引导和训练来养成。

一般来说，年龄越小的孩子注意力越难以集中，这是一种正常现象。对于孩子的三心二意，父母不要过于担忧，应该在遵循这些规律的前提下，有意识地训练孩子的注意力，努力培养他们专注的做事习惯。

孩子只有养成专注的习惯才能更有效率地学习、做事，注意力不集中是低效率、严重浪费时间的行为，父母应该努力帮助孩子克服这个缺点，逐渐帮助孩子养成专注的好习惯。

方法一：查找孩子注意力不集中的原因

帮助孩子养成专注的良好习惯，父母应该首先找出他们注意力不集中的原因，针对原因再采取相应的纠正措施。

王毅头脑挺灵活，但是他上课或者写作业时却总是三心二意，经常在课堂上捣乱、和邻桌讲话等，这使他的学习成绩总是不太理想。

随后，妈妈还发现，王毅在写作业时喜欢拿书桌上的玩具玩。妈妈明白王毅是受到了无关的干扰，于是便把玩具拿走了。慢慢地，王毅的注意力变得集中起来。

孩子注意力不集中的原因不能一概而论。而一般来说，孩子好奇心比较强，容易受到外界干扰，这是他们注意力不集中的主要原因。针对这种情况，父母可以帮助孩子创造一个干扰少的学习环境。

另外，年龄太小的孩子由于身体各项机能还未发育完整，因此注意力不容易集中，父母需要做的是，根据他们年龄的生理特点进行有意识的教育和指导。

方法二：在游戏中锻炼孩子的注意力

孩子，尤其是调皮的孩子，很难安静下来。对于这种孩子，应该用他们最喜欢的游戏来训练其注意力。

开始时父母可以把游戏设置得简单一些，让他们有成就感。这种培养孩子专注力的游戏，不仅可以训练孩子的注意力，更能促进良好的亲子关系的形成。

方法三：利用目标激励使孩子专注起来

孩子做事不专心，总是拖延时间，父母可以为他们设置一定的目标，让他们自己争取时间来完成任务，否则就要接受惩罚。如果孩子按时完成了父母安排的任务，则可以得到一定的奖励。

周瑶今年上初二了，学习非常有计划，效率也很高。这是因为周瑶的妈妈从小就很注重对她进行注意力集中的训练和培养。

周瑶刚上小学的时候，妈妈每天会为她布置一些学习任务。刚开始为了避免妈妈给她的惩罚——周末不准参加家庭的郊游活动，她不得不非常专心地学习，争取抽出时间来完成妈妈布置的任务。

后来，妈妈每周或者每个月给她布置一次任务，让她可以自由安排自己的时间。在妈妈的目标激励下，周瑶学习时非常专心，从来不浪费宝贵的学习时间。

在这些目标的激励下，孩子会强迫自己专心地做事与学习，以争取更多的时间来完成额外的工作和学习任务。

重视细节——小事和细节成就完美

细心是指孩子做事时认真踏实的态度，是一种良好的习惯。而孩子能否养成细心的习惯，很大程度上取决于父母从小对他们的教育。

细心的反面是粗心。粗心是指自己理解和会做的事情，由于不仔细而造成的差错，它与不理解、不会做而造成的差错是不一样的。

孩子活泼好动，情绪不稳定，热情高但生活阅历相对欠缺，遇到问题心情较为紧张，因而容易粗心大意，久而久之，会形成粗心的不良习惯。

孩子不细心成了困扰许多父母的大难题。孩子平时在学习和生活各方面都比较聪明，但就是爱马虎，粗心大意，而这会严重影响他的成长。

左云是个非常聪明的孩子，每次老师讲课时他反应都很快，但是一到考试，他不是少看了一位小数点，就是少写了一个加号，结果考试成绩一出来总是不理想。

左云平时在家里也非常粗心，把屋子里的东西扔得乱七八糟的，没有一点秩序。每天早晨起床，找衣服都要找半天，因为前天晚上随便一丢就不知道丢到哪里去了。

另外，左云粗心大意的习惯还表现为：经常忘记带家门钥匙、到了学校总发现没带课本或者作业，老师规定的作业忘记完成的事更是数不胜数。

妈妈因为他的粗心都不知道说了他多少次了，可是左云仿佛没有一点改变，甚至更加严重了。

造成不细心的原因是多方面的，有知识因素，也有情绪、气质、方法和习惯等因素。一般来说，造成粗心的原因有两个：一是分心。孩子容易被外界的干扰困惑，自然会出现差错；二是掉以轻心。在做自己熟悉的事情时，思想上不太重视，因而容易出错。

粗心大意的危害也是巨大的。在中外历史上，有许多由于粗心大意而丢城弃甲的例子，关云长大意失荆州就是其中之一。孩子今天的粗心或许是小事，但当他们以后成为举足轻重的人物时，粗心便可能导致非常大的危害。

细心的培养是一个长期的过程，也需要父母从各方面同时着手，改正孩子粗心大意、"差不多"的行为。

方法一：**找出孩子粗心的原因**

对于粗心大意的孩子，父母首先应该找出他们粗心的原因。

例如有些孩子由于担心自己作业写不完，或者学习、生活任务安排得太多，而不得不利用更少的时间来完成这些任务，这样，慢慢地，便养成了粗心大意的坏习惯。

父母应该认真观察孩子平时学习或者生活中的表现，找出孩子粗心的原因。针对不同的原因，再采取不同的措施来进行纠正。

方法二：**让孩子多做一些细活儿**

父母可以让孩子做一些需要耐心和细心的活儿，例如绣花、剥豆子、择菜等，来培养孩子的细心品质。

张珊非常粗心，妈妈说了她许多遍，可她根本没听进去。于是，妈妈决定改变策略，让她从做细活儿开始培养细心的良好习惯。

在征求了张珊的意见后，妈妈为她报了一个绘画兴趣班。绘画时每一笔都要求张珊细心和专注，慢慢地她就把粗心的毛病纠正了过来。

当孩子表现好时，父母要及时给予表扬；表现不好时，也要鼓励他们勇敢地进行下一次尝试。在做这些细活儿前，父母应该教给孩子相应的技巧，这样才能取得良好的效果。

方法三：鼓励孩子事前做好充分准备

一个事前做好充分准备的孩子，必然是一个细心的孩子。父母可以要求孩子养成认真预习的学习习惯，把老师可能讲到的问题一一列出来，把自己不懂的问题也列出来，这样孩子学习时便能更加细心，更加注重细节的学习和掌握。

在孩子进行某项活动前，父母也可以要求孩子事先做好充分准备，把可能发生的事情都考虑进来，培养孩子做事细心、考虑周到的好习惯。

方法四：教孩子学会事后反复检查

俗语说，智者千虑，必有一失。没有人能保证自己不出错，为了让自己减少发生错误的机会，检查就是最好的方式。

章成是个非常细心的孩子，这源于父母对他"再多检查一次"的启蒙教育。每次放学时，他都会把东西收拾好，认真检查一遍。每次出门前，他也会检查东西是否带齐。

不仅如此，章成每天做完作业都会检查一遍，因此，他的作业几乎总是"优"。每次考试时，他也会认真地检查试卷，以保证做题的准确性。

每次孩子做完作业时，父母应该要求他们认真地自我检查一遍，如果检查出错误来，就让他们认真思考为什么会错。

每次出门前要求孩子再检查一遍东西是否都带齐了，是否有落下的。父母最好要求孩子写一张所需携带物品的清单，然后对照着清单进行检查。

吃苦耐劳 ——不能吃苦就是给失败制造机会

吃苦耐劳是每一个获得成功的人必须具备的优秀品质,在通往成功的道路上荆棘满地,困难重重,挑战不断,只有能吃得苦中苦的才能成为人上人。

吃苦耐劳不仅是取得成功必备的精神,也是锻炼孩子优良品质的重要方式。孩子能从苦难中使自己更坚强,让自己变得更优秀,离成功越来越近,最终走向成功。

在物质水平不断提高的当今社会,许多家庭只有一个孩子。于是孩子从小就受到家人的百般宠爱,要什么就会得到什么,根本不需要为此付出任何代价。

王毅水是个十岁的小男孩,他学习成绩非常好,一直是父母的骄傲。可是,王毅水却是一个遇到困难就往后缩、不肯吃苦的孩子。

有一次,学校组织全体同学参加夏令营活动,要求学生们各自带上各种生活所必需的食物、水以及其他物品。

到达营地后,王毅水在生活老师的指导下艰难地把帐篷搭好,半夜睡觉时,身上又被叮了许多包。王毅水觉得无法忍受,要求回家。

爸爸来后,王毅水一直向爸爸诉说种种"困难",爸爸不禁有些担心,孩子连这些小苦都吃不了,以后怎么面对生活中的苦难呢?

若爸爸就这样把孩子接走,那么,不仅使孩子不知一粥一饭来之不易,更难以培养他生活的自理能力,会使孩子将来难以自立于社会。所以作为父母,必须意识到今天的天堂难遮明日的风雨。父母不能管孩子一辈子,必须教孩子从小学会吃苦耐劳。

父母要培养孩子吃苦耐劳的习惯。父母要尽早让孩子知道，如果想要享受真正的人生，享受真正的生活，每个人都必须有面对生活中任何艰难困苦的心理准备。

现在生长在城市里的孩子往往就像温室里的花草一样，很少经历风吹雨打，他们不懂世上还有"艰辛"二字。父母应该有意识地给他们这样的机会，让他们亲自去体验，只有自己体验的东西，才能使其形成深刻的感知。

吃苦耐劳是一个人成功的必备品质，父母应该有意识地促成孩子这种习惯的养成，为他们将来更好地适应社会、拥有成功的人生和美好的生活做好铺垫。

方法一：父母要做吃苦耐劳的好榜样

要培养孩子吃苦耐劳的习惯，父母必须做出好的榜样。

在平时的生活中，父母不应该向孩子抱怨工作的艰辛，而应该用平和而客观的语气向孩子讲述自己工作时的情况，让孩子了解父母的工作和辛苦。

朱云是个五年级的小女孩，今年刚十岁，父母都是普通的工薪阶层，平时工作很忙。朱云目睹了父母为了更美好的生活而日夜辛苦劳作的情况，所以她自己也慢慢养成了吃苦耐劳的习惯。

朱云的爸爸是一名技术工人，他总是用心地做好自己的工作，并利用休息时间不断地提高自己。有时候为了赶任务，他经常工作到凌晨一两点，他也因此获得了很好的业绩。

这一切，都让朱云体会到吃苦耐劳的重要性。

在行为上，父母不应该遇到困难就放弃，而应该勇敢地面对，让孩子从父母的行为上体会到吃苦耐劳的益处。

方法二：培养孩子热爱劳动的习惯

只有劳动才能创造美好的生活。父母应该鼓励孩子从事一些他们力所能及的劳动。

赵小凌是家中唯一的孩子，可是他很早就会洗衣服、做饭，还经常整理自己的房间，帮助家里整理花园和草地。这一切都源于妈妈从小对他的训练。

赵小凌刚五岁的时候，妈妈就教他收拾自己的房间，并鼓励他自己独立地收拾房间。妈妈还利用周末教赵小凌一些劳动技巧，鼓励他做一些事情，以培养他吃苦耐劳的精神。

例如当孩子四五岁时，父母可以教他们整理自己的衣服和房间，当孩子上小学以后，父母可以鼓励他们做饭、洗衣服等。

父母可以对孩子的劳动给予一定的奖励或者付给他们一定的费用。例如帮助父母打扫家里的卫生，可以奖励1元等。

方法三：鼓励孩子在面对困难时要坚持

孩子在学习和生活中遇到困难，父母不应该顺应他们想逃避的心理，而应该鼓励他们坚持。

例如，孩子学习语文或者数学时一遇到难题，便不再思考，而一心只想着听老师讲解。父母应该告诉孩子，即使最终想不出答案，也应该努力去想，这样老师讲解的时候才能真正明白，下次遇到这类题就不会害怕了。

方法四：培养孩子俭朴的生活作风

父母应该培养孩子俭朴的生活作风。难以想象一个生活奢侈的人能够拥有吃苦耐劳的习惯。不管家里条件多么优越，父母都应该让孩子养成节俭的生活习惯。

例如不允许孩子吃东西吃到一半就丢掉，不允许孩子浪费粮食，不允许孩子与同学比吃比穿比名牌，不允许孩子进行高消费等。

坚持到底——给孩子达到目标的重要力量

坚持到底是一种认真、执着的生活态度，也是一种优秀的做事习惯。纵览古今中外那些成功人士，他们都有在自己的专业领域执着学习和钻研的习惯。

他们正确地认识了自己，正确地认识了自己所要从事的专业，然后朝着这个方向执着地努力，最后取得了成功。

很多孩子非常上进，主动要求父母为他们报兴趣班，可往往是学到一半就不愿意学了。说起不愿意学的原因，他们还振振有词。

张笑澜是个可爱的小女孩，父母对她非常宠爱。她很聪明，但有一个不好的习惯，就是做什么事情都是只有三分钟热度。

几个月前，张笑澜听小朋友说舞蹈班很有趣，便要求去学跳舞。妈妈认为应该支持，便为她报了舞蹈班。可没过几天，张笑澜就告诉妈妈自己没有跳舞天赋，不想学了。妈妈一听觉得也有点道理，便没有再勉强她。

过了几天，张笑澜又说要学书法。于是，妈妈又给她报了书法班。可是没到一星期，张笑澜又搬出一大堆道理，说自己不适合学书法。

就这样，妈妈陆续给她报了许多兴趣班，她都坚持不下来。妈妈想不明白，孩子的问题到底出在哪里？

其实，这是孩子缺乏做事坚持到底的态度造成的。他们对世界充满了好奇，对同学们都参加的活动也很有兴趣，可是当自己参与进去之后，遇到一点点困难或者挫折，就轻言放弃。

如果孩子有一两次这样的情况，有可能是因为当初没有考虑周全，但如果经常这样，就说明孩子学习和生活的态度出现了问题。

父母要让孩子明白，只要执着于某件事情，即使没有任何优势与天赋，也能做出一番成就。长期的执着坚持，可以使铁杵成针，可以令滴水穿石。

因此，父母在早期教育中，一定改正孩子朝秦暮楚、三心二意的行为，培养他们坚持到底的精神和习惯，为未来的成才打下良好的基础。

方法一：父母要树立坚持到底的好榜样

孩子最容易从父母的言行中得到启示。父母在工作或者生活中完成一项任务时，不怕困难，坚持到底，执着追求，孩子也容易受到影响，成为一个拥有执着品质的人。

张英做事情非常执着，这种习惯来源于父亲的言传身教。

张英的爸爸是钢铁厂的一名技术工人，为了弄明白一些疑难的技术问题，他经常不厌其烦地翻阅各种资料，打电话向同事和前辈请教，为工厂攻克了许多技术难题。

爸爸的努力让他多次获得单位和市级的各种荣誉。在爸爸的教育下，张英做事情也学会了坚持，具备了执着的精神。

因此，要培养孩子坚持到底的习惯，父母首先应该检查自己的行为，时刻告诫自己，要做一个执着工作、不三心二意的人。

方法二：教育孩子做事一心一意

有些孩子做作业的时候，正做着语文作业，发现有道题不会做，便扔下语文作业开始做其他科目的作业。

对于孩子的这种表现，父母应该站出来纠正，告诉他们遇到不会做的也要努力想办法去完成，想尽所有的办法都做不出来的要去问老师或父母，不能扔在旁边就不管不顾了。

方法三：训练孩子的坚强意志力

坚持到底是每个想成功的人必须坚持的信念，因此，父母要培养孩子坚强的意志力。在追求成功的路上肯定会有荆棘和困苦，只有拥有坚强意志力的孩子才能顺利地走到人生的彼岸。

孙辉是个很有意志力的男孩子，当他刚学走路时，父母就有意识地让他完成一些需要很强意志力的任务，对他进行意志力的训练和培养。

父母告诉他："一个人只有坚持自己的理想和追求，执着地朝着自己选择的方向努力，运用自己坚强的意志力来不断前进，才可能取得胜利。"

父母可以多跟孩子说一些培养坚强意志力的意义，然后再给他们布置一些需要意志力才能完成的任务，这样可以让孩子从思想到行动上都慢慢形成执着的习惯。

方法四：告诉孩子面对困难时要坚持

成功和失败的距离并不遥远，有时候只需要在困难的时候比别人多一点点坚持。面对困难时，许多孩子由于身心疲惫，感觉成功之路远在天边，因此便放弃了。他们不知道，当他们放弃成功的时候，其实成功离他们是那么近，有时候甚至触手可及。

因此，在孩子面临困难时父母一定要及时出现，鼓励他们再多坚持一会儿，让他们知道这一会儿的坚持往往就是成功的关键。

如果孩子很难坚持下来，就给予鼓励和支持，告诉他们坚持的办法，如学会自我激励，时刻鼓励自己、相信自己等。

勇于负责——做好每一件事就是负责

责任心是孩子对自己、家庭和社会所负责任的认识、情感和信念,以及相应地履行义务和遵守规范的自觉态度。它是孩子健全人格的基础,能促进孩子能力的发展。

现在很多父母总是抱怨自己的孩子没有责任心,细化起来,也就是孩子不懂得关心别人,不会为别人考虑。在自己犯了错误后,总是逃避或漠视,不能承担起应负的责任。

这实际上与父母的教育方法有关,是因为父母平时没有注意培养孩子的责任心,从而造成孩子责任心的缺失。

周均今年十二岁了,父母经常为他缺乏责任心而头痛。周均的家庭作业很少按时完成,妈妈每天催他,他却一点儿也不放在心上,甚至连打骂都不起作用。

每天早上起床后,周均也从来不叠被子。妈妈批评他,他就反驳说:"小星从来都不叠被子,都是他妈妈帮他叠好,你怎么这么懒?"

有时妈妈一个人忙不过来,让周均帮忙做一点儿家务,他把妈妈的话当成耳边风,动也不动,继续干自己的事。

妈妈催得急了,他就不耐烦地说:"你自己慢点做不就行了,没看见我正在玩吗?什么大不了的事啊!"妈妈随后火冒三丈地骂他,他仍无动于衷。

父母对孩子责任心的培养,要从大处着眼,小处着手,让孩子在生活实践中充分地感受到责任的分量,逐渐从自我中心中走出来。

父母首先要让孩子对自己的事情负责。对一些孩子力所能及的事,要让他自己动手来完成，不依赖父母和他人。在此基础上，才能逐渐地培养孩子对国家、对社会的情感和责任心。

在平时的生活中，如果孩子缺乏必要的锻炼机会，没有足够的实践经验去磨炼自己的心理品质，就不能学会如何面对失败和挫折、如何来承担相应的责任。

实践是检验和培养孩子责任心的最好途径，父母要善于利用各种机会，让孩子在生活中有负责的机会，这样才能把孩子培养成健康的富有责任感的社会精英。

孩子的责任心不是一朝一夕就能形成的，需要坚强的意志和持之以恒的态度来维持，因此需要父母不断地鼓励和支持。

方法一：培养孩子的责任意识

孩子必须先具备了责任意识，才会在做事时展现出自己的责任心。父母培养孩子的责任意识，要善于借助生活中的小事例。

刘晓在楼下玩足球时不小心把垃圾筒给踢翻了，里面的垃圾把小区的路堵住了三分之一。他觉得不好意思，便跑上楼和爸爸说了这件事。

爸爸一听，立刻拿着打扫工具下楼打扫。等到一切都恢复原样时，爸爸告诉刘晓下次要自己处理。刘晓有些不情愿地说道："不是有清洁工吗？明天就干净了，自己做多麻烦啊！"

爸爸对他说道："你这种想法可不对，事情是你做的，你就有责任把它处理好。这样才像一个小男子汉，懂吗？"刘晓听后，若有所思地点了点头。

事例是最生动，也最有说服力的，如果父母自己身体力行，效果会更明显。通过具体事例，让孩子学会对自己的行为负责，让责任意识进入孩子的潜意识。

方法二：让孩子勇于面对自己的错误

孩子在犯了错之后，都会紧张、害怕，父母要鼓励孩子勇敢地面对自己的错误，并积极地去改正。父母要让孩子知道，谁都会犯错，只要改正了，还是好孩子，而不要让孩子逃避和推卸责任。

如果孩子勇敢地承认了自己的过错，父母不仅不能责骂，还要给予孩子及时的表扬，只有这样才会培养孩子的责任感。

方法三：培养孩子做事有始有终的习惯

做任何事情，都不会轻而易举地成功。当孩子遇到困难局面时，父母要鼓励孩子做事有始有终，让孩子知道，没有责任心的人会随随便便地放弃，永远也不会有进步。

父母要教会孩子，无论事情大小，都要从头至尾地认真做完，过程比结果重要。要让孩子相信，只要坚持，成功就一定会等着自己。

方法四：惩罚孩子不负责的行为

惩罚不是教育的最终目的，它只是一种手段，为的是让孩子能够更深刻地认识到责任心的重要性，时刻不忘自己的责任。

今天郑浩是最后一个洗澡的人，半夜爸爸起来上厕所，发现卫生间里地上的水没有拖，热水器也没有关，只好自己动手收拾了卫生间才回去睡觉。

第二天，经爸爸提醒，郑浩想起了自己犯的错。他知道逃不过，就主动认错，并说道："罚我这个星期不准玩游戏。"爸爸点了点头。

孩子出现不负责任的情况，父母要从自己身上找原因：是不是自己的教育方式不妥，才没有收到好的效果呢？对孩子要有奖有罚，才能让约束力差的孩子更明白责任心的重要性。

自我反省——给孩子一面看清错误的镜子

一日三省吾身。完美并不存在于人世间，每个人都有各自的缺点和不足。那些拥有最少缺点的人才能有机会获得成功、得到社会的尊重，而让自己努力克服缺点、发扬优点的诀窍就在于不断地进行自我反省。

只为成功找理由，不为失败找借口。现在许多孩子一遇到失败就开始找借口，但从来没想过进行自我反省。这样做不能使自己找到真正失败的原因，更不能及时地改正做得不好的地方，甚至还会导致下一次的失败。

为什么许多成功人士总是强调失败能让人学到更多的东西呢？因为失败能暴露出人的许多缺点和不足，人能从失败中吸取教训，进行有益的自我反省。如果当事人不能及时进行自我反省，失败依旧会一次一次地重演。

张森上初中一年级了，他很聪明，学习能力很强，但成绩却总是忽上忽下的。另一方面，他的人际关系很不好，成绩好的同学不爱跟他玩，而他又不愿意和成绩不好的同学玩。

爸爸经常对他说："是不是你平时太骄傲了？你要好好反省一下自己存在的不足。"但是，张森总是不屑一顾，还振振有词地说："我从来不骄傲，我的学习能力很强，成绩不好只是因为运气不好而已。"

爸爸说："运气不好可能有一次失败，但是你可不止失败一次了呀。"然而张森根本听不进去爸爸说的话，依旧我行我素。

终于，张森在期末考试中彻底败北了，他变得更加迷茫，却依旧认为自己只是运气不好而已。

现在的父母对家中唯一的孩子都寄予了很高的期望，希望他们学习能得第一，人际关系能非常优秀，没有任何瑕疵。因此，他们对孩子的缺点和不足表现得非常敏感。这导致孩子不敢向父母承认自己的不足，慢慢地，也不向自己内心承认自己的不足，他们认为自己就是完美的、没有缺点的。

但是，自我反省是人能够努力改正自己的不足，使自己更好地适应这个社会的重要习惯。为了让孩子拥有更美好的未来，父母应该注意培养他们的自我反省能力。

方法一：引导孩子学会正确归因

孩子遇到挫折后，父母应该引导孩子进行正确的归因。只有找到了失败的真正原因，孩子才能避免失败第二次。

王琦是个十岁的小女孩。她的学习成绩很好，这都是因为她每次考试完都会认真地反省自己的错误，以不断地提高自己。

有一次，王琦数学考试得了95分，其中有一道题她在参考书上看到过，但书上的答案是错的，她考试时便把错误答案写在了上面。

妈妈引导她说："那你自己有没有认真考虑过这道题？有没有对这题的答案提出质疑呢？"王琦不说话了，表示以后会努力地进行正确的归因，不随便抱怨。

父母应该尽量引导孩子从自己身上找原因，改变自己所能改变的，不要让孩子一遇到失败就埋怨老师偏心、命运不公平、生活不如意，这样的孩子永远都不会取得进步。

方法二：教孩子正确对待他人的批评和建议

孩子也会有"不识庐山真面目，只缘身在此山中"的困惑，那么他人的意见和建议就是孩子迷惑时的指南针。

李晶是个很讨人喜欢的女孩子，学习好、朋友多。她总是耐心而认真地对待朋友们对自己提出的批评建议，努力改正自己的不足。

妈妈从小就很注重对李晶自我反省能力的培养，经常教她倾听他人的想法，不打断别人说话，认真地听取别人对自己的批评，并且虚心地接受。

因此，李晶总能受到大家的欢迎，大家也乐于真心地为她提出改正的意见。

父母应该从小就教育孩子用好这根宝贵的指南针，教育他们耐心地倾听他人说话，虚心地接受他人提出的批评、建议，独立进行思考，努力地改正自己的不足之处。

方法三：鼓励孩子每天反省自己

让反省成为孩子的习惯，成为孩子每天的任务。当孩子小的时候，父母可以以任务的形式让孩子每天反省自己的过失，分析自己犯过失的原因，想好改进的方法。

张翼是个六年级的小男孩，他学习成绩和人缘都很好，因为他总是善于总结自己的失误，反省自己的过失。

张翼刚上小学的时候，爸爸就为他准备了一个自我反省的小本子，并鼓励他把自己认为当天没有做好的事情写在本子上，认真分析没有做好的原因及改进的方法。

一年以后，每天反省成了张翼的习惯。

慢慢地，反省自己便会成为孩子的习惯。父母要让他们时刻谨慎自己的一言一行，认真而谦虚地对待每一道题，以及身边的每一个人。

知错就改——改正错误永远是不嫌迟的

知错就改才能使自己处于不断的进步中。由于孩子的世界观还不成熟，是非观念还很模糊，他们分不清自己是不是错了，也无法充分认识自己的错误，所以不能立刻做到知错就改。此时大人要有自己的尺度，来帮孩子客观地分析问题，让孩子建立正确的是非观。

孩子在犯错误后不承认，并不能就此说明他不是一个好孩子。孩子不会认错的原因是多种多样的，父母要对之进行分析。

有时候孩子是出于面子而不愿意承认自己的错误。有时候是觉得父母太强势，害怕受到责罚而不认错。

妈妈下班回来走进卧室时，发现自己的化妆瓶掉到地上碎了。儿子刘文科正像没事人一样，在旁边玩着皮球。妈妈便问他："化妆瓶是不是你打破的？"

"不是。"刘文科头也没抬就回答了。妈妈看他答得这么干脆，又盯着他问了一遍，刘文科还是不承认是自己干的。

妈妈很生气，抓起他的球，说道："以后你玩球就到楼下去玩，不要在家里玩，听到没？如果再打碎了家里的东西，妈妈就要罚你做卫生，知道了吗？"

在妈妈的命令下，刘文科点了点头。妈妈便自己把地面打扫干净，让他帮忙把垃圾扔到楼下。听到妈妈的吩咐后，他便乖乖地把垃圾提到了楼下。

孩子不会道歉，有时候是因为他们还不懂得是非观念。孩子的心目中没有明确的对与错的概念,从而不知道自己犯了什么错,也不懂得应如何去改正自己的错误。

父母要耐心地给孩子讲解问题的要害,鼓励孩子勇敢承认自己的错误。父母这样做会给孩子一种安全感,让孩子知道,每个人都有犯错的时候,只要改正了就还是好孩子。

让孩子养成知错就改的习惯,也就是要培养孩子敢于坦然面对自己的错误而不逃避。孩子还处于成长的阶段,每一次犯错都是一次成长的机会。让孩子学会知错就改,能让他们更好更快地成长。

方法一:让孩子树立"知错就改"的意识

"知错就改"意识的培养,先要建立在孩子清楚自己的缺点的基础上。然后再用强烈的想改变错误的欲望,来督促自己去改正。

王艺霏平时大大咧咧,时常犯错。今天上实验课,老师要教大家做切片,并在显微镜下观察细胞,可王艺霏忘记了带洋葱。结果,整个小组的实验报告缺少了对洋葱的观察。

王艺霏回家后,便伤感地对妈妈说:"为什么我就这么马虎,老是出错啊?"妈妈看着她,说道:"你总是不把事情放在心上,不重视它,所以永远会马虎。"

"那要怎么重视?"她问道。妈妈回答道:"你只有学会知错就改,时刻有改正错误的意识,才会盯紧自己马虎的缺点,真正改正过来。"

平时只要孩子犯错了,父母就要及时地指出来,并要求孩子去纠正自己的错误。而对错误进行适当的惩罚,有助于增强孩子对错误的记忆,使其更愿意"知错就改"。

方法二:培养孩子正确的是非观

孩子有时犯的错,是由于是非观念比较朦胧。所以,父母要帮助孩子树立起一个明确的是非观。

刘明今年四岁了，今天他出于好奇而把妈妈的化妆品拿出来玩，还给自己的脸上抹了一些粉和膏。

妈妈看到后，立刻让他洗脸，并解释道："你还小，化妆品会伤害你的皮肤，你看都起红疙瘩了。以后不要随便用大人的东西，这样是很危险的。"

刘明看着脸上的几个红疙瘩，点了点头。

在平时的生活中，可以通过一些日常小事，让孩子明白哪些事情是自己能做的，哪些事情是自己不能做的。对于孩子的错误，要耐心解释错在哪里。

方法三：教会孩子客观看待自己的言行

现在的独生子女，自我中心意识比较强，家里的所有人都必须围着他们自己转才能够开心。所以在言行上，他们会经常出现冒犯长辈的情形。

父母一定要引导孩子正确、客观地看待自己的地位，不能任由孩子出现不尊老、不爱老的情况，孩子有错误，父母要给予批评指正。

方法四：批评孩子的错误要掌握分寸

很多父母在孩子因为顽皮犯了错之后，喜欢凭自己的心情来处置孩子。很多时候就是将孩子打骂一顿，作为对其错误的惩罚。

这样一来，不仅孩子的自尊心会受到伤害，而且会产生对父母的逆反心理，不利于孩子主动面对和承认自己的错误。

所以，在批评孩子时，父母一定要把握住一个度。在帮助孩子认识到错误的同时，也要让他不要有太大的心理压力。

第三章 独立的好习惯：让孩子真正成为社会的一员

树立目标——用理想激励孩子走向独立

"没有目标就没有成功",人生目标是孩子奋进的灯塔,它能指引孩子走向自己的梦想。一个宏伟的人生目标,能够激励孩子积极进取、追求成功。

人生目标决定了孩子一生的成长方向,所以要根据兴趣、特长来慎重选择。人生目标一定要宏伟、长远,一旦制定就不要轻易变更。孩子越早明确人生目标,就越早收获成功。

陈怡的妈妈是舞蹈演员,她在妈妈肚子里时,就天天听着音乐。陈怡两岁时,看到电视上的天鹅湖歌剧,就自己跟着节奏跳舞。

陈怡三岁时,妈妈试着让她参加专门的舞蹈培训,还带她去观赏音乐会、听歌剧,这些努力终于收获了她的一句话:"妈妈,我想成为一个伟大的音乐家。"

妈妈听后欣喜地说:"孩子,你可不能怕辛苦,要实现目标你就必须刻苦训练。"陈怡坚定地点点头。

孩子总会把兴趣投入特定的事情,父母一旦发现孩子的兴趣,就要加强投入,力争把兴趣发展为特长,把特长发展为人生理想。孩子能够把最喜欢的事作为人生理想,肯定会获得更大的进取动力,收获更多的快乐。

人生长期目标的实现离不开中、短期目标的支持。父母一旦帮孩子树立了长期的人生目标,就要加紧规划中长期目标和近期目标。将这些目标全部规划好,孩子的理想才不是空想。任何梦想要最终实现,都必须有近期的、实际的操作性,将目标细化更利于孩子走向成功。

孩子在实践的过程中,需要父母的鼓励、支持和监督。父母要时刻督促孩子完成好近期目标,强化孩子的目标兴趣。只有当孩子的进取受到了关注,取得了成绩时,他才能增加成就感,才能有愉悦的体验。

一个宏伟的人生目标,能够召唤孩子在逆境中前进,让孩子有效地规划人生,而不是把有限的时间浪费在迷茫和虚度中。

方法一:把孩子的兴趣、特长转化为理想

孩子的人生目标必须建立在兴趣之上,这样孩子才愿意终身为之奋斗、付出。父母在帮孩子制定人生目标时,先要发掘出孩子的兴趣及特长。孩子在自己感兴趣的领域中前进,才能享受到快乐和成就感。

孩子的人生目标一定要合孩子的兴趣,而不是合父母的品位,这关系到孩子能否坚定地走下去。父母在帮孩子制定目标时,除了观察孩子的潜质,还应征询孩子的意见。

方法二:保护孩子对人生理想的热情

持续的兴趣是孩子选择坚持下去的理由,维护好孩子对实现人生目标的热情,才能让孩子愉快地走下去。

李赫从小就对色彩很敏感,喜欢各种绚丽的色彩。妈妈看到后,便给他买了画册和彩笔,鼓励他涂涂画画。

十岁那年,李赫拜一位国画大师为师。此后,只要有名家画展,他都会去观摩。久而久之,成为一名国画大师也就成了李赫的人生理想。

孩子对人生目标抱有热情,才会义无反顾地坚持走下去。父母要维护孩子实现理想的热情,手段和方法是多种多样的,只要对增进孩子的兴趣有利都可以采用。

方法三:将人生目标阶段化、细化

任何长远目标的实现,都离不开中长期、近期目标的支撑。父母要帮孩

子把目标阶段化、细化，使整个人生目标更具有实际可操作性。

张鑫想当外交官，他给自己定了一个人生目标：精通英语、法语、德语。目标制定后，他将它们细化成小目标，并决定一一攻克。

三年来，张鑫实现了很多个近期目标，终于朝人生理想靠近了一半。现在他可以熟练看外文书报、电影了，他也详细规划了未来三年的学习计划。

孩子要想实现长远的人生目标，就要同时规划好中长期及近期目标。目标越详细，可操作性越强，实现的概率也就越大。

方法四：督促孩子朝目标前进

孩子毕竟是孩子，自我管理能力、约束能力都弱于成人。孩子在追求人生目标的途中，离不开父母的监督、督促。

父母要时刻关注孩子实现目标的情况，督促孩子努力实现每一个近期目标，只有不断地推进，才能让孩子最终实现大目标。

方法五：对孩子的成果给予关注和奖励

孩子在追求目标的过程中有了成果，父母要给予关注和奖励。父母的关注和奖励也是对孩子的一种激励，让孩子从中不断汲取前进的动力。

父母对孩子追求理想给予支持、关注，陪孩子一起走过成功和失败，一起战胜途中的困难，就是给了孩子最强大的精神动力。

自我管理——孩子走向自立的第一步

一个人的成功,从严格意义上来讲,不是在被别人管理和管理别人中获得的,而是源于自我管理。自我管理能力很重要,它能将孩子打造成一个能持续获得成功的人。

自我管理能力就是管理个人事务的能力,它包括七个方面:时间管理能力、人际管理能力、目标管理能力、压力管理能力、行为管理能力、学习与成长能力和自我反省能力。

孩子的成功离不开高效、成熟的自我管理。孩子的自我管理能力差,就会把事情弄得一团糟,整天非常忙碌却找不到中心点。成年后,自我管理能力差的人更容易随波逐流,在浑浑噩噩中度过一生。

周骆的卧室像仓库一样,东西扔得到处都是。每天早晨,闹钟响了三四遍了,他还懒得动。妈妈只好拖着他起床,送他去上学。

在学校里,每节课要上什么,周骆从来都记不清,都是看到别人拿什么书,他才赶紧在课桌里找教材。周骆每天忙得晕头转向,却不知自己为什么这么忙。

周骆的成绩不太好,每天都被老师、父母轮着训。他觉得自己的生活糟透了,所有的事情都混杂在了一起,怎么也理不清。

妈妈问及周骆的各种目标,他也是一再摇头:"我从来没有认真想过这些问题,过一天算一天也很好啊。"

每一个成功人士都有精确的人生目标定位,然后统筹时间,安排好实现目标的计划。他们的行动是为了实现目标，一旦遇到挫折，他们会马上进行自我反省，然后进行自我学习、提升，直到克服困难，继续朝目标前进。

对每一个环节都能够进行高效的管理，人生就实现了合理利用；每一分钟都没有被浪费掉，都是在为目标而付出。

这样高效、精进的人生，就是成功愿意多次青睐的人生。学会高效地利用生命中的每一分钟，就是一种高效能的自我管理模式。

自我管理能力是从日常生活中培养出来的，每一个人都具备一定的自我管理能力，只是程度不同而已。父母要努力去提升孩子的自我管理能力，因为这关系到孩子的人生高度。

方法一：学会管理目标，给人生定位

所有的管理都是从目标出发，以最终达到目标为终点。孩子要学会自我管理，首先要明确自己的管理目标是什么。目标要具体，例如语文要考九十分，那么剩下的时间、行动甚至人际交往都要以它为中心。目标越明确，行动越有力。

大目标可以是理想，然后以理想为圆心，以一生为半径，画好自我管理的七个方面，人生成就就是圆的大小了。孩子的自我管理离不开大大小小的生活目标，先给自己定好位，然后再去行动，成功的概率更大。

方法二：学会管理时间，安排好学习

生命由时间组成，亲情、爱情、事业交集在一起，如何有效管理自己的时间，也是一种极为重要的能力。时间管理能力需要培养，孩子可以从管理好学习时间开始，安排好自己的学习任务。

郑锐上初中了，课程增加了好多。他感觉每天都有些忙不过来，虽然每天给各科分配了学习时间，却总发现时间不够用。

妈妈提醒他，可以做一个学习计划表，分配一周的时间。郑锐根据课程表分配好学习九门功课的时间，经过几个星期的调整，就能很好地安排每天

的学习任务了。

事务越繁杂、问题越多，时间管理能力的作用越显著。同孩子关系最密切的是学习，学习任务很繁杂，孩子学会制作学习计划表，就能提升管理时间的能力。

方法三：让孩子"自我"管理，减少限制

父母的限制越多，孩子越会依赖于人，越缺乏自我管理能力。父母要给孩子营造一个宽松、自由、充满爱的成长氛围，让孩子的个性得以充分施展。

孩子的个性就是管理自己的意识，个性越强的人，越希望由自己来操控个人事物。反之也成立，孩子个性越弱，越喜欢依赖他人。

程青是个调皮的男孩子，每次都能把家里闹得底朝天。但是，妈妈却给程青绝对的自由，鼓励他去冒险、去尝试。

妈妈管得少了，程青自己就管得多了。他每天的作业、游戏、睡眠时间都要自己来控制，第二天的衣服、带的用具全是自己打点。程青很忙，但把生活打点得井井有条。

父母要多给孩子一些自由的时间和空间，让孩子多一些自主支配的机会。孩子要学会自我管理，就需要这些自由。父母的限制越多，孩子的依赖性越强，自我管理能力也就越差。

自我激励——让孩子在沮丧时重拾自信

自我激励,是对自己的一种肯定和鼓励,是自信的表现,也体现了孩子良好的自我管理能力。父母不可能时时刻刻跟着孩子,帮助孩子解除万难。在面对挫折和困难时,就需要孩子进行自我激励。

自我激励是提高挫折容忍力的有效途径,能使孩子保持高度的热情,而高度的热情是取得成功的不竭动力。

自我激励不仅能让孩子学会面对困难和挫折,还能激发孩子的潜能,让孩子发挥出自己的最高水平,取得意想不到的成功。

懂得自我激励的人比其他同龄人更容易取得进步,获得成功。自我激励是孩子调试自己心理的一种重要方式,能更好地促进孩子身心的健康发展。

南瑾是个很爱学习的孩子,可是他有开小差、做小动作的坏习惯,尤其是在课上,他有时候自己都控制不了自己的小动作。

爸爸知道了这件事很头疼。为了督促南瑾集中精力学习,爸爸在他的卧室写下"集中精力"四个字,而南瑾也决心做个上课认真听讲的好学生。

南瑾把爸爸的方法带到了学校,在书上写上"集中精力"四个字,还在书桌的显眼处贴了纸条。上课走神时,一看到这四个字,他就会立刻提醒自己集中注意力。

有不少孩子不懂得自我激励,其中一个很重要的原因是他们不愿意做别人让他们做的事,包括父母和老师。此外,孩子由于缺乏经验,不知道自我激励要从何下手。

如果孩子不愿意自我激励，父母可以看看他们正在做的事是否有困难，如果他们认为那些事无趣，可以想办法使其有趣一些，或者让他们找一些方法犒劳自己。

如果孩子被一件事压得喘不过气来，父母可以帮助他把工作分成几小部分，鼓励他每完成一部分就向父母展现一下，以此来帮助孩子养成自我激励的习惯。

调查表明，那些能够决定在哪里及什么时候完成任务的孩子，比父母为他们决定一切的孩子更有动力，而他们的动力主要来源于积极的自我激励和心理暗示。

自我激励对孩子的成长有重要的意义。父母要努力帮助孩子学会自我激励，战胜各种挑战，取得成功。

方法一：让孩子学会积极的自我暗示

积极的暗示会对孩子自身的心理和智力发展起到积极的作用，会让孩子更好地控制自己的思想和行动，远离消极的生活状态。

父母要帮助孩子学会积极的暗示，在积极的暗示中，孩子会激发自己的最大潜能，发挥自己的最大潜力，取得更大的进步。

方法二：让孩子学会用名人激励自我

榜样的力量是无穷的，对自我意识不够强烈的孩子来说更是如此。这些孩子往往把榜样当作自己生活、学习的范例，以他们的精神和行为来鼓舞自己。

期末考试，陈晓考了全班第一名，他决定痛快地玩一个暑假。妈妈劝他学习，他却说可以等到开学了再学。

妈妈见陈晓这么固执，就以郎平等人的事迹来激励他。进入国家队后，郎平仍没有放慢前进的步伐，练就了享誉世界的"铁榔头"。陈晓听后便把郎平当成了自己前进的榜样，以此来时时激励自己进步。

父母要经常给孩子讲述各个领域的杰出人物的事迹，让孩子把他们的优秀品质铭记在心，并能把这些优秀品质贯穿于自己的日常生活中。

当遭遇艰难或是困惑时，让孩子用榜样来进行自我激励，鼓励自己像他们一样坚强勇敢地战胜困难，在他们的鼓舞下，一步步走向成功。

方法三：让孩子学会用目标激励自我

一个标枪运动员在比赛时如果没有目标，那么，他的成绩一定不会很好。如果他心中有一个目标，标枪就会朝着那个目标飞行，而且投掷的距离就会更远。

孩子的学习也是一样，只有树立了目标，孩子才不会盲目地进行学习，才能有前进的方向和动力，才会不断地激励自己。父母要为孩子制定适合他们发展特点的学习目标，让目标激励他们不断努力。

方法四：让孩子学会用困难激励自我

在孩子的成才过程中，遇到困难是不可避免的，但是困难可以锻炼孩子的意志，对孩子的健康成长有着深远的意义。

孟远平时对自己要求很严格，不允许自己失败。在这种心理暗示下，她承受着很大的压力。这次考试，她在班里的名次下降了不少，这让她一下子就崩溃了。

妈妈给孟远写了个字条："孩子，每个人都会遇到不顺心的事，可是世上的事本来就没有十全十美的。"在妈妈的鼓励下，孟远开始对自己进行激励。

为了让孩子能在困难中顺利成长，对于各方面都比较顺利的孩子，父母不妨有意给孩子制造一些善意的困难。这样一来，孩子就有机会学会自我激励，使自己变得更加优秀。

认识自己—— 不能认识自己的人离成功最远

客观地认识自己，能让孩子更好地了解自己，发扬自己的优点，改正自己的缺点，从而在生活和学习中不断进步。

父母要教孩子客观地认识自己，首先就要让他们有正确的自我评价。自我评价是一种包含社会行为准则的知识和主观经验的复杂的自我认识，是指自己对自身的思想、能力、水平等方面所做的评价，进而对自己做出的总结。

只有客观地评价自己，才能找到自己的位置，了解自己的优势和劣势，在今后的生活和学习中才能做到扬长避短，发挥自己最大的潜能，获得更大的发展空间。

高建是班里的学习委员，这次班里要选举新的班委，老师要求学生先进行自我推荐，再进行投票。

高建却在心里打鼓了，他首先想到的是自己的缺点和失误，努力思考自己有哪些地方做得不好，有哪些工作做得不到位，而没有想到自己为班级做出的贡献。

在进行自我推荐时，高建也是挺没有信心的。但最后，他的得票最高，这让他很吃惊。

回到家，高建将自己的经历讲给妈妈听，妈妈教育他要客观地评价自己，客观地认识自己，既不能盲目骄傲，也不能妄自菲薄。

要做到客观地认识自己，父母应引导孩子对自己进行评价。父母可以教给孩子从多个方面对自己进行分析，包括学习能力，如观察力、记忆力、思维力、创造力、想象力和实践能力等。

做完这些分析后，还可以看看自己有无特殊才能，如绘画、音乐、书法、写作、体育运动等；有无好的态度，如勤奋、独立等；有无好的个性特征，如自我控制和自我调节以及道德品质、理想信念等。

由于孩子本身的发展特点及自身阅历的问题，他们对自己的认识肯定存在不恰当的地方，这就需要父母及时给予帮助。

方法一：引导孩子发现自己的优点

很多孩子由于对自己要求过高，把自己已经取得的小成绩淹没在对大目标无法实现的焦虑中，从而低估了自己的能力，不能客观地认识自己。

李思是个矮矮的小姑娘，学习成绩很优秀。这天班里选举学习委员，因为李思个子矮，老师怕同学不听她的，就没有选她。

李思闷闷不乐地回到家里，充满了自卑感。妈妈告诉她："个子矮不算什么，你成绩好，懂礼貌，尊敬老师，团结同学，这些都是让你引以为傲的地方，你要客观地认识自己。"

李思听了妈妈的话，郑重地点点头，决定继续努力，改变老师对自己的看法。

父母要引导孩子发现自己的优点，才能让孩子变得更加自信。父母可以帮助孩子制定一个能在短期内实现的小目标，从实现的小目标中享受成功的快乐，增强孩子的自信。

一个个实现的小目标会积累成实现大目标的动力源，还会使孩子竖立足以克服自卑的信心，孩子能够发现自己的优点了，也就进一步学会客观地认识和评价自己了。

方法二：让孩子正视自己的缺点

父母对孩子的娇惯容易使孩子产生唯我独尊的优越感，让孩子觉得自己是最好的，从而只看见自己的优点，不能正视自己的缺点。这就是自负，是一种不健康的心理现象。

王杰十岁了，是班里的班长，学习成绩一直都不错，这让他觉得飘飘然了。老师批评他的学习态度，他却顶撞老师。

妈妈批评了王杰的行为，分析了他的骄傲心态，让他意识到自己的缺点。随后，他主动给老师打电话道了歉。

自负源于孩子不能正确地认识自我，不切实际地高估自己，只看到自己的长处，看不到自己的短处。这样的孩子在面对挫折时容易一蹶不振，同时还易丧失进取心。

在人际交往中，自负的孩子往往会盛气凌人，导致他人的反感与厌恶。作为父母，应该让孩子正视自己的缺点，帮助孩子摆脱自负的羁绊，使他们走上健康的成长之路。

方法三：教孩子虚心接受别人的意见

"旁观者清，当局者迷"，他人的意见往往是最具针对性的建议。虚心接受别人的意见，不仅是对别人的尊重，也是自我良好修养的体现。

姜静是班里有名的数学小天才，同学们不会做的题目她都会做，可是她没有丝毫的骄傲情绪。

这天她给同学讲题，被同学指出了一点小失误。大家本以为姜静会生气，可是她却说："是啊，是啊，我怎么能忘呢，多亏你提醒。"这让同学们更佩服她了。

只有虚心接受别人的意见，才能使自身的缺点得以改正，才能做到客观地认识自己。父母要教育孩子摆正心态，虚心地接受来自他人的意见，做心胸豁达、谦虚好学的孩子。

意志坚强——引导孩子走向快乐和幸福

坚强是孩子的一种重要的品质。坚强的孩子勇于独立去面对和克服生活中遇到的困难，并用一种积极乐观的心态来看待生活中碰到的事情。

坚强能让孩子做事情时更具有独立的精神，能自己独自完成的事情就不去依赖别人。坚强的孩子在成长过程中，能够在遭遇挫折后获得更大的成长。

刘涛在上三年级时，由于过马路不小心被一辆车撞上，双腿出现了问题，这让他一下子沉默了。

父母带他治疗，医生说只要坚持做恢复训练，还是有站起来的希望。听到这个消息，刘涛也兴奋了。医生强调了一点，一定要具有毅力，坚持才是最重要的。

听完医生的话，爸爸看着刘涛说道："从明天开始，我们就要开始做恢复训练了。孩子啊，你一定要学会坚强，这才是你的希望。"

经历过这件事，刘涛也一下子长大了，沉默了一会儿之后，他坚定地对爸爸说："我会坚持的，我还要踢足球呢。"

很多成功人士都具有坚强的性格，在进取的过程中有顽强的意志和坚韧不拔的毅力。为了自己的人生目标和理想，他们能够一直保持饱满的热情。

而性格脆弱、意志力不坚强的人，在学习和事业上都很难取得长足的进步。不仅如此，他们甚至会什么事也坚持不下去，最终在蹉跎中虚度了自己的一生。

坚强不是天生的，它是孩子在成长过程中通过锻炼、学习而培养出来的。培养坚强的性格能让孩子在失败后勇敢地站起来，会让孩子受用一生。

方法一：父母要做孩子坚强的榜样

要想让孩子学会坚强，父母就先要做好表率，既要告诉孩子坚强的重要性，也要用行动给孩子灌输面对困难要坚强的思想。

妈妈下班路上不小心扭伤了脚，回到家后便忍着疼痛准备全家人的饭菜。韩梦看见很心疼，便执意要来帮忙。

妈妈推开她说道："这没什么，妈妈小时候上学，每天要走一个多小时山路。有一次，我摔得比这次严重，还坚持上课。你快去复习吧。"

在妈妈的影响下，韩梦也变得很坚强。

在培养孩子的坚强品质时，父母可以将教育具体融到生活中的每一件小事上。当孩子在生活中遇到小困难、小挫折时，父母要教育他们坚强起来，只有这样，将来碰到更艰险的情况时他们才能勇敢面对。

方法二：培养孩子独立克服困难的能力

父母在平时的生活中，要逐渐培养孩子独立克服困难的能力，不要让孩子养成一有困难就找父母的依赖心理。

孩子只有学会了独自面对问题、解决问题，才能不断地提升自己的办事能力，遇到困难后才能勇敢地面对和克服。

方法三：培养孩子坚韧的意志力

坚强源于坚韧的意志力，可以通过体育锻炼来培养。在孩子成长的过程中，通过体育锻炼来磨炼孩子，不仅能培养孩子的意志力，还能帮孩子强身健体。

坚韧就是做事情有始有终，不达目的不放弃。如果孩子能够做到每天晨跑，年复一年，孩子的坚韧品质也就渐渐形成了。

方法四：对于孩子的失败多给予鼓励

如果孩子面临困境时太脆弱，父母则要多给予鼓励，尤其是在孩子遭遇失败时，更要这样做。对孩子来说，此时父母的鼓励是最好的动力来源。

张益很害怕上体育课，因为每次长跑测试，他都是全班倒数第一，这让他很难过。爸爸在知道了情况后，便决定帮助他渡过长跑难关。

每天早上，爸爸会陪他在公园里练长跑。只要张益每天能多跑十米，就可以获得小红花，十朵小花换一次周末郊外游。

张益很有斗志，两个月下来，他的测试成绩前进了二十名。

如果父母给予的是批评和讽刺，只会让孩子更加不自信与懦弱，甚至会对父母产生逆反心理，渐渐地走向极端。对于孩子的失败，父母应该少批评，多表扬，帮他们渐渐地找回自信，找回勇气。

方法五：教孩子学会激励自我

影响孩子成功的因素，除了体力、智力之外，更重要的就是心理因素了。自我激励能够让孩子拥有好的心理状态，使他们离目标更近。

如果孩子在行动时能不断地进行自我激励，那么就会获得更大的动力，也能坚持下去，时刻保持自己的信心。用这种心态去做事，会获得更好的结果。

自我克制——一点小克制也能让孩子变强大

孩子年幼时缺乏自我管理的能力,是因为他们缺乏这种意识。但是随着年龄的增长,他们应该学会管理自己的生活,学会自我克制。

孩子要学会克制自己不合情理的要求和愿望,学会在众人面前控制自己的情绪。毫无疑问,自制习惯的养成是父母在家庭教育中应该完成的基本任务。

王丹是家里唯一的孩子,从小受着祖辈两代人的宠爱,过着衣来伸手、饭来张口的日子。她不知道如何管理自己的生活,不知道什么时候该控制自己的情绪。

一天,妈妈的一位同事来家里玩,在客厅里和妈妈聊天。王丹穿了一件新裙子从屋里跑出来,问妈妈自己漂不漂亮。

妈妈没有回答,王丹的眼圈一下子就红了。她拿起茶几上的烟灰缸狠狠一摔,就跑回了房间。同事看着王丹的表现,着实吓了一跳。

妈妈这才反应过来,这么多年太宠着王丹了,让她连一点自制力也没有,不懂得尊重他人,随便发脾气。

当孩子没有完成父母或者学校布置的任务时,父母问他们为什么没有完成,他们可能会这样说:"我本来是想完成的,可是同学找我跟他们一起去玩游戏了,所以……"

孩子遇到了不开心的事情,回到家后对父母乱发脾气,当父母责怪他们时,他们说:"我今天心情不好,我也不想发脾气的,可是没有忍住……"

这些都是孩子缺乏自制力的典型表现。许多爱子心切的父母听到孩子说本来想完成时,都觉得非常安慰。

可是事实上，孩子没有完成任务或者没有成功控制好自己的情绪，是因为他们缺乏自制能力，这是个大问题，父母不应该忽视。

孩子没有自制力，就像汽车没有刹车。没有刹车的汽车在路面上行驶会危害驾驶员自身的安全，更会危害到其他路人的人身安全。

一个没有自制习惯的孩子难以顺利地在社会上发展，更有可能危害他人的利益。因此，父母应该运用一定的技巧，让孩子从小养成良好的自制习惯。

方法一：父母要做自制好榜样

在生活中，父母要懂得控制自己的行为，例如不过分沉迷于看电视、玩游戏等活动，可以适当娱乐，但是一定要有度。

李潇潇是个四年级的小女孩，她刚十岁，但是脾气异常暴躁。班主任决定去她家走访一次，和她的父母聊聊。

班主任刚来到李潇潇的家里，就看见她的父母正在为晚上吃什么菜吵得不可开交。过了好一会儿，李潇潇的妈妈才招呼老师坐下，然后又和爸爸展开了口水战。

见到这一情景，班主任终于明白李潇潇为什么这么没有自制力了。

如果父母在生活中不懂得控制自己的行为，不懂得控制自己的情绪，那么孩子也难以养成自制的好习惯。

方法二：用家庭规则帮孩子学会自制

要规范孩子的行为，父母可以制定家庭规则，用规则告诉孩子什么可以做，什么不可以做，如果做了必须承担什么后果。

例如，家庭成员每天必须完成自己的任务，不可以随便向他人发脾气，不能将他人打扫干净的地面弄脏，不能打扰他人工作、学习或者休息等。

方法三：指导孩子管理自己的情绪

父母应该制定一定的奖励和惩罚措施来指导孩子管理自己的情绪，让他们学会保持心情的平静、大脑思维的清晰，这样才能让孩子做出正确的判断。

卫号是个正在上六年级的小男孩，他总是保持笑容，几乎没有发脾气的时候，因此同学们都特别喜欢他。

卫号小时候也很喜欢发脾气。妈妈为了让他学会管理自己的情绪，要求他发脾气后要向家人道歉，否则就要接受严厉的惩罚。

受到几次惩罚后，卫号再也不敢随便发脾气了。他学会了管理自己的情绪，还懂得了运用"和平"的方式宣泄自己的不满。

在培养孩子的自制力时，父母不能放任不管，要在适当的时候给孩子一点压力，奖惩只是手段，目的是让孩子逐渐学会控制自己。

方法四：指导孩子学会控制自己的行为

孩子不能控制自己的行为，除了年龄小的因素外，还因为他们不知道自己的行为会有哪些后果。父母可以告诉孩子行为失控的后果，借此指导孩子学会控制自己的行为。

林嘉是个非常有自制力的孩子，学习成绩很好，也深得同学的喜爱。

林嘉以前特别贪玩，经常玩游戏到深夜。爸爸便教育他："作为一个男孩子，你应该学会控制自己的行为。如果你连玩游戏都控制不了，以后又怎么能控制自己的其他行为呢？"

林嘉听了之后，觉得非常有道理，于是严格限制自己玩游戏的时间，养成了自制的良好习惯。

在孩子放纵自己导致了恶果后，父母不要为孩子收拾残局，而要让他接受惩罚，这样孩子才能对自己的行为有更加深刻的认识，才能试着加以控制。

与人合作——用他人的力量成就孩子

当今社会是一个合作与竞争并存的社会。一方面,社会各行业之间的竞争越来越激烈;另一方面,为了扩大自己的实力,人们不得不选择与他人合作。

合作可以充分利用有限的社会资源,可以增强自己的竞争力,实现"双赢"的结局。对生活在这个时代的孩子来说,与人合作是他们必备的一项习惯和能力。

合作精神是现代人必备的一项素质与品格。如果一个人不能与他人进行真诚的合作,那么他就不可能取得成功。一人技短,二人技长。团队合作的最大优势就在于能最大限度地避免错误的发生,发挥团队的优势。

张艺是个十岁的小女孩,已经上小学四年级了。她从小受着父母的宠爱,非常霸道和自私,根本不懂得与他人合作。

一天,张艺的姑姑带着九岁的小表妹从国外回来,给她带来了许多漂亮的外国玩具,张艺收到礼物后非常高兴,兴致勃勃地在客厅里玩了起来。

张艺在玩堆积木的游戏时,小表妹想帮她的忙。没想到她不但不领情,反而说:"我自己会玩,不用你在旁边瞎掺和。"小表妹笑了笑,没有说什么。

这一切都被张艺的姑姑和妈妈看在眼里。妈妈走过去牵着小表妹的手,安慰她,并向张艺的姑姑表示抱歉。姑姑告诉妈妈,张艺不肯与他人分享和合作,会严重影响她以后的发展。

细心观察便可以发现,社会中处处存在着合作,生活中也时时需要合作。上自国家的治理，下至一个家庭的管理，都不可能离开合作。

国家的治理需要有出谋划策的谋士，需要有能冲锋陷阵的军队，需要具备魄力与智慧的领导者，等等。如果没有他人的辅助，一个人空有一身的本领，也难以成就大业。

合作的作用如此之大，可是孩子们却对此一无所知。他们不懂得取彼之长，补己之短，不懂得团队合作的益处，只知道自己一味蛮干。为了孩子将来更好地在社会上自立与发展，父母应该培养他们与他人合作的习惯。

方法一：让孩子懂得合作的重要性

合作很重要，要帮助孩子养成与人合作的习惯，首先应该让孩子懂得与人合作的重要性，这样才能引起孩子对合作的重视。

张坤足球踢得很好，是学校足球队的主力队员。他个子很高，总是瞧不起那些负责防守的矮个子球员。

这天，张坤与妈妈聊天又说起队里的矮个子队员："他站在我们球队里显得特别不和谐，可是教练却非常喜欢他，真是不可思议。"

妈妈听到这里，皱起了眉头说："如果没有队友的防守，你能安心地去进攻吗？一个球队之所以能赢球，靠的是合作的力量，是团队的力量。"

现实生活中存在许多需要两个或者两个以上的人合作才能完成的事情，父母可以从这些事情出发，教育孩子认识合作的性质和意义，只有认识到合作的益处，孩子才能学会合作，才会愿意与他人合作。

方法二：让孩子学会尊重他人

尊重他人是顺利与人合作的基础。只有尊重他人，才能正确认识自己与他人的优势和劣势，从而实现彼此优劣势的互补，发挥团队的力量。

父母应该教育孩子尊重他人，尤其是当他人有不同意见时，不要急于打断，而需要耐心地倾听他人的想法。这样一来，孩子才能与他人展开良好的合作。

方法三：让孩子体会合作的乐趣

父母应该让孩子多与他人进行愉快的合作，让孩子体会到合作的乐趣。孩子都喜欢能带给自己快乐的事情，自然也会喜欢上与人合作。

赵雅是个四年级的小女孩，她学习成绩很好，因为她非常善于与同学、老师合作。

赵雅刚上学的时候，数学成绩不太好，但是语文成绩很优秀。妈妈便让她向自己的同桌请教："你的语文成绩不是比她好吗？你可以教她语文，让她教你数学啊！"

第二天，赵雅就把这个想法跟同桌说了，同桌一口答应了。现在她们的成绩都得到了提高，两个孩子从中也体会到了合作的乐趣。

例如，父母应该给孩子布置一些需要合作才能完成的任务，而且在最后评价时更加注重强调他们合作的程度和质量，给他们灌输一种合作益处多的思想。

方法四：多与孩子玩一些合作的游戏

现在学校经常会组织一些集体活动，父母应该多鼓励孩子参加，让孩子在集体活动中学会如何为集体的胜利做贡献，如何让团队的力量发挥到最佳水平。

另外，父母也可以在家里和孩子玩一些合作类的游戏，例如多人过河游戏、多人智力闯关游戏，这样有利于培养孩子与人合作的习惯，也有利于良好亲子关系的建立。

坚持自我——让孩子坚持自己的原则

对任何事情有自己的看法，不人云亦云，叫作有主见。主见是孩子独立性的体现，是孩子实践个人价值的表现之一。

一个孩子人云亦云，喜欢依附于人，就容易轻易被人左右。孩子没主见，就谈不上有理想，也成不了大事。

孩子要想有自己的主见，首先要会独立思考，其次还要有决断力，能够毅然执行自己的决定。

孩子没法独立思考，则想不出好建议；孩子犹豫不决，好建议就不会得到执行。要想变得有主见，这两种素质都得具备。

郝劲在家里常常发表高论。有时候，他纯属胡说八道，但妈妈从不责备，还和他一起胡说八道，最后再找爸爸评理。妈妈的态度，让郝劲敢于说出自己的看法，什么话都敢说。

生活中，妈妈会让郝劲自己决定自己的事情。一次，妈妈给他买学习桌，就把决定权交给了他，由他来选颜色、选款式，妈妈只负责付钱，爸爸负责搬回家。

家里这类事很多，让郝劲养成了事事说看法的习惯。有时候，他说自己的事，有时候，他说父母的事、同学的事。妈妈发现，他的一些看法很有建设性，大家也越来越认同他，喜欢听他的建议。

有人会说，想问题是孩子的事，谁能剥夺？其实，孩子独立思考的权利很容易被剥夺。许多父母常常插手孩子的事，这种行为剥夺了孩子独立自主的权利。父母决定得多了,孩子就习惯于顺从、懒于自己做决定了。

让孩子坚持自我,坚持自己的原则,是在为孩子的未来铺路。有主见的孩子在独立、自立的路上会走得更好。

方法一:孩子的衣食住行,交给孩子来决定

孩子的衣、食、住、行之类的事应该由孩子来操心,父母不可越权。孩子有独立意识,随着渐渐长大,会要求自己做决定,父母应顺应孩子。也许孩子做得不好,但至少要给他决定权。

父母的放权会让孩子明白,这一类事是自己的事。一旦产生这种观念,孩子便不会轻易依赖,觉得这类事应该由父母负责了。孩子多动手,多自己做决定,正是培养他的独立、自立意识。这种意识正是主见的核心。

方法二:不要立即、直接回答孩子的问题

生活中,父母会常碰到孩子问"为什么",这种情形,父母不要立即、直接回答。父母应鼓励孩子动脑筋,让他自己想一想是什么原因。其实父母一反问,孩子也能独立思考,给出一个答案。

有一次,袁军和妈妈在公园玩。他看到好多树开花了,就问道:"妈妈,树为什么会开花?"妈妈看了他一眼,马上说:"是呀,你说呢?"

袁军想了一想,马上说:"因为它要结种子,然后再长小树,对吧?"在袁军表达自己的想法时,妈妈一直仔细听着,不轻易发表意见。听到袁军的答案,妈妈笑了。

孩子问问题,父母直接给出答案并不好。有时候,孩子并不是想知道答案,而只是想让父母了解他的看法。父母只要认同他,支持他的感受就行了。若孩子有了独立思考的能力,许多事情自己就能够处理得很好。

方法三:孩子的纠纷,让孩子自己去调解

孩子还常碰上矛盾、纠纷事件。孩子之间的小纠纷让孩子自己去解决,

父母别过多干预。多给他们一些机会，能培养孩子独立解决问题的能力。

常冰很活跃，也很调皮，虽然常常惹事，但从不求助于父母，父母也不随意干涉他的事。

有一次，常冰不小心碰坏了一个小朋友的模型，他主动道歉，并将自己的玩具赔给了那个小朋友。常冰处理问题的言行成熟得体，常常一个人把事情全搞定了。

每一个孩子都会遇到各种纠纷，如被欺负、闯祸等。孩子多的地方，是非就多。这些纷杂的小事，能锻炼孩子解决问题的能力。孩子经历得越多，就越有主见。

方法四：鼓励孩子参与家庭事务

对于家庭事务，父母可邀请孩子表态。家里要购买用品、要布置房间、要组织旅游等，都可请孩子发表看法。孩子是家中的一分子，父母要给孩子话语权。孩子说得多了，建议被采纳得多了，都能鼓励孩子参与的积极性。

家庭中，无论是大事小事，父母都可邀请孩子参加。孩子在参与过程中能感受到被尊重，同时也变得更有主见。孩子的建议被执行，还能增强其自信心。这是一举几得的好事，值得父母一试。

学做家务——让家庭成为孩子自立的考场

孩子总是要参与家庭生活的，其中做家务就是一种很好的参与方式。在积极参与家庭生活的过程中，孩子会体会到父母的辛苦，也会锻炼和发展自己的各种能力，在实现自己价值的同时获得成就感。

通常，孩子真正可以开始做家务的年龄是在两岁，当孩子四五岁的时候，就已经能够帮家里做很多家务了。

乔文今年已经是初中三年级的学生了，可他很懒惰，不但不喜欢做家务，而且连自己的房间都不整理，这让妈妈很头疼。

一次，妈妈在帮助乔文整理房间时，看见了他的作文，上面写着："记得我很小的时候，很喜欢帮妈妈做家务，可她总嫌我碍手碍脚。时间长了，我也懒得做了。"

妈妈这才明白，是自己教育的失误导致乔文变懒了。

后来，看到乔文放学回来了，妈妈立刻对他说，晚上有朋友来家里做客，需要他的帮助。乔文先是一愣，然后就乐滋滋地做起了家务。

现在的孩子都是在父母的疼爱中长大，极少有父母让孩子做家务。据调查，某中学有60%的学生从未做过或很少做家务，孩子平均每天的劳动时间不足0.2个小时。这造成了很多孩子对父母过分依赖，而且自私、懒惰。

孩子很小的时候没有能力做家务，等年龄大点了，父母又发现孩子做家务的积极性不高，其实这与父母的家教观念和教养方式存在很大的关系。孩子没有良好的劳动习惯，或者父母以前对孩子有过斥责、命令的态度，孩子就会对家务的兴趣不大。

让孩子做力所能及的家务，是帮助孩子成长的最好机会。孩子对家庭责任持有的态度会影响他今后对社会的态度。孩子要想成为负责任的"社会人"，就需要从家庭中的小事做起。

方法一：培养孩子热爱劳动的好习惯

热爱劳动是孩子在人格、智慧和道德上不断完善的重要体现，劳动习惯必须从小养成。只有养成了热爱劳动的好习惯，孩子才会真正热爱劳动。

孩子养成了热爱劳动的好习惯，不仅会热爱劳动，帮助父母做家务，还会在学习方面形成一种自觉心理，学习也不再需要父母的监督和督促。

父母要教育孩子学会照顾自己，自己洗衣服、整理床铺、打扫房间。父母还可以将家务以分工或合作的方式交给孩子，这样可以促使孩子养成热爱劳动、爱做家务的好习惯。

方法二：根据孩子的年龄让孩子做家务

孩子的年龄毕竟小，接受能力有限，父母要根据孩子的年龄、顺应孩子的身心发展来为孩子安排不同的家务活，试着让他们做些游刃有余并且有趣的事。

一岁半至三四岁，正是孩子发展自理能力的阶段。如果自理能力发展得好，孩子的自主性会提高，并且有助于建立自信的人格，所以这个阶段应尽量让孩子学习自己动手做家务。

对于年龄较小的孩子，父母可以让他们学会简单的生活自理，比如将毛巾、牙刷放好，自己整理衣物；对于年龄大点的孩子，可以在限定的范围内让孩子扫地、擦地板等。

方法三：称赞孩子的劳动成绩

称赞孩子是鼓励孩子的一种方式，父母要经常告诉孩子，他们的劳动为自己提供了很大帮助，或者夸奖孩子聪明能干。这种善意的称赞会调动孩子做家务的积极性。

李晓雅今年十岁了，虽然不娇气，但是做家务却不是那么主动，对于家务，能逃避的就逃避，对于自己从未干过的就更有理由了。妈妈下班回到家很累，还要做饭。妈妈对李晓雅说："孩子，你已经不小了，也该学习一下做饭了。"

第二天回家后，李晓雅真的为妈妈做好了饭，尽管味道不好，妈妈还是很高兴地把饭都吃光了，还夸奖李晓雅做得好吃。在妈妈的鼓励下，李晓雅渐渐喜欢上了做家务。

孩子做家务时，父母要给予充分的鼓励和信任，这样会使孩子变得更加积极主动。但是父母要注意，尽量不要把给孩子金钱当作奖励手段，要让孩子知道，做家务是履行家庭义务，是为了锻炼自己的独立能力，同时满足自己的幸福感。

方法四：教给孩子基本的家务技巧

孩子年龄小，做家务时不可能做得十全十美，这就需要父母教给孩子基本的家务技巧。这样可以防止孩子因为做家务失败产生挫败感，失去做家务的积极性。

在孩子开始做家务时，父母应教给孩子基本的劳动程序、方法及注重点，并注意示范，让孩子观察父母是怎么做的。

在指导孩子掌握做家务的要领时，父母一定要有耐心，同时要让孩子有明确的劳动目的，这样他们的积极性才能持续下去。

大胆尝试——每一次尝试都是一次成长

任何的跌倒，都能总结出经验。父母要鼓励孩子敢于冒险、敢于尝试。一个不怕失败的孩子，才能闯出自己的一片天地。

广场上许多孩子在玩滑板，陈乐羡慕地盯着。妈妈见了，问他："要不你也试一试？"陈乐有点儿胆怯，摇摇头说："不，我怕。"

妈妈又问："那你想玩吗？"陈乐说："我想玩啊，就是怕摔跤。"妈妈马上鼓励他："没事儿，勇敢点！"

第二天，妈妈就给他买了滑板，带着他到广场上练习。刚开始，陈乐虽然小心翼翼地滑着，但还是不断摔跤，妈妈笑着说："别怕，再来一次。"

不一会儿，陈乐就不怕摔跤了。两天后，陈乐学会了滑板。陈乐很高兴，妈妈也一直微笑着看他在人群中自由穿梭。

孩子要有不怕输的精神。学习新知识、新技能，都需要孩子敢于尝试。孩子感兴趣的事，父母就应该鼓励他们勇敢尝试。

有些父母一看到孩子的举动危险，就想禁止，如看到孩子爬高，就马上去护卫。这种行为不是保护孩子，是在阻止孩子进行尝试。好父母应该鼓励孩子的勇敢行为，孩子勇敢、大胆的个性，都是在一次次尝试中锻炼出来的。

孩子都喜欢新的冒险活动，这是孩子的天性。孩子勇于尝试，有利于个性的健康发展。对此，父母要有清楚的认识。

孩子具备敢闯、敢干的个性，是一件好事。父母要培养孩子的这种个性，越早培养越好。因为一些个性一旦定型，改正起来就非常困难了。

方法一：支持孩子的冒险举动

生活中，孩子时常会有冒险举动。无论这些行为是否可行，父母都应首先赞赏孩子的勇气，因为这正是他敢于探索的表现。

马骁独自在客厅玩，他突发奇想，大声说："妈妈，您看我跳高高。"于是他就从一个沙发上跳到另一个沙发上。妈妈看见后，有点儿担心，建议道："我在地上铺几张垫子，你来地上跳吧？"

马骁不同意，大声说："不，我就要跳沙发。"妈妈说："那好吧，我不反对你，但你自己要注意安全。"马骁获得妈妈允许后，特别高兴。

虽然马骁经常会有一些过分的想法，但妈妈并不会一口拒绝，她会考虑一下，只要不是很危险，都会支持儿子做。

孩子不应该被管得太死。孩子想冒险是很正常的，如果不是太出格，父母应该支持。孩子多做一些这样的活动，才能够练出胆量，这是做好许多事情的基础。孩子适当冒险，才能收获更多。

方法二：宽容孩子的错误

孩子常犯这样的错误：爱搞破坏。父母面对这些错误，一定要对事不对人，要宽容。因为孩子不是有意的，只是好奇心使然。

王靖来发现了一个自己不认识的宝贝，于是就开始研究起来，并把它抹在自己脸上。妈妈见了很生气，原来这是她的化妆品。王靖来看到妈妈的脸色，知道出事了。他怔怔地站着，不知道如何是好。妈妈见状，意识到自己脸色很难看。

妈妈先让自己的心绪平静下来，然后对王靖来说："儿子，这是化妆品，是妈妈专用的。你是小男孩，用不了。"王靖来说："我不知道，以为能玩呢。"

妈妈说："这是花钱买的，不能浪费。"王靖来知道后，马上把东西交还给了妈妈。

孩子犯错了，有些是出于好奇心，有些是不小心。遇到这种情况，父母不要责罚他，应给予宽容。

责备容易导致孩子的逆反，或者是顺从，这两种个性都不利于孩子身心的健康成长。父母要创造出宽容的氛围，让孩子不再害怕，敢于大胆尝试。

方法三：赏识孩子的好创意、新想法

孩子有了好创意、新想法，父母要赏识，因为这是孩子独立思考的结果。父母除了赏识，还要支持孩子。孩子的想法被支持，然后被实施，能增强他的自信心，所以父母应鼓励孩子勇敢尝试。

培养孩子敢于尝试、勇于冒险的心理，可以从支持他的观点开始。一个孩子有许多好想法，是有主见的表现。孩子能去执行，可以锻炼他的各种能力。孩子的独立、自立，不依赖于人的素质，就来源于此。

方法四：鼓励孩子从挫折之中站起来

孩子有尝试，就会遇到挫折。父母要鼓励孩子，跌倒了，要勇敢地站起来。在孩子危难的时候，父母要站在孩子身边。

孩子在成长过程中，会遇到各种挫折，这些挫折也是孩子敢去尝试的结果。每一种经验的累积，都有助于孩子日后的成功。

父母要告诉孩子，如果不能站起来，人生就会止步不前，甚至"不进则退"。能勇敢地克服挫折，就成长了一分，也离成功更近了一步。

第四章 学习的好习惯：取得好成绩的最佳途径

珍惜时间——做时间的主人而非奴隶

时间是生命的基本组成单元，总是在不经意中流逝，尤其对于没有认识到时间的重要性的孩子来说，大好的时光总是轻易地被浪费掉。

在父母看来，孩子应该学会的知识没有学会，应该掌握的技巧没有掌握，时间已经无情地流逝了。

珍惜时间是一个良好的习惯，它包括合理管理自己的生活、合理安排自己的时间、最优化地利用时间等方面。

在懂得管理时间、管理自己生活的孩子面前，时间总是充裕的。因为他们不会等到要考试了，才想到还有许多难题不会做；他们不会等到睡觉前，才发现功课只做了一点点。

张扬今年十三岁了，是家里唯一的孩子。小学期间他的学习、生活都由妈妈一手安排，以至于进入初中后，他不知道该如何安排自己的学习、生活。

学校每天6点半开始做早操，7点开始上早自习。很多同学做完早操会在操场上做一会儿运动，然后才回教室上早自习。张扬也一样，可他却没有时间意识，上早自习常常迟到。

不仅如此，张扬还不知道如何安排自己的晚自习。他有时看一些文学著作，却因此耽误了写作业；在生活上，张扬更是一点时间观念也没有，经常洗一件衣服要花将近一个小时的时间。

现在孩子的学习任务比以前减少了不少，但是依旧有许多孩子在抱怨：时间太少了，功课太多了。细心的父母会发现，虽然他们并没有多少作业，但是在放学回来到睡觉前的好几个小时内却完成不了。

鲁迅先生说过一句话:"时间就像海绵里的水,只要愿意挤,总是会有的。"现在孩子的学习任务并不重,除了学习,他们也没有什么其他的任务,可是为什么有的孩子连作业也完不成呢?

许多孩子缺乏时间观念,没有意识到时间的重要性。他们可以长时间无节制地守着卡通节目看个没完,直到父母强势地命令他们去写作业,他们才怏怏不乐地走进书房。

在他们的心里没有重视时间,也没有管理时间的想法。许多孩子从小在父母的管理和安排下生活,缺乏自我管理时间和生活的能力。

珍惜时间是一种良好的做事习惯。只有珍惜时间的人,才能在这个繁忙的社会中获得充分的休息,才能在有限的时间内比别人学到更多的知识,从而赢得成功的先机。

为了让孩子更好地适应社会,培养他们良好的做事习惯,更加合理地利用和安排时间,父母应该强化孩子的时间观念,培养他们珍惜时间的良好习惯。

方法一:帮孩子认识珍惜时间的重要性

时间的流逝是不可逆转的,书架上的书可以随时重读,但是流走的今天便永远也不可能回来了。

吴涛是个非常懂得珍惜时间的孩子。他也像其他孩子一样爱看动画片,但是时间观念很强。到时间了,他便会关掉电视去学习,因此成绩特别好。

吴涛刚上小学时,非常迷恋动画片,常常因此耽误了写作业。爸爸知道后便教育他:"你现在6岁,如果你浪费了今天,那么你就永远不可能有这个今天了,今天是弥补不回来的。"

吴涛听了爸爸的话,深受触动,从此他知道自己的每一天都不可能从头来。

父母应该及早告诉孩子,时不我待。大多数孩子不会去思考时间的重要性,因此,父母应该向他们讲述,让他们保持对时间的危机感,意识到时间的重要性。

方法二：指导孩子制订时间安排表

父母应该指导孩子制订一个时间安排表，例如早晨几点起床，刷牙洗脸花多长时间，几点出门，花多长时间到学校，放学后花多长时间回家，回到家后几点开始写作业，几点可以适当玩乐。

刘康的生活作息非常有规律，也很懂得安排自己的时间，因此，他的学习成绩和生活自理能力都很好。

刘康小时候也不懂得珍惜时间，妈妈想出一个办法，指导他制订了时间安排表，让他自己管理自己。几个月下来，以前做事没有条理的刘康好像变了一个人似的，这让父母感到非常欣慰。

父母要让孩子养成规律的生活作息，对自己所要做的事情需要花费的时间要做到心中有数。让孩子争取在有限的时间内把任务完成，避免时间的浪费。

方法三：教育孩子巧妙地利用零碎时间

父母应该教育孩子巧妙地利用时间，例如当孩子打扫卫生、整理房间的时候，可以放一些新闻广播，可以放放外语听力，可以放一些孩子喜欢的音乐；当孩子在室内做健身运动时，父母可以鼓励他们同时看看卡通片。

郑浩是个五年级的小男孩。他非常懂得珍惜时间，也很善于合理利用时间。

当他刚上小学的时候，妈妈就教育在洗衣服、搞卫生的时候可以听听新闻广播，听听外语和音乐等，这样能更加充分地利用时间。

但是当孩子写作业时，父母要注意，不能让孩子听音乐或者新闻联播，因为孩子的注意力很容易被分散，这样做不利于学习。

刻苦勤奋——成为天才的决定因素是勤奋

古今中外无数成功人士的成长经历证明，一个人如果不勤奋，那么他既不可能成为真正的天才，也不可能取得大的成就。

世界上有才华的人不在少数，但是能以杰出成就在历史上留名的人却是极少数。很多人自恃才华过人，忽略了勤奋的重要作用。

的确，勤奋是每个人获得成功必备的基本品质。"勤能补拙，笨鸟先飞"，一个孩子的智商再高，也比不上他拥有勤奋的良好品质好。可以说，勤奋是孩子成才的钥匙。

现在的孩子绝大部分都是家里的独生子女，被长辈们视为"掌上明珠"。他们对待孩子的态度是，捧在手里怕掉了，含在嘴里怕化了，更不可能让孩子去做家务活。

长辈的过度宠爱，会导致孩子从小养成懒惰的坏习惯，这会给他们的学习和生活造成极大的障碍，影响他们以后的发展。

李瑞是个聪明的孩子，但很懒惰，几乎从不完成家庭作业，还经常赖床，更别提帮助父母做一些力所能及的家务活了。

有时候，李瑞甚至连饭也懒得出来吃。每次都要妈妈一遍又一遍地催，他才慢吞吞地走出房间来。

在学校里，李瑞也是因懒惰而出名，交作业拖拖拉拉，值日偷工减料。有一次，班里组织大扫除活动，他负责擦玻璃，为了偷懒，他竟然自己花钱在外面雇了个小时工来帮忙。

当老师把这件事情告诉李瑞的妈妈时，妈妈感到很尴尬和无奈，后悔自己以前太宠着李瑞了，以至于他现在如此懒惰。

懒惰会吞噬孩子的心灵，更会让孩子白白浪费大好的时光。孩子现在处于学习知识、积累经验的关键时期，如果他们养成了懒惰的习惯，那么他们以后将难以成为对社会有用的人。

懒惰并不是孩子的天性，孩子养成懒惰的习惯，原因多在于父母不正确的教养方式。因此，父母一定要及时改正自己不正确的教养方式，努力培养孩子勤奋的良好习惯。

方法一：让孩子明白勤奋的意义

勤奋可以弥补孩子在才能上的缺陷，因此，父母平时应该有意识地多给孩子讲勤奋的意义，告诉孩子勤奋可以让他们增长知识和才华，勤奋可以让他们过上更好的生活等。

在平时的生活中，父母也可以现身说法，告诉孩子如果父母工作不勤奋，那么每个月的收入便会减少，这样家庭的生活质量必然会下降。孩子明白了勤奋的意义后，就会变得更自觉、更勤奋。

方法二：培养孩子热爱劳动的观念

劳动创造了人类，也为人类创造了丰富的物质生活条件，父母应该从小培养孩子热爱劳动的观念。在平时的生活中，父母应该多给孩子讲解劳动的益处，并且鼓励他们自己的事情自己做。

王志今年十二岁了。虽然他也是独生子，但是父母从小就对他要求严格，注意培养他热爱劳动的观念，因此，小小年纪的他早就成了妈妈做家务时的好帮手。

两三岁的时候，妈妈就会鼓励王志帮助自己择菜等。等到王志上小学时，妈妈就经常鼓励他洗碗、打扫家里的卫生等。妈妈告诉王志："劳动是最光荣的，劳动改变着世界，也改变着我们每个人的生活。"

现在，王志已经学会了做饭菜、扫地、擦玻璃等，也会经常主动帮助父母做一些力所能及的事情。

同时，父母还要适当地给孩子安排一些家务劳动，让孩子从家务劳动中体会到劳动带来的乐趣，从而更加热爱劳动，养成勤奋的良好习惯。

方法三：培养勤奋的习惯可以从做家务开始

有资料显示，现在许多孩子从未做过家务，这是导致他们懒惰的重要原因。一个连家务都不做的孩子，怎么能够养成勤奋的好习惯呢？而鼓励孩子做家务正是培养孩子勤奋习惯的最好入口。

因此，在日常生活中，父母要多鼓励孩子去做家务。父母不要因孩子做家务时手脚太笨拙，或者做得太差，就让孩子远离家务活动。

相反，父母应该耐心地教给孩子做家务的技巧，鼓励他们多动手参加家务活动，主动、自觉地承担自己的家庭责任。

方法四：纠正孩子懒惰的坏毛病

懒惰是勤奋的天敌，因此父母要努力帮助孩子克服这个坏毛病。孩子懒惰的习惯不是一两天养成的，要改掉这个习惯也需要父母拿出更多的耐心和决心来。

父母可以规定孩子每天必须完成的任务，例如每天晚饭后必须洗碗，如果不洗就要接受相应的惩罚。当然，孩子完成得好，父母也可以给他们一些奖励。在这些奖惩措施的激励下，孩子会慢慢地改掉懒惰的毛病。

讲究方法——方法让努力更有效果

学习方法合理可以提高孩子在学习过程中的学习效率，而学习效率的高低是一个人学习综合能力的集中体现。

为了让孩子能够更好地投入学习，父母要教给他们正确的学习方法，这样就可以得到事半功倍的效果。对于大部分孩子而言，提高学习效率的主要办法就是改进学习方法。

刘同平时上课听讲很认真，做作业也很积极，但是学习成绩却很一般，这让妈妈很纳闷。

后来，老师告诉刘同妈妈："刘同上课听讲很认真，但是从来不做笔记。他每天做作业很及时，都能保质保量地完成。我想他在学习方法上还有一些欠缺。"

妈妈了解了原因后，鼓励刘同向同龄的、学习优秀的同学请教一下，有哪些学习方法简单又实用。刘同参照大家的意见，对自己的学习方法进行了适当的调整。

刘同一直不知道，原来在学习的过程中还有这么多的玄关和诀窍。通过对学习方法的改进和运用，刘同现在的学习比以前轻松了，但成绩却比以前好了。

每个孩子的学习方法都不同，因此不能完全照搬别人的学习方法。孩子应该根据自己各科的学习情况和自身的学习特点，找到一种适合自己的学习方法。

好的学习方法包括良好的学习习惯，合理地利用时间，学习时良好的精神状态，如何对待自己的弱、强科等。只有孩子对自己的优势和缺陷有了深刻的认识和了解，才能找到最适合的学习方法。

许多孩子在学习时看上去特别用功，可是成绩却总不见起色。这是由于这类孩子没有掌握正确的学习方法，学习效率太低，在同样的时间内掌握的知识量过少。万事皆有法，对于学习尤其是这样，需要父母重视。

在学习上，父母一要激发孩子浓厚的兴趣，二要激励孩子主动学习。不管学习方法有多好，前提都要求孩子对学习有兴趣，愿意主动地改进，这样好的方法才能发挥作用。

所以要让孩子在学习上讲方法，父母先要确保孩子对学习有兴趣，然后再采用好的方法来帮助孩子改进学习。

方法一：教会孩子学习时要全神贯注

专心是孩子在做事情时的认真态度。如果做不到专注，那么做事情就难以取得好的效果，在学习中尤其是如此。

张栋在学习时注意力非常不集中，很容易就被周围的一些诱惑给吸引住了。妈妈想让他稳稳当当地坐在凳子上学习一小时，这往往难以实现。

张栋比较喜欢看动画片，妈妈便让他在动画片开播前一个小时开始写作业。张栋想看电视，又害怕作业做不完会受到老师的批评，便认真而专心地做起作业来。

父母一定要帮助孩子克服学习时不能全神贯注的坏毛病。只有先学会了全神贯注，才能更好地提高学习效率。

方法二：教会孩子做好课前预习

预习对于孩子高效学习是非常重要的，因为它可以让孩子提前对所学的内容有一个大概的了解，做到心中有数。

张凌每次上课听讲效率都特别高，每节课下来，老师讲的内容她基本上能够掌握。这源于她在上课前就已经把要学的课文预习了一遍。

预习时,对于自己已经弄懂了的和没有弄懂的知识,张凌都会做上相应的记号。等到第二天上课时,便能集中精力听老师讲自己不太懂的问题。

由于张凌每天都坚持积极有效地进行预习,所以她在听课时比别人更轻松,掌握得也更快、更多。

预习之后,孩子在听老师讲课时便会更加主动,而主动地听课就比被动地接受老师的讲课更有益于孩子的学习。

方法三:让孩子做好课后复习

及时的复习是一种重要的学习方法,父母要想孩子拥有好的学习方法,就要让孩子在学习中学会有重点、有针对性、有毅力地进行复习。

知识的巩固就是通过复习来实现的,复习效果的好坏,直接影响到孩子最终的学习收获。父母监督孩子做好复习工作,孩子才能把知识掌握得更牢。

方法四:教会孩子正确地听讲

良好的听课方法也是一种重要的学习方法。孩子想要取得良好的学习效果,在听课时也是有方法、有技巧的。

王斌刚开始上小学时,妈妈便和他讲了听课的方法:"老师讲课也有固定的模式,一般一堂课前十五分钟是对要学的新内容一个整体的、全面的讲解,接着是对重点、难点的讲解,然后会根据你们的掌握情况进行有针对性的讲解。"

王斌按照妈妈的方法,并结合自己的实际情况,开始认真地听课。于是,他在一堂课里总能比别人收获更多的知识。

父母要让孩子掌握好良好的听课方法,让孩子在全面接受新知识的同时,速度更快、记忆更深。

制订计划——让孩子构建知识大厦的蓝图

学习有计划,才会少做无用功,提高学习效率。学习是一个主动获取的过程,孩子在学习时,要先有自己的学习计划。

老师的教学是一个重要的辅导,有计划的孩子会自主学习,而不会被老师拖着走。孩子能够有计划地组织自己的学习,是非常重要的一种能力。

学习其实是一个非常完整的过程,对其中的每一个环节都要分配合理的时间。孩子学习时有所侧重,才能掌握要学的新知识。这样做,不仅理解得快,还会记得牢、记得久,让知识真正地成为属于自己的东西。

在学习时,孩子需要预习、听讲、做题、复习,这些环节需一步一步地来。错过其中的任何一步,都会对新知识的接受产生影响。

周媛在学习时主要听老师的,老师说要预习她就预习,老师让复习什么,她就复习什么,一点也不懂得结合自己的学习情况进行学习。

周媛觉得,要想达到老师的要求很难。但是,班上的一些学习尖子却学得很轻松,对老师提出的一些要求也能够做到。

周媛一打听,原来他们都有自己的学习计划;预习、听课、做题、复习,都有严格的学习程序。这样一来,不仅能很好地掌握老师的教学内容,而且能够节省不少学习时间。

父母应该让孩子养成预习的习惯,对当天所学的知识也要进行复习,并做一些习题,以达到吸收知识的目的。

在学习完每一小节的知识点后,父母要鼓励孩子进行相应的回顾。一个大的单元学习完之后，也要进行一次大的复习回顾，从而更好地巩固已学的知识。

学习是一个有序的过程，只要孩子能够按照相应的计划一步一步认真地落实，就会学得牢，而且学得轻松。父母要鼓励孩子把所学的知识连成片，形成清楚的脉络，更好地掌握学习的主动权。

父母要明白，学习不是一场无规律、没有条理的混战，要让孩子掌握好学习节奏，更加高效地学习。

让孩子学会有计划地学习，是一个比较系统的工程。父母先要帮助孩子制订合适的学习计划，然后按步骤一步一步地来执行。只要孩子走上了正轨，学习就会越来越轻松。

方法一：跟孩子一起制订科学的学习计划

科学的学习计划在孩子的学习过程中能够起到很好的引导和监督作用，父母要根据孩子的实际和课业要求，和孩子一起制订符合实际情况的学习计划。

李彩是三年级的学生，成绩在班里一直是前十名，她想进一步提高学习成绩，妈妈便让她制订了一个学习计划。

在计划中，她写清楚了每天要做的事情，包括何时预习，什么时间复习，每天的学习达到什么样的程度，等等。

李彩有了这个计划后，便照着执行，而且每天晚上还要核对自己是否完成了计划。结果这一次期末考试，李彩考了第四名。

父母可以跟孩子一起制订科学的学习计划，让孩子按照计划安排自己的学习，并做好监督孩子执行计划的工作。

方法二：要合理安排学习内容，重点要突出

在学习的过程中，一定要合理地安排好学习的顺序。如果孩子是先做作业，然后再复习，所学的知识就不能得到很好的消化，做题效果也会不佳。

每天放学回家之后，王韵都会先对当天所学的知识进行复习。这样一来，他就更能理解和记住白天上课时学到的一些知识点了。

随后，王韵会认真地做作业，接着预习明天要学习的内容。在这个过程中，王韵也是有所侧重的，他会重点复习那些自己不了解的内容，简单梳理一遍已经很熟悉的知识。

所以在学习过程中，顺序很重要，父母要指导孩子先复习，然后利用作业巩固所学，接着再进行预习，在学习时间分配方面也要有所侧重。

方法三：让孩子学会根据自己的状况来调整计划

父母在帮助孩子制订了相应的学习计划之后，一定要让孩子根据现实状况及时地进行调整。

六一儿童节快到了，每天放学后柳师都要在学校里排练一个小时的舞蹈。回家后，柳师用于学习的时间就不多了。

为了不影响学习，妈妈便让她取消了每天练琴半小时的计划。等到休息日时，再每天连续练两个小时。这样一来，她就做到了学习和练琴两不误了。

在平时学习的过程中，父母要指导孩子，对于自己不懂的问题可以多花一点时间，根据自身的掌握程度来调整学习计划。

方法四：鼓励孩子把计划坚持下去

孩子在执行学习计划的过程中，有时会有不愿意坚持下去的想法，这个时候，父母要让孩子明白坚持执行学习计划的好处。

父母要鼓励孩子按计划来学习，只要孩子养成了良好的习惯，在学习过程中也就会比别人更高效、更轻松。

课前预习——为课堂认真听讲做好准备

在学习课程知识的过程中，孩子能够做好相应的课前预习，其实也是在为听课做好相应的心理准备。课前做好预习，孩子便能以一种更加饱满、自信的心态投入对新知识的学习中。

要想学习好，良好的心理状态是一个很重要的因素，而课前预习就是培养孩子这种心理优势的关键，课前预习可以让孩子更主动、更投入地学习新知识。

平时，吴彬放学回到家，复习完当天所学的内容、做完作业之后，就不再做其他的相关预习了。他觉得，预习会占用自己大量的业余时间，不太划算。

爸爸对他说："如果课前做好了预习，在上课的时候就可以花费更少的精力，轻松地掌握和消化新知识，复习和做作业的时候就会更加得心应手，自然也会节约大量的时间。"

听了爸爸的话，吴彬回想起自己每天听课时都有一些费劲，多亏了自己的理解能力还行，学习又比较用功，所以成绩才勉强处于上等。

爸爸看着他，继续说："如果你能长期坚持，就会将所学的知识融会贯通起来。这样不仅可以学得好，而且会学得更加轻松。"

吴彬决定试一试。刚开始几天，他花费的时间很多，可是慢慢地就体会到好处了。现在，他感到听课更轻松了，而且做题的准确率也大大提高了。

在预习的过程中，孩子会发现自己有哪些问题不太懂，或完全不懂。第二天就会带着相应的问题听课,在老师讲到他们不懂的地方时,便会有意识地集中注意力。

当心中的疑问得到解决后,孩子就会有一种强烈的满足感。因此,课前做好预习的孩子听起课来更加积极主动、轻松自在。

课前预习也是一种良好的自学习惯,能为孩子以后的自主学习打下良好的基础,是提高孩子自学能力最直接、有效的方式。

老师在每一堂课上都会尽可能多地传递信息,孩子如果分分秒秒都集中精力听讲,就会过于疲惫,也会影响到对新知识的吸收。课前做好充分的预习,能让孩子听课时有侧重点,对于学习具有重要的意义。

孩子在学习时心情愉快,充满自信,学习兴趣也更浓厚。孩子以这样的状态去听课,效率就会更高,成绩也会提上来。如此一来,孩子的学习就会形成一个有效的良性循环。

课前预习不仅能让孩子喜欢上学习,也能让孩子学得更好。要想让孩子能够更高效地学习,父母在平时就应该帮助孩子养成课前预习的学习习惯。

方法一:妥善安排孩子的预习时间

孩子在预习时,时间的安排也很重要,过早预习并不是好事,最好是让孩子在前一天晚上来预习第二天要学习的新知识。

这样做可以让孩子对新知识印象深刻,对自己的疑点和不懂的问题也能记忆得最清楚,能够让自己更好地吸收第二天学的知识。

方法二:教孩子用工具书和网络进行预习

现在的工具书种类越来越多,也越来越细化,工具书能更好地帮助孩子做好预习。父母可以在每学期开始给孩子买一些相关的工具书,辅导孩子更加高效地做好课前预习。

另外,互联网其实也是一本大型的包罗万象的工具书,父母要鼓励孩子通过互联网来解决在预习中所碰到的一些困难。同时,通过互联网。孩子可以比较全面地了解自己将要学习的新知识，也能充分地扩充自己的知识面。

方法三：教孩子做好预习笔记

父母要告诉孩子，在预习时一定要根据自己的预习情况做好预习笔记。笔记可以写在书上，也可以专门找一个本子做记录。

每天，黄邦都会按时进行预习。只要拿他的书翻上几页，大家就会知道这个孩子在预习时，有了哪些进展，又有了哪些疑问，因为黄邦都把它们清楚地标示在了教科书上。

在预习的时候，黄邦都是带着问题边看边想。对于课后问题，他也很重视，有时候会把它们作为测试题，看预习后能不能解决这些问题，能够解决到什么程度，并做好相应的笔记，以便自己在听课时有所侧重。

许多孩子说自己已经预习完了，书上却没有任何记号，只是把课文读了几遍，这种预习没有太大的学习效果。因此，父母一定要指导孩子运用正确的方法预习，教孩子做好预习笔记。

方法四：预习时要看、做、思相结合

在孩子预习时，父母要教他们将看、思、做几方面都结合起来，不能只是单纯地用其中的一种，否则预习难以达到良好的效果。

同时，父母要鼓励孩子采用有效的方法学习新知识，这样才能对第二天的课堂学习有所帮助。

高效听讲——牢牢抓住每一个四十五分钟

孩子能否认真听讲,与孩子的专注力有很大的关系。孩子的注意力存在着一定的个体差异,这就导致有一些孩子一整堂课下来都能跟着老师的思路走,而有的孩子却常常被窗外的世界所吸引,或者自己一个人发呆、走神。

孩子的注意力会随着年龄的增长而有所改善,也可以通过相应的训练来提高。通常,注意力不佳的孩子不愿意持久地关注一件事情,也不能从活动中感受到趣味。对此,父母只能通过相应的训练来提高他们的注意力。

赵飞有一个绝活,就是用手指转自己的尺子和橡皮。自从数学老师要求每人要买一把尺子之后,他在上课时又多了项活动,那就是玩转尺子游戏。

时间一长,赵飞的技术更加精进,便更加觉得听老师讲课不如自己转尺子有意思。因此,只要老师转身到黑板上写字,他就开始转尺子玩。

有一次,赵飞的小动作被老师发现了,尺子也被没收了。从那以后,赵飞就开始在上课的时候走神发呆。由于不好好听讲,赵飞的成绩在班上总是排在最后几名,成绩不好也让他对听课更没有了兴趣。

孩子在学习的过程中没有做相应的课前预习,是他们不能好好听讲的一个重要原因。孩子对所学的知识没有形成一个积极的心理期待,听到的都是陌生的、不懂的知识。渐渐地,他们就会跟不上课堂的进程,从而对听课产生抵抗情绪,不想再听下去了。

孩子注意力不集中的坏习惯会影响到他们的听课质量。父母如果发现孩子有这些不良习惯,要尽快帮孩子改正。

父母应该教给孩子一些小的技巧,比如上课时眼睛要看着老师或黑板;课堂上不要接触可以作为玩具的一些学习用具。

方法一:训练孩子的听辨能力

孩子不认真听课,与其听辨能力也有一定的关系。对于老师和大人的讲话,听辨能力差的孩子经常是不知所云、容易分心。

父母要想让孩子能够认真地听课,就要提高孩子的听辨能力,这对于孩子专注地听老师讲课是有帮助的。

方法二:课前做好相应的预习

父母对于听课不太认真的孩子,可以指导孩子在学习新知识前先进行相应的预习。这样孩子在上新课时,就不会那么吃力,也会更有热情地投入听课中。

课前预习是让孩子认真听课的一个好方法,也能提高孩子的听课效率,父母一定要注意培养孩子的这个好习惯。

方法三:教会孩子做好课堂笔记

做好课堂笔记不仅可以让孩子及时地巩固知识,也可以帮助他们养成认真听讲的良好习惯。俗话说"好记性不如烂笔头",记忆力再好也比不上把知识写在纸上,什么时候想了解就能了解到。

父母在指导孩子做好课堂笔记的时候,也要教给孩子一些记笔记的方法,例如一定要把字写工整,另外还要分节分章地记,把重点、难点用不同的符号标出来,这样就可以让孩子在复习时有的放矢。

方法四:听课时要抓重点和难点

老师在课堂上的大部分时间都围绕着知识的重点、难点进行讲解,那些是孩子需要掌握的主要知识。

因此，父母一定要告诉孩子善于抓住重点、难点，并且对重点、难点知识进行总结、归类，直至完全掌握。

独立作业——验证孩子学习效果的机会

现在很多父母喜欢陪着孩子一起做作业，这是可以的。但是在陪同的过程中，有一些事情父母是不能做的。

在看到孩子做作业遇到难题时，父母不要急于指点，否则就使孩子丧失了自己独立解决难题的机会。在孩子做完作业之后，也不要帮他们检查作业，要让孩子自己检查，提高他们的自检能力。

帮助孩子养成独立做作业的习惯，能够为他们以后的学习打下良好的基础，父母不可能永远陪孩子做作业。实际上，父母也没有陪孩子写作业的必要。

因此，早日让孩子养成独立做作业的习惯，早日让孩子学会自学，对他们大有益处。学习的事情，终归还是孩子自己的事，需要他们自己面对。

陈伟每天写作业时，妈妈都陪着他。他一边做一边想，遇到不懂的就问妈妈。妈妈也会很耐心地给他讲解，直到他说自己听懂了。

每次陈伟把作业做完了之后，妈妈还会把作业全部给他讲解一遍，把所有的错题都标出来，让他自己再做一遍，看能不能做对。如果还是没做对，妈妈就会给他讲解怎么做题。

在妈妈的帮助下，每次陈伟的作业交上去之后，几乎都是满分。但是每次考试下来，陈伟的试卷中总会出现一些因为粗心导致的错误。

妈妈无奈地对陈伟说："你做完题之后，自己也可以检查一下，看有没有做错的呀！"

陈伟解释说："我也看了一下，觉得没有什么问题。"

妈妈这才发现，陈伟已经形成了一种依赖心理，认为不认真也没有关系，妈妈会替他把关。久而久之，就变得粗心了。

让孩子养成独立做作业的习惯，也可以培养他们独立解决问题的能力，这是孩子必须掌握的一种重要能力。

孩子只有能够独立地面对自己所碰到的问题，并且勇敢地应对，才能不断地成长起来。如果总由父母代劳，孩子就永远学不会独立地做事情，个人能力也难以提高。

让孩子独立做作业，是对父母的要求，不是对孩子的要求。有时候父母的一些不当行为会害了孩子，一定要多加警惕。

方法一：帮孩子排除影响做作业的烦扰因素

孩子的注意力不容易集中，写作业时常常三心二意。如果周围环境中存在烦扰因素，这种现象就会更突出了。

这是导致孩子不能独立完成作业的重要原因，因此父母需要帮助孩子排除影响他们做作业的烦扰因素，例如为他们准备独立、整洁的书房。

杨龙今年十二岁，写作业一直很自觉、专心，因此各门功课的成绩都很不错。

杨龙刚读书时，父母就为他准备了一间独立的书房，并且规定不能把与学习无关的物品带入书房，同时必须保持书房的整洁有序，否则就要受到惩罚。

由于父母给他创造了好的学习环境，杨龙在写作业时总能非常专心，即使没有父母的监督，他也能约束自己的行为。

如果孩子做作业速度慢，那么可以通过一些其他的方法帮助他们。比如，让孩子和父母比赛，看谁先完成。

但是，父母一定不要在孩子耳边唠叨，否则只会适得其反，增加孩子的反感情绪，而不会提高孩子的速度。

方法二：不要监视孩子的学习

父母监视孩子做作业，看孩子有没有分心，会让孩子产生紧张的心理。

当一个人紧张时,就不可能把注意力放在自己正在做的事情上。孩子也是如此,在紧张的情绪下学习,孩子就不能很好地吸收和掌握当天所学的知识,所以父母最好不要监视孩子学习。

方法三:鼓励孩子学会自己检查作业

父母要记住,做作业是孩子自己的事情,检查作业也是他们自己的任务。让孩子学会自己检查作业,是对他们学习能力的一种锻炼。

不论孩子是在课堂上做作业,还是在家里写作业,都要让孩子养成检查作业的习惯。对于孩子来说,需要自己单独面对的情况很多,早日学会自我检查,就能早日受益。

方法四:给独立做完作业的孩子奖励

孩子其实有独立做作业的能力,有时候父母过于心急,害怕孩子学不好,于是陪着孩子做作业,结果孩子对父母形成了依赖。

在这种情况下,父母除了退出孩子做作业的过程外,还要想办法激励孩子主动写作业,比如可以用奖励的方式。

周锦平时做作业都要让妈妈陪着,遇到不懂的就让妈妈来解决。妈妈发现自己陪周锦做作业后,她不但成绩没有上升,还养成了一些坏习惯。

于是,妈妈就让她自己做作业。只要能够独立完成,妈妈就答应她一个合理的愿望。周锦觉得很喜欢这种方法,就开始自己做作业了。

父母可以给孩子提供一些外在的奖励,比如满足孩子的愿望,或者给孩子物质奖励等,这些方法都能帮助孩子养成独立做作业的习惯。

课后复习——让孩子消化所有的知识点

学习要勤于复习，只有对新知识记忆、理解得更好，遗忘才会变得更慢。我国有句古话叫作"温故而知新"，可见古人已经得出一个重要的论断，那就是学习是需要复习的。

父母要教会孩子课后复习，并鼓励他们每天复习，每周做一个小结，每个月也要对知识有一个大的回顾。

对于记忆的内容，在最初的二至五天之内忘记得最快，所以在每天学完新知识后，父母应该让孩子趁热打铁，巩固自己的学习成果。复习进行得越及时，效果越好。

当天复习与第二天再复习，两者产生的效果会有差别。父母要鼓励孩子每天抽出一段时间来对当天所学的内容进行一次总回顾，对重点的知识还要做相关的记忆。

蒋浩不懂得复习，前一天才上的课，隔一天，老师再问他的时候，就好像是新课一样了，都快忘干净了。

了解到他的这种情况，爸爸妈妈便对他提出了一个要求，每天把当天所学的知识复习一遍，并经常问他："今天你有没有复习？"

坚持了一个月之后，蒋浩就发现效果出现了。以前，他只能记下百分之三十的内容，现在对于新知识可以记下百分之六十了，考试成绩也一下子提高了许多。

蒋浩原先以为是自己的脑子笨才学得这么差，现在终于明白，原来是自己的学习方法有问题。现在，他对学习的兴趣提高了，学习变得越来越轻松、自在了。

孩子在每一节课上完了之后，可以及时进行一下回顾，看自己在这一节课里都学习了哪些东西。对于那些遗忘了的知识，父母应该鼓励孩子马上翻翻书，巩固记忆的效果。

孩子对所学知识的记忆和巩固，都是通过复习来实现的。有的孩子认为听完课、做完作业就算学习完毕了，实际上，这样的学习效果是不太好的。

课后复习的次数要先密后疏。刚学习的知识遗忘得也是最快的，复习的次数可以相应地增多，复习间隔也要相应地短一些。

随着知识巩固程度的加深，孩子对相应知识的复习间隔也就可以加长了。只要复习形成了一定的规律，就会学习得越来越轻松。

方法一：在理解的基础上复习

理解是记忆的前提和基础，理解后的知识更容易记忆。要想做好复习工作，父母就应该教会孩子在理解的基础上，把知识都消化了再来进行复习，这样更容易记忆。

每天放学后，刘华都会对当天的学习内容进行复习。对老师有要求的重要知识，他还会认真地看几遍，争取全部理解。

对于语文课文，刘华会在理解的基础上记忆；对一些数学公式，他没有死记硬背，而是运用公式做题，加深对公式的理解。

有些孩子复习时过于盲目，只是把当天所学的知识看一遍，并没有真正有效地复习。父母要让孩子在理解的基础上复习，促进他们对知识的消化吸收。

方法二：让孩子及时地复习

复习也是学习的一部分，父母要引导孩子在学习新知识后及时进行复习，不能仅仅是完成老师布置的作业。

如果孩子不复习，等到考试前再看课本，就会发现原来学过的知识，自己已经忘记得差不多了。此时再做复习，进行相关的记忆，难度就会特别大。

方法三：养成在固定的时间内复习固定科目的习惯

随着孩子年级的升高，他们就更需要讲究学习方法了。父母要让孩子学会一些科学的复习方法。

根据孩子大脑的思维和记忆规律，在固定的时间安排对固定的学科进行复习，复习效果会更好。所以，父母可以让孩子养成这样的复习习惯。

方法四：教孩子做系统性复习

很多父母会发现，尽管孩子想要复习，却经常因为需要复习的内容太多而放弃。面对这种情况，父母就要让孩子学会系统性地复习。

现在，江晶的功课越来越紧，要复习的东西实在太多了，她不知道该从何做起，总觉得有千头万绪，怎么理也理不清楚。

知道了江晶的这种情况之后，妈妈就指导她进行系统的复习。江晶每天对当天的内容进行一次复习，每个小节、每个单元的课程学完后，也会做知识梳理和总结。渐渐地，她就把自己的学习内容串联起来，复习也变成了一件容易的事情。

如果父母能够鼓励孩子比较系统地进行复习，那么孩子不仅可以对自己每天学习的内容进行查漏补缺，而且在学习中能渐渐地理出知识的脉络，做到知识之间的融会贯通。

虚心好问——有疑问才能有更大的进步空间

虚心好问是一种优秀的学习品质，只有真正想学到知识和本领的人才不会拒绝向别人请教。"三人行，必有我师"，所以父母要鼓励孩子在碰到不懂的问题时多向他人请教。

学问，学问，学习就是问出来的。向别人请教，从而得到相应的知识，这也是一种高效获得知识的方法。

在平时的生活中，父母要有意识地培养孩子虚心好问的习惯。孩子碰到难题后向父母提问时，父母要重视孩子的问题，并表扬、鼓励孩子提出了新的见解或者疑问。

在孩子提出问题之后，父母还要引导他们自己积极地思考如何解决这个问题，不要让孩子养成只问不思的坏习惯。

今天上课时，钱海对一个知识点感到很疑惑，很想问老师。但是由于自己从来都没有主动地问过老师，所以他不太敢问。

平时班里都是一些学习成绩比较好的同学在问老师，老师也是很热心细致地解答。他觉得自己成绩一般，怕老师说他领悟能力差。

钱海回到家，把自己的这种心情跟妈妈讲了。妈妈听后，笑着说："傻孩子，老师会耐心地解答你的疑问的。不信你明天试试看，妈妈给你加油。"

第二天，钱海终于鼓足了勇气，向老师问了一个他不懂的问题。钱海发现老师一点也不反感，而是很热情细致地给他讲解了一遍。

在孩子向别人请教的过程中，父母一定要让他们保持虚心的态度。如果孩子不虚心，就是别人给他们讲解了，他们也不会很诚心地接受。

要想学到东西，先要端正自己学习的态度。现在有很多孩子很喜欢问，但不是为了获得知识、技能而问，是为了提问而提问。

培养孩子谦虚、不懂就问的好习惯，才会使孩子在学习过程中更加主动。懂得虚心请教的孩子能以更快的速度学到更多的知识，因为他们在学习中遇到的障碍越来越少，学习起来也会感觉到越来越轻松，这样无疑能让孩子对学习始终保持兴趣。

方法一：给孩子树立虚心好问的榜样

榜样的力量是很大的，父母应该给孩子介绍一些这方面的榜样，让孩子自己慢慢地体会到虚心好问的好处。

在生活中，父母也可以多给孩子做这方面的示范，做虚心好问的榜样，让孩子潜移默化地受到影响。

方法二：欣赏孩子的问题，鼓励孩子大胆提问

父母要站在孩子的角度，而不是以成人的思维来看待孩子的问题。父母要学会欣赏孩子的提问，因为这些问题都是他们经过积极地开动脑筋思索而提出的，是孩子勤于思考的表现。

沈浩是个好奇心很重的孩子。他经常会问爸爸一些很简单的问题，比如：为什么天会黑啊？雨是怎么来的？为什么爸爸会长胡子，而妈妈不会呢？

爸爸从来没有对这些问题表现出厌烦的情绪，总是耐心地帮助孩子解答。而且，爸爸还鼓励沈浩提问，积极地和他一起寻找答案。

面对孩子的提问，如果父母能够及时给予欣赏和鼓励，就容易激发孩子的求知欲望，让孩子的知识面得到扩充，让孩子更爱学习。

方法三：抛开虚荣心，让孩子正确对待面子问题

如果孩子只追求高分带给自己的心理上的愉悦，陶醉于高分带来的满足中，他们的学习就会变得充满功利性，甚至偏离正常学习的轨道。

为了虚荣心而学习，对于孩子的身心发展及学习兴趣的提高是有百害而无一利的。对此，父母一定要提高警惕。

面对这样的孩子，父母要让他们坦然地看待面子问题，不被虚荣心困扰，不让自己的学习带上功利色彩。

方法四：孩子提问题时要认真听

在孩子表现出虚心好问的举动时，父母一定要对孩子的这种品质给予行动上的支持，也就是要认真地听孩子们提出来的问题。

秦鹏四岁了，问题特别多。每次他和妈妈报告自己的新发现而问"为什么"的时候，妈妈都会暂停手中的活，认认真真地听他把自己的发现说完。

然后，妈妈还会慢慢启发秦鹏，引导他找出答案。渐渐地，秦鹏不仅喜欢上了问问题，还学会了自己找答案。

诚然，孩子的问题在大人眼中不值一提，但尽管如此，父母也要认真对待，这是对孩子善问的最大支持，也能促进孩子养成虚心好问的习惯。

主动学习——好成绩源于自动、自发的学习

主动学习，就是孩子带着浓厚的学习兴趣，在自觉、自愿的情况下，主动地投入学习中。主动学习的孩子在学习中热情更高，取得的效果也更好。

孩子有时候不乐意学习，主要是因为自己落后得太多，在学习时有压力，心理上受到打击，从而影响到了自己的学习热情。

如此一来，当孩子坐在书桌前时，其实他的心已经不在书本上，更别提学习的兴趣了。

孙佳放学回家之后，都要妈妈陪着才能把作业做完。如果父母不督促他学习，他自己是不乐意做作业的。

有一段时间，妈妈忙于工作没陪着他做作业，孙佳便连续几天没有把作业做完，结果被老师批评了一顿。

妈妈知道了这件事情以后，只好每天提前半个小时回家，陪孙佳把作业做完。在陪着做作业的过程中，妈妈还要一直督促着他，不然他会开小差。

要想让孩子主动学习，就要让他学会一些学习的方法。只有掌握了学习技巧，才能让孩子在学习过程中轻松、高效，学习兴趣越来越浓厚，从而逐渐学会自主、自觉地学习。

孩子的学习习惯也是非常重要的，父母要注意引导孩子养成良好的学习习惯。告诉孩子书写要工整，不懂就问，还要会和别人进行一些学习过程中的讨论。通过帮孩子养成良好的学习习惯，来促进孩子的学习，提高孩子对学习的兴趣。

父母不要因为孩子不能够主动学习，就对其进行一些强制性的惩罚。比如，不准孩子看自己喜欢的动画片，罚孩子写十遍课文，这些会严重地影响孩子学习的积极性。

方法一：激发孩子对学习的兴趣

兴趣是孩子最好的老师。如果孩子对学习没有兴趣，就会把学习看作很痛苦的事情，也就谈不上喜欢学习了。

吴娇是个贪玩的小女孩，有时候到了吃晚饭的时间还不回家。回到家做作业也不积极，老想着看电视，还向妈妈抱怨学习没意思。

妈妈知道吴娇贪玩，决定帮她改掉这个坏习惯。妈妈发现她对英语很有兴趣，就向她请教英语，激发她的求知欲后，妈妈又给她报了个英语口语培训班。吴娇参加了培训班以后，学英语的兴趣进一步提高了，并且还带动了其他学科成绩的提高。

父母要重视激发孩子的学习兴趣，关注孩子对哪方面的知识有兴趣，并加以引导和培养。孩子的学习兴趣能使孩子积极主动地去学习，把学习当成快乐的事情。因此，合理地启发孩子就显得尤为必要了。

方法二：父母要引发孩子的求知欲和好奇心

只有当孩子对知识好奇，想要了解更多时，才能更主动地学习。家庭文化教育情况与孩子的学习习惯的养成和学习意识的确立有着直接的联系。

良好的家庭环境和家庭文化教育能够促进孩子的学习，不和谐的家庭环境和形同虚设的家庭文化教育则影响孩子的学习。父母要努力以身作则，保持强烈的求知欲，同时也可以利用孩子的爱好，激发孩子的求知欲。

方法三：父母要教孩子掌握高效学习方法

高效率的学习方法是孩子取得好成绩的基础和保证，是孩子成绩优异的决定性因素。高效率的学习方法可以对孩子的学习产生事半功倍的作用。

当然，提高孩子的学习效率并非一朝一夕的事，需要家庭教育和学校教育的有机结合。父母必须认真分析孩子自身的学习特点和身心发展特点，帮助孩子找到适合自己的高效学习方法。

方法四：父母要注重孩子的学习量

父母在监督孩子的学习过程时，要看孩子是不是把自己当天的学习任务都完成了，是否做了相应的复习和预习。而不能把每天有多少时间用到了学习上作为对孩子是否在认真学习的评判标准。

王栋的爸爸想让他每天多花点儿心思在学习上，便规定：每天做完作业之后，要用一个小时的时间复习和预习一下功课。虽然王栋每天多学一个小时，但一个月下来，学习成绩并没什么起色。

后来，爸爸了解到，王栋在这一个小时里总是敷衍，根本没有好好学。于是，爸爸便又提出，只要完成了复习和预习任务，就可以去做自己想做的事情了。从那以后，王栋的学习效率逐渐提高了。

只要求孩子学习一定的时间，孩子便很容易敷衍，不把学习当回事。所以，父母要尽可能地以高质量的学习效果为标准要求孩子学习，而不是以时间为标准衡量孩子够不够努力。

巧妙考试——教孩子取得高分的技巧

考场如战场，要想在最短的时间内占据制胜点，就必须学会运用考场兵法。考试中大有技巧。许多孩子学得不错，可是一考就败，是非常可惜的。

孩子的学习生涯是"考"过来的，考试是考查知识掌握情况的重要方式，考试关系到孩子的命运。小考关系到孩子的自信心及学习兴趣，大考关系到孩子进哪个班级、入哪所学校、享受哪种质量的教育。对孩子来说，考试是十分重要的。

董邦不是班里最聪明的学生，但他注重学习方法和考试技巧，每次的成绩都考得不错。老师常夸他成绩稳定，每次考试都能正常或超常发挥。

董邦第一次单元测试时，也很紧张。当时他担心考不好，看到试卷后头脑一片空白，许多简单题都做错了。

妈妈了解情况后说："你这是怯场，你要学一些考试技巧，使自己能从容应试。"董邦记住了妈妈的话，也记住了这次教训。

从此，他不断磨炼考场技能，无论是老师讲的，还是同学说的，他都用心去实践。不到一年，董邦在考场上就能冷静沉着、应付自如了。

考试技巧好，孩子能够正常甚至超常发挥；反之，孩子会失常发挥。考试技巧包括考前心态调整及备考准备，考试中的审题、做题、自检技巧等。考场技巧由许多细节组成，只有多积累、多实践，才能让考试技巧、考试状态达到最好。

在考场中超常发挥，就是善于运用考试技巧的表现。考场"黑马"是常有的现象，多积累考试经验，临场不乱、冷静沉着、懂得取舍，就能发挥出最佳实力，成为考场"黑马"。

学会考试，才能让孩子的所学得到最好的回报。考试技巧能让孩子在考场上如虎添翼，应对自如。

方法一：做好考前准备工作，调整好心态

只有考前准备工作做得好，孩子才能信心十足地进考场。孩子在考前要睡足八小时，早晨吃一些清淡的早餐，按照清单带齐考试用具，提前半小时到达考区。这些都是为了调整心态，尽量克服紧张状态，保持平常心。

入场前可清点一下物品，或翻翻随身带的复习资料，简单回忆一下重要的知识点，让它们在脑海里"过过电影"。尽量避免紧张、焦虑、恐惧的心理，保持心情放松。

方法二：拿到试卷后，先摸清"题情"

试卷刚到手时，先用几分钟摸清"题情"，不要忙于答题。将试卷从头到尾，正面、反面通览一遍，做到三个有数：全卷一共有几个大题；每题各占多少分；大致区分全卷试题的题型。

每次考试，赵宾接到试卷后，都喜欢赶紧做题。他在答卷过程中碰到难题时，想放弃又觉得可惜，常常浪费很多时间。每次铃声响起，他才发现有些简单题还空着。

对此，妈妈教育他："看你多亏，要是摸清了题目的情况后再做题，简单的题就不会丢分了。"

摸清"题情"，就是为了确保做题有顺序，先易后难，有效节约时间。考场上的每一分钟都很宝贵，一味地攻难题，就可能会白白浪费大量时间。

方法三：立足一次成功，重视复查

做题时要认真审题，至少看三遍，弄清题意后再动笔，立足一次成功。

如果时间还有余，要重视复查，不要着急交卷。做题时，对于一些模棱两可的试题，可做个小记号，复查时重点看。

张平为了赶时间，匆匆看一遍考题就动笔。每次做完题，都还有很多时间，但他不喜欢复查，总是匆匆交卷，结果很多题都做错了。

妈妈告诉他，这是马虎所致，并让他在考试时重视审题，让他静心读两三遍，完全弄懂了题目后，再动笔。

考试时，一定要认真审题。很多时候审题不清，因马虎出错而再复查修改，会浪费更多的时间。审题认真，才能保证一次成功。如果考试时间有盈余，孩子要重视复查，不要急于交卷。

方法四：考完别对答案，调整心态应对下一门

从小学开始，每逢期中、期末考试，都是一天至少考两门。考完一门后，许多孩子喜欢对答案，看看自己做得是否正确，无论对错，都会干扰到心理的平静。考完一门，孩子应该马上调整状态，稍做休息后，就进入下一轮的备战。

考完一门后应稍做休息，然后看看下一门课的复习资料。要调整好状态，不受上一门考试情况的影响，全力应对下一门考试。

第五章

理财的好习惯：
给孩子创造财富的能力

俭朴节约——节省下多少，就得到多少

俭朴节约既是对创造劳动财富的人的尊重，也是对父母的尊重。养成俭朴节约的好习惯，是对物品使用价值的最佳利用，也是对人力的最少浪费，对家庭、对社会都是需要的。

俭朴节约是在孩子平时的生活细节中体现出来的，也是孩子良好生活态度的体现。父母都希望孩子能够养成这种好习惯，但是现实情况却不容乐观。现在的孩子花钱大手大脚，越来越铺张浪费。

秦峰平时吃饭总是盛很大一碗，自己却又吃不完，妈妈看到他这个样子，便给他讲自己小时候的艰苦生活，可是秦峰对妈妈的故事一点儿也不感兴趣。妈妈对秦峰提出批评，秦峰也不放在心上，每天还是我行我素。

秦峰平时在学校里也是这样。这天，他的橡皮掉到地上，不小心被人踩了一脚。回家后，秦峰对妈妈说："这个橡皮不能用了，妈妈，您再给我买一块新的。"

爸爸在旁边看见了，拿起橡皮在一个不用了的本子上擦了几下，把脏东西给擦干净了，然后什么话也没说，把橡皮重新递给了秦峰。

从那之后，秦峰渐渐学会了俭朴节约。

劳动的成果和艰辛都蕴含在自己平时的"一针一线"上。父母要想培养孩子俭朴节约的好习惯，就要让孩子看到自己用劳动换取金钱的不容易。对于孩子的浪费粮食行为，父母可以利用一些图片、视频等让孩子真切地感受到粮食种植的艰辛。

俭朴节约是对金钱和物品的珍惜。孩子不懂得珍惜，是因为他们获得这些东西太容易了。现在的孩子都过着物质充裕的生活，孩子习惯了自己的生活状态，并且觉得这是理所当然的。如此一来，当然学不会珍惜。

俭朴节约也需要父母的提倡，有时候父母为了给孩子最好的东西，便不在乎孩子是否浪费。比如父母自己平时吃点剩菜剩饭没什么大问题，到了孩子那里就成了不允许做的事情了。

这样的行为示范，会让孩子觉得自己不需要太俭朴节约，俭朴节约在他们眼里倒成了一种犯错误和不正确的行为了。因此，父母一定要注意在行为上引导孩子养成俭朴节约的习惯。

方法一：让孩子懂得俭朴节约的意义

节俭不仅是一种美德，更是一种不可或缺的品质。教育孩子从小养成节俭的生活习惯，必然会让孩子受用终身。

父母要用节俭的故事教育孩子，让孩子知道节俭是美德，也是生活的必需。父母要让孩子知道，钱是父母辛苦靠劳动挣来的，教育孩子珍惜父母的劳动成果，自觉地养成俭朴节约的好习惯。

方法二：教会孩子珍惜粮食等物品

孩子对物品珍惜与否与父母对他们的教育方式也有很大的关系，孩子不是天生就喜欢浪费的，关键在于父母怎么教育。

孙娜家每次有了剩菜剩饭，妈妈都会放在冰箱里，等下一次吃饭的时候热一热自己吃。孙娜很受启发，每次吃饭的时候也是尽量不浪费，每次吃多少，就盛多少。

孙娜的裤子划了一道口子，她便对妈妈说："妈妈，您帮我补一补吧，补完了我可以继续穿。"妈妈听了，笑着点点头。

所以，父母要在平时的生活多加引导，教会孩子珍惜粮食等物品，还要在生活中起到很好的带头作用，做孩子的榜样。

方法三：给孩子的零花钱要有度

父母要想让孩子养成俭朴节约的好习惯，在给孩子零花钱的时候，就要有一个度。不能有时给、有时不给，也不能一次给得多、一次给得少。

钱宇的父母在给他零用钱的时候，总是先问一问周围其他孩子的父母，进行比较之后，给钱宇一笔数目合理的零花钱。

同时，父母还跟钱宇说得很清楚："给你的钱就是一个星期花的，如果花完了，爸爸妈妈也只会在下一个星期再给。"

钱宇有了自己的零花钱后很高兴，他小心地计算着自己平均每天有多少钱可以花。在零花钱的使用方面，父母对钱宇很放心，也很满意。

对于零花钱的使用，如果孩子完全凭着自己的兴趣来买东西，就会渐渐养成大手大脚的坏习惯。所以，父母要控制好孩子零花钱的额度。

方法四：让孩子用劳动换取想要的东西

要想培养孩子俭朴节约的好习惯，父母就要让孩子明白，得到任何东西都要付出劳动和努力，没有不劳而获的情况。

如果孩子想得到什么东西，就应该鼓励他通过自己的劳动去换取，这是培养孩子俭朴节约的一个好方法。

科学消费——让孩子体验消费的乐趣

父母对孩子的花钱放任不管，是导致孩子不会科学消费的一个重要原因。在平时的生活中，很多父母总是毫无节制地满足孩子的各种物质要求，总觉得只要是别的孩子有的，自己的孩子也应该有，这种教养方式养成了孩子浪费金钱的坏习惯。

父母平时给孩子零花钱时没有注意培养孩子的理财意识，是导致孩子不会科学消费的另一个原因。父母平时要定期定量地给孩子零花钱，一定要掌握好给孩子零花钱的度。

有时候父母觉得给孩子的钱都是小数目，所以多给一点儿也无所谓。其实不然，如果给孩子的零用钱过度，孩子又不懂得储蓄，那么他们就可能会过度消费。

王宣的脾气越来越大，上个星期他让妈妈给他买了一双上千元的运动鞋。这个星期他又跟妈妈说："我想要一个新的平板电脑，就要苹果的。"

妈妈批评他不懂得节省，他却跟妈妈说："这算得了什么呀，我们班上还有的同学，人家买一个笔记本要上万元呢。"

在王宣看来，他对父母的要求算是低的了。妈妈不高兴了："这些是你真正需要的吗？恐怕百分之八十是出于你的虚荣心和攀比心吧！"

妈妈很犹豫，自己在孩子身上投入这么高的经济成本，能够收到良好的回报吗？

不要在第一时间满足孩子的要求，要让孩子学会通过存钱来满足自己的一些特殊的物质要求，这是培养孩子科学消费的一个好办法。

当孩子提出了自己的一些要求时，父母可以鼓励孩子自己合理支配零用钱，每次存下一点儿，两三个月后就可以自己去买一样东西了。

科学消费的原则就是该花的钱必须花，不该花的钱绝对不要乱花。而一些出于虚荣和攀比的消费就属于不合理、不科学的消费，对这种消费，父母一定要制止，不能任由孩子大手大脚。

方法一：培养孩子正确的消费观

要培养孩子理财的观念，帮助孩子认识金钱的价值。孩子知道让钱生钱，有利于积累更多的财富。而人一旦有了财富，就能做很多事情，可以满足多种需要。

金钱虽好，但也要取之有道。父母一定要告诉孩子，只有通过正当的手段赚取的金钱用着才会坦然，避免让孩子为赚取金钱而不择手段。

方法二：教孩子学会有计划地花钱

父母要想让孩子养成合理花钱的习惯，就要从培养孩子有计划地花钱开始。

黄民的爸爸在最开始给他零用钱的时候，就对他说："我给你的钱是定期定量的，要计划着花。你要是有额外的开支，可以跟我说，不要前三天富着过，后两天穷着过。"

黄民为了有计划地花钱，养成了记账的习惯。每天花了哪些钱，回家之后他都会认认真真地记在本子上。

父母只要做好引导就行了，不用过多地去干涉孩子的独立花钱行为。孩子良好的理财能力就是从一次次的独立、有计划地花钱中培养起来的。

方法三：教会孩子控制自己的购买欲

父母把给孩子更多的钱作为表达爱的主要方式，在一定程度上会让孩子走进消费误区。因此，要让孩子分清"想要"和"需要"。

沈雨是个很爱美的女孩，每次出去逛街都会买一大堆饰品。这次，妈妈带她逛街，她又要买蝴蝶结。

妈妈教育她说："你的蝴蝶结已经不少了，把钱用来买你喜欢看的漫画书，也是个很好的选择啊。"沈雨听了妈妈的话，控制了自己的购买欲。

教育孩子买自己需要的东西而不是买自己想要却没有实用价值的东西；让孩子懂得"量入为出"的道理，形成合理的消费结构。

方法四：教孩子掌握讨价还价的技巧

父母要放手让孩子实践，并且要教给孩子一些基本常识：商家销售的任何商品都存在成本，除成本外，还要支付房租、员工工资以及税费等，所以价格是高于成本的。

商家为了拉住顾客，就会考虑减少利润，这样孩子的讨价还价就会发挥作用了。父母可以教孩子一些讨价还价的技巧，让孩子减少花费。

方法五：帮孩子克服盲目攀比

给孩子过多的零用钱会刺激孩子的购物欲望，进而导致孩子产生虚荣的心理。父母要控制孩子的消费，引导孩子树立正确的消费观，让孩子学会合理消费。孩子买自己需要的物品，不盲目攀比，虚荣心便很难产生了。

韩晓是个爱美的小女孩，看到同学穿漂亮的衣服后，就会吵着闹着要妈妈给她买。但是，妈妈并没有纵容她，每次都会仔细考虑之后，才决定要不要满足她的要求。

之前，韩晓不是今天和妈妈要新铅笔盒，就是明天和妈妈要新书包。现在，韩晓则很少关注这些，而是把心思用在了学习上。

父母要教育孩子把钱用在实处，防止孩子产生追逐时髦的思想倾向，告诉孩子不要盲目攀比、要多和同学比勤奋等。相信经过父母的帮助，孩子会从消费误区中走出来，学会理性消费。

学会储蓄——引导孩子存下属于自己的财富

定期储蓄是培养孩子树立理财观念的好办法，这并不是让孩子形成拜金主义的意识，而是为了让孩子能够形成正确的金钱观，让孩子学会正确使用金钱。

较高的财商是孩子一生的财富。研究发现，越早教会孩子理财，对于培养孩子科学的理财观念越有利。

现在的父母都有给孩子零花钱的习惯，但是如果忽略了对孩子理财观念的教育，就会使孩子形成一些不好的使用金钱的习惯，比如大手大脚，花钱没有计划，和人攀比等。

许多孩子对自己手中的钱没有概念，父母给多少，自己就花多少，有时候还会为了花钱而去花钱，这其实是一种浪费。

每个月，妈妈都会给刘蒙一笔零花钱，让他自己支配。刘蒙有一个好习惯，每天都会对自己的花销记一笔账，长期下来，他已经能很好地管理自己的零花钱了。

通过合理地调整自己的消费，刘蒙每个月都还能剩下一些钱。看到这一情况，爸爸便带他到银行开了一个账户，让他定期存钱。

为了增加自己的财富，刘蒙跟爸爸妈妈说要利用暑假的时间去打工，他们同意了。现在，刘蒙已经从中找到了乐趣，也能从容地应对自己的理财问题了。

培养孩子定期储蓄的习惯是为了让孩子学会处理自己在花费中的欠缺和

节余，让孩子学会合理地分配自己的金钱。

如果有了节余，就去把钱存起来，等到不够用的时候再支取一部分。这其实就是一个简单的理财模式。但是对于孩子而言，越早学会就越有利。

孩子对于支配零花钱也有自己的想法，比如要买贵一点儿的玩具。当孩子有了这种想法时，父母要给予引导，让孩子把一部分零花钱存起来达成自己的心愿。

父母要让孩子明白，要想获得自己想要的东西，是要有所付出的，以此培养孩子珍惜财物的习惯。当孩子通过自己的定期储蓄而得到心爱的礼物时，这种快乐是父母所不能给的。

方法一：带孩子去开个独立的银行账号

父母在孩子年龄大一点之后，就要让孩子接触银行，让孩子明白怎样开户，怎样存钱，怎样取钱。

这些是孩子必须掌握的基本常识和技能，也能够逐步培养他们理性的金钱意识，让孩子认识到父母不是自己的银行和提款机。

方法二：送给孩子一个储蓄罐

如果孩子花钱不知道节省，父母可以给孩子买一个储蓄罐，最好是透明的，能够让孩子看到钱一天天增多，以此来吸引孩子的注意力，提高孩子存钱的兴趣。

韩方花钱没有节制，不管妈妈给多少零花钱，她都能一下子花完。有一次，韩方随妈妈一起逛街，看到了一个漂亮的储蓄罐，她非让妈妈给自己买下来。

妈妈眼睛一亮，知道这个储蓄罐激起了韩方的兴趣，有可能会让她喜欢上储蓄，就毫不犹豫地买了下来。

自从买了储蓄罐以后，韩方每天花钱都很节省，剩余的零花钱就放在储蓄罐里，慢慢地就养成了储蓄的好习惯。

孩子有了储蓄罐以后，就会有意识地节省零花钱，把它存入自己喜欢的储蓄罐里，从而达到了有效储蓄的目的。

方法三：让孩子为目标而储蓄

孩子在最初储蓄的时候，往往不清楚自己这样做的目的。这就需要父母给孩子明确、具体的储蓄目标，激发孩子储蓄的积极性。

父母要让孩子学会为自己想要而暂时得不到的东西不断储蓄，从而激发孩子的储蓄欲望，这样才能帮助他们养成储蓄的好习惯。

方法四：让孩子把零花钱、压岁钱存起来

孩子的零花钱储蓄到一定的数目后，父母可以到银行给孩子办张银行卡，还要带孩子经常去查看钱的数目，让孩子知道银行的利息能让自己账户上的钱增多。

春节期间，徐慧收到了不少压岁钱。她觉得很兴奋，拿着零花钱买了很多好吃的和好玩的。妈妈认为这样会让徐慧养成浪费的坏习惯，于是给了她一个很好的建议。

这天，妈妈带徐慧去银行办了一张银行卡，并且告诉她银行会好好保管她的钱，还会付给她利息。徐慧听了很高兴，放心地把零花钱和压岁钱存在了银行。

父母还要使孩子明白取出钱时会增加多少，让孩子亲自感受到钱放在银行能生钱，这样可以提高孩子存钱的兴趣，最终会帮助孩子养成攒钱的好习惯。

方法五：让孩子合理使用储蓄

独立账户不但为孩子的合理消费提供了实习的场所，还可以培养孩子合理使用储蓄的好习惯。父母要教育孩子"该储蓄时就储蓄，该消费时就消费"。

当孩子用储蓄购买不需要的用品时，父母要提出异议。但是也要防止孩子出现另一种极端，即过度看紧自己的储蓄，一分钱也舍不得花，养成小气的坏习惯。

认识金钱——帮助孩子摆正对金钱的态度

很多孩子在很小的时候就开始接触钱，但是并未对其形成认识。对金钱的认识和观念是在后天的培养中形成的。

有的父母不喜欢和孩子谈钱，可谦谦君子的金钱观在当今社会已不适用。在市场经济下，金钱对于每个人都是很重要的，孩子越早认识钱、接触钱，就越会理财。

现实生活中有不少孩子喜欢钱，因为钱可以帮助他们买到自己想要的东西。同时，孩子又对钱有着片面的认识，如果问孩子钱是从哪里来的，估计十有八九的孩子都会说是父母给自己的。

成亮的妈妈平时很注意对他进行金钱方面的教育。每次妈妈和爸爸因为工作忙加班的时候，都会告诉成亮，父母很辛苦，但是为了家庭不得不工作。这样，成亮就渐渐懂得了钱来之不易。

有一次，成亮谈论班里有两个孩子比较谁的书包好，妈妈趁机问他："你想要新书包吗？""当然了，我喜欢班上小胖那样的书包。"

听了这话，妈妈便让成亮通过做家务挣钱买书包。成亮拿到钱去买书包的那天，他说："钱真好，我能拿它去买书包。"

妈妈又教育他说："成亮，钱也不是万能的，还记得那次吗？妈妈没有去上班，就是为了能陪你过生日。亲情是无法用金钱替代的。"成亮点了点头，他更深刻地了解了金钱。

孩子们对钱的认识是十分肤浅的，认为父母的钱很容易就能得到。很多父母确实存在着宁可自己吃苦，也不能苦孩子的心理。他们给孩子充足的零用钱，尽力满足孩子的需求，即使这些需求是不合理的。这样做的结果，只会害了孩子。

所以，父母要端正态度，让孩子重视金钱的物质和精神形式，树立正确的金钱观。

方法一：教孩子认识钱

孩子对金钱的兴趣是与生俱来的，从小时候起，他们就从父母身上开始学到金钱的观念了。尤其现在是经济社会，即使父母没有刻意地教，孩子在耳濡目染中也会受到影响，所以，父母不要刻意回避金钱方面的教育，要及早地对孩子进行正确引导。

一般来说，3岁以上的孩子能分清纸币和硬币；4岁的孩子知道钱可以用来买东西；5岁的孩子可以弄清楚币值；6岁的孩子能数清小数目的钱；7岁以上的孩子就能自己拿钱去买东西了。

父母可以根据孩子的年龄特征教给孩子相关的金钱方面的知识，这是为今后生活中给孩子零花钱，并且让他们合理支配零花钱做铺垫的。因此，父母首先要教孩子认识钱。

方法二：让孩子懂得钱的意义

孩子认识了钱之后，父母就要让孩子明白钱的意义。父母要抛弃"君子喻于义，小人喻于利"的陈旧思想，在现代社会，金钱对于每个人都很重要，对于孩子也不例外。

妈妈觉得徐璜现在花钱大手大脚，该好好对她进行教育了，便每天给她一定数额的钱，让她负责给家里买水果和蔬菜。

徐璜拿着妈妈给的钱买东西，对金钱的认识有了很大的改变。她认识到，没有钱就没有办法买到新鲜的蔬菜和水果，也没法买到香喷喷的面包。

父母要让孩子知道金钱可以买到自己需要的东西，可以改善生活质量，可以获得事业的成功和社会成就。如果没有钱，就不能买生活必需品，也就难以生存。

但是，父母还应该让孩子知道，金钱虽然重要，但毕竟是用来为人们服务的，它并不是生活的目的，也不代表一切美好的东西。

方法三：告诉孩子钱是怎么来的

在日常生活中，很多父母抱怨孩子不懂事，家里的玩具已经很多了，可还是要买新的，买衣服、鞋子，都要名牌。尽管给孩子讲了多次要节俭，却总是没有成效。

其实，这和父母没有告诉孩子钱是怎么来的有很大关系。这就需要父母将金钱是靠父母的辛苦劳动挣来的道理说给孩子听，让孩子知道自己吃的、穿的、用的，都是用劳动挣来的钱买的。

父母还要向孩子传达劳动创造财富的理念。要让孩子真正理解钱是怎么来的。父母可以带着孩子一起上班，让孩子了解自己的工作情况，一天下来，既然会让孩子对金钱的来源有深刻的理解，还会帮助孩子学会体谅父母。

方法四：帮助孩子树立正确的金钱观

金钱观指对金钱的认识、分配和使用的思考和行为方式。父母除尽力为孩子提供健康的生活外，还要帮助孩子树立正确的金钱观，培养经济上有责任感的孩子。

由于受年龄特点和接受能力的影响，孩子不具备完善的金钱观念，往往存在思想误区，产生金钱至上的错误思想。父母要让孩子懂得有了金钱并不代表有了一切，金钱不是衡量成功的唯一标准，一个人的成功在于他对身边的人所做的贡献。

父母一定要帮助孩子树立这样的金钱观：金钱是必不可少的，但是金钱不能代替生活中美好的东西，而且并不是所有的东西都可以用钱买得到。

计划开支——让消费变得有所控制

很多孩子不会制订开支计划，不懂得如何管理自己的零花钱。有些孩子总是向父母抱怨，我没有乱花钱，可钱就这么没了，我也不知道它去哪里了。当父母问他买了些什么时，从孩子嘴里回答出来的却都是正规的用途，比如说买书、公交车费、饭费等。

孩子不一定在说谎。但是如果这样，钱去了哪里呢？

周扬从小花钱就没计划，每个月月初，他都能拿到当月的零花钱，可是还没等到月中，周扬就开始向父母哭"穷"了。父母很生气但也很无奈，只好再给他一些零花钱。

这样一来，周扬每个月的零花钱总是超出与父母约定的数额。周扬的家庭条件比较富裕，父母也不在乎这些钱，但是看到周扬对于开支一点计划也没有，心里非常着急。

父母也曾尝试让周扬制订开支计划，但是由于他们工作繁忙，也没有空时常监督他，所以过了一段时间，周扬便懒惰了，重新回到了原始状态。

没有计划地花钱就像坐在电视机前吃零食，乐在其中的观众永远不知道自己到底吃下了多少东西，甚至根本不认为自己吃了很多。当有一天发现肚子大起来的时候才想起来问，我没吃多少啊，怎么变得这么胖呢？

理财必须从有计划地花钱开始。有计划地花钱建立在孩子学会合理制订开支计划的基础之上。孩子不会制订开支计划的原因有很多。

一是他们没有制订计划的想法，这跟他们平时做事的习惯有关，也许平时孩子安排自己的生活时就非常随意,想到什么就做什么。

二是父母忽略了对他们制订开支计划的引导,培养孩子制订开支计划的同时也能培养孩子做事有计划的好习惯,而父母通常会忽略这方面的指引。

教育孩子省钱,应该从制订开支计划开始,让孩子在花钱时心中有数,这钱该不该花,现在花了我得为此付出什么代价。当孩子有这层考虑时,自然能学会节制自己花钱的欲望。

另外,父母不能太纵容孩子乱花钱、中途要求追加零花钱的行为,这种纵容不利于让他们学会制订开支计划。少年时期的一份开支计划,在一定程度上反映着孩子以后的人生计划。表面上看起来,事情很小,但是对孩子的行为影响很大。

教育孩子制订开支计划是一项长期的工作,因为孩子一般都是缺乏计划性的。父母可以从以下方面着手培养孩子的这个好习惯:

方法一:缩短给零花钱的周期

变一个月给一次零花钱为一周或更短时间给一次零花钱,节制孩子的花钱欲望。孩子不会或者不愿意制订开支计划,父母可以先改变给他们零花钱的周期,以节制他们的花钱欲望。

当孩子在很短的时间内就缺少零花钱的时候,他们自然会向父母询问花钱的技巧。在这个情况下,父母就可以适时地教给他们制订开支计划的方法。

方法二:让孩子做开支总结

先让孩子记录下每天的开销,进行周或月总结。孩子还不会制订开支计划时,父母可以先要求他们记账,指导他们将每一笔开销认真记在其小账本上,每周或每月进行总结。

执行一段时间后,孩子心里对自己的开销以及钱财的来源都会有个大致的了解,也会知道自己哪些钱不该花。

在这个基础上再来要求孩子制订开支计划就不会让他们感到一头雾水，因为他们已经知道自己的钱来自哪里，每天都要支出哪些项目。记账毕竟比制订计划要简单，利用记账让孩子对自己的开销状况有个大致的了解后，再让他们制订计划会比较容易。

方法三：让孩子制订开支计划

父母要让孩子每周做一个计划，列出每周从各种途径得来的钱。告诉孩子，不要计算那些还不确定是否能得到的钱，而只是计算正常情况都会有的可靠收入，例如零花钱和从固定的工作中赚取的钱。

然后，让孩子在开支计划中列出每周必须花的钱。有些钱可以省，有些钱却是不可以省的，例如交通费、饭费都应该归入必须有的开销。

这些必须花费的钱一定不能花在别处，要从一周的收入中扣除这部分钱或者把这部分钱另外放在一个地方，以保障正常的生活。

指导孩子制订一份简单的开支计划，既可以培养孩子的理财能力，也可以培养孩子做事有计划、事先认真准备的良好习惯，有利于孩子的成长与成才。

方法四：让孩子为购买需要的东西存钱

制订计划时，可以让孩子列出想要但还没有动手买的那些东西，或者是赚到足够的钱后要买的东西。父母指导孩子制订计划时应该考虑到变化，要让孩子把想要买的东西列上。这样，当孩子某周的收入突然增加时，就能避免他们乱花，而是可以积蓄起来买自己需要的东西。

学会记账——清楚地知道每一笔钱的去向

记账比投资更重要,记账是理财的第一步。一个清晰、简明的记账本,能够让孩子定期检查收入和支出的情况,随时修正收支,养成积累财富的好习惯。

孩子年纪小,还不能深刻理解记账的好处,往往容易半途而废,出现"记账疲劳"的现象。据调查,85%的孩子有记账半途而废的经历。

如果只是为记账而记账,毫无目的和目标,既不为储蓄,也不为消费目标,更不为合理消费,孩子自然会厌倦记账。

赵倪每次都会很快花光妈妈给她的零花钱,妈妈批评她时,她却说:"我还没有买到最想要的东西,钱就不够花了。"

妈妈知道,赵倪是还不懂如何消费。第二天,妈妈便去买了一个可爱的卡通账本,要求女儿开始记账。如果有遗漏,下次的零花钱就会减少五元。

此后,赵倪就开始认认真真地记账了。每次买东西的时候,她都会把价格问清楚,便于自己记账。

在认真地记完几天之后,赵倪就在心里默默地作比较。她把当天的消费和前一天进行比较,从而意识到自己应该更加合理地消费。

一个月下来,赵倪就很清楚自己的消费项目了,也清楚地知道了自己的钱都花到哪儿去了。

每一个记账的孩子,他的心目中都有一个可行的记账目标。记账是为了有计划地花钱,计账也是为了省钱,例如一些东西何时买最划算、哪里有打折的东西、要在经济承受范围内买什么档次的东西。记账并不被动,它是为主动消费做准备。

长期记账的孩子会深有体会,记账是在帮自己省钱。收入、支出明确了,孩子便能够有效地调配消费,使收入大于支出,为多储蓄而努力。

孩子会记账,常记账,就能够从小学做财富的主人,使每一笔钱都花得明白,花得值得。孩子在记账过程中,可以培养自己节俭、量入为出、合理消费等优异的理财品质。

方法一:前期要督促孩子坚持记账

孩子刚开始学记账,父母可以教他简单的三栏式记账法,用"收入、支出、节余"三栏将每天的具体开销记录清楚。孩子常常会半途而废,父母要在前期多督促,并制定奖惩方案,让孩子坚持记账。

赵厉的妈妈为了督促他记账,跟他说:"我会半个月抽查一次,如果账目不合,漏记、未记,就要罚你少领零用钱。"

赵厉不敢忽视,从接到账本的那天起,就认真记账。妈妈看他很认真,就时常夸奖他,这让他更愿意记账了。

"我很想记账,可就是坚持不下来",父母常听到孩子说这句话。其实,这是因为父母没有做好监督工作。要培养孩子从小记账的习惯,让孩子在督促中养成记账的好习惯。

方法二:让孩子给记账设立一个目标

记账的最直接目标是储蓄,其次是为了某项消费。孩子常会有一些额外的物质需求,例如一个新的玩具、一辆单车、一套滑板器械等。父母可以利用这些消费目标,让孩子学会记账,将有限的零用钱更有效地节省下来。

杨楷想要一套滑板,妈妈说:"你今年还小,现在买了也玩不好。如果能够节省一些零花钱,到年底应该能够买一套。"

杨楷问:"我要怎样省钱呢?每天省多少啊?哪些东西不要买啊?"妈

妈说:"你开始记账吧,先记几天,看看每天能省下多少,慢慢就清楚怎样省钱、存钱了。"杨楷点头答应了。

记账的目的并非记账,而是为了储蓄,为了未来的消费目标。父母要利用这些记账目标,让孩子主动、自觉地喜欢上记账,进而通过记账培养孩子的理财能力。

方法三:让记账本帮孩子合理消费

记账并不是被动的,记账久了,孩子会清楚自己的消费倾向、消费额度,进而从账目中把即将发生的"必需品"花销,变成一种合理实惠的计划性消费。

陈浩铭从小开始学记账,上初中后,他发现记账帮了他大忙。陈浩铭从上一年的消费账目中发现,他每年要用八管牙膏、五袋洗衣粉、十二个练习本、二十五根笔芯……

陈浩铭把这些数目进行统计后,利用过年商场减价的机会,一次性购买了这些物品,竟然一下子省了一百多元钱。

孩子记账并不是为了记录下花销的账目,而是要变被动为主动,让账本帮自己省钱。父母可以将一些好的记账经验传授给孩子,让孩子的账本清晰、明确,便于查阅。

父母也要让孩子经常翻阅账目,这样可以从中找到很多合理消费的方法,让账本帮孩子省钱。

打工赚钱——让孩子利用劳动赚钱

假期打工,对如今的孩子而言,并不是困难、遥远的事情。只要父母舍得,孩子就可以在每年的假期都得到锻炼,增强自己的社会适应能力。

假期打工不一定要找又脏又累的活。随着社会分工的细化,适合于孩子的打工种类也在增加。许多工作,孩子干着不累,还能学到很多东西,增进对社会和人际关系的了解。国外十分提倡孩子利用假期打工,鼓励孩子走出家门,早日体验社会生活,学会融入社会。

孩子长期生活在学校里,对社会抱有太多不切实际的幻想或恐惧心理,这些都会影响孩子去适应社会。孩子只有多接触真实的社会生活,明白各种社会分工,主动走进去了解,才能够消除陌生感、误解,清楚地找准自己的社会定位。

王平现在已经上初中了。他跟爸爸说,自己想去买一辆新的自行车。爸爸想了想,没有直接答应他。

爸爸对他说:"你已经长大了,马上就要放暑假了,不如你考虑一下,去打工来赚你的自行车吧。"王平听后,觉得很新奇,就答应了。

终于到了暑假,王平在一家小吃店里找到了一份服务生的工作。王平平时挺爱吃小吃,现在在这里工作,才感受到赚钱的不容易。

过了几天,王平就渐渐地适应了,每天下班后他还可以做一两个小时的作业。

两个月下来,王平不仅买到了自行车,还有了一笔自己的"私房钱"。

学习阶段也是人生理想稳定的阶段，孩子可以选择一些与理想接近的工作进行尝试。孩子只有真正地去接触真实的社会形态，才能更明确自己是否喜欢这个人生理想。如果目标与期望值相符，孩子会坚定自己的理想；如果有偏差，孩子也可以早日调整，找到更明确的人生理想。

孩子要想早日融入社会，磨炼出过人的社会适应能力，父母就要鼓励他勇敢地走出家门，进行社会生活实践。

方法一：做孩子假期打工的支持者

孩子假期去打工，不要隐瞒父母、独自行动，因为有许多安全隐患。社会形势很复杂，无论是初中生还是高中生，社会阅历都很浅，容易上当受骗。孩子在父母知情的前提下，悉心听取长辈的意见，有情况及时报告，才是一种安全的假期打工模式。

假期打工能够让孩子收获丰富的社会经验，但是首要前提是要在父母的知情、支持下进行。每一个想假期去打工的孩子、每一对想让孩子假期去打工的父母，都要明确这一前提。要确保孩子既能学到社会经验，又能有效地避免人身伤害。

方法二：给孩子中肯的建议

相比之下，父母的社会经验更丰富，在暑假打工的问题上，父母应该多给孩子一些好的建议。

有一些工作，以孩子的年龄和资历都不适合，父母要帮他排除掉；也有许多工作，孩子会更适合，父母可以向孩子推荐、引荐，例如当家教、在家附近发传单、卖东西等工作，都很适合孩子。

方法三：鼓励孩子去田间打工

暑假是一个收获的季节，正是水稻、棉花等农作物丰收的时候，父母可以带着孩子去田间打工，这样做，既亲近了大自然，又赚了钱，还让孩子体验了生活。

陈洋放暑假了,他跟父母说自己想打工挣零花钱。父母打听到郊区的棉农正在急招摘棉花的帮手,就提议他找几个同学一起去。

尽管陈洋是第一次学摘棉花,但不到半天他就很熟练了。陈洋说:"干这活虽然很累,但我的劳动没有白费,它不仅让我得到了相应的报酬,也使我感受到了劳动的辛苦和快乐。"

孩子暑假进行田间打工,还有很多选择,例如花卉种植园、蔬菜种植园、果园甚至专业养殖场等场所,都能为孩子提供暑假劳动的机会。这种工作安全、健康,还能让孩子体会到劳动的乐趣,是不错的选择。

方法四:鼓励孩子从事义务活动

假期打工最主要的目的,是培养孩子的社会适应能力,而不是去赚钱。社会上组织的一些义务活动,如果孩子能够参与,同样会受益匪浅。

例如辅助研究机构进行的社会调查,红十字会进行的环保、艾滋宣传,敬老院、孤儿院的义工,图书馆、工人文化馆等场所的辅导员等工作。

孩子在从事这些活动时,虽然没有获得报酬,但是学会了许多社会知识,积累了社会生存经验,提升了人际交往能力,因此,父母应该鼓励孩子积极参与。

不追名牌——适合自己的才是最好的

名牌是凝结在商品上的消费者对产品质量的声望和知名度。它是先进的物质生产与文化发展最佳的结合,是先进的技术转化成的结果。

随着生活水平和购买能力的提高,孩子的名牌意识明显增强,追求名牌成了一种时尚和潮流,很多孩子对名牌的认识和偏好甚至远远超过了成年人。所以,当社会上出现某种名牌时,孩子为了赶时髦纷纷向父母要钱,从而给家庭造成了经济负担。

孩子对于名牌的认识往往很肤浅,往往只知道名牌的质量好,而忽视了名牌后面包含的创业精神。因此,父母有必要引导孩子认识名牌。

最近,六岁的李华在和父母闹情绪,原因就是一个书包。开学之前,李华发现小伙伴买了一个崭新的名牌书包,就让妈妈也给他买一个。妈妈没有答应,他只好背着之前的书包去了学校。

开学第一天回家后,李华就将书包扔在了一边,饭也不吃。妈妈认为他现在的书包还很新,没有必要买新的,这样的僵局维持了好几天。

爸爸有些心疼儿子,担心不吃饭会影响孩子的身体健康,就和妈妈商量,打算向儿子妥协。妈妈虽然很头疼,却不知道该怎么办。

孩子热衷于名牌,甚至非名牌不要,已经成为令父母头疼的问题。孩子普遍认为,价格高就是好东西,就是名牌。

其实,这样的孩子存在三种心理:一是虚荣心理,想借名牌显示自己的身价;二是从众心理;三是迷恋某个明星,一定要买他所代言的那个牌子的东西。

这三种心理都是不健康的。虚荣心会分散孩子学习的精力；从众心理会使孩子变得盲目，失去个性；迷恋明星的孩子，难免会做出疯狂的追星事情，而不只是简单的名牌问题。

父母适当地增加孩子的消费是无可厚非的，但盲目消费却弊多利少。当孩子要名牌的时候，在经济允许的条件下，父母可以偶尔给孩子买一些名牌商品。

对于过分迷恋名牌的孩子，父母不能轻易答应其要求，要告诉孩子名牌只是一个称谓，关键是要实用。

方法一：成为表率，给名牌降温

孩子出现追求名牌的心理并非偶然，和他所处的环境有很大关系。很多父母在孩子面前丝毫不掩饰对名牌的热衷，这就对孩子造成了恶劣的影响。

有的父母也意识到了这一点，但是不知道该如何去做。其实，父母最好的教育就是以身作则。

作为父母，无论家庭条件如何优越，给孩子买东西都要讲究实惠和实用，不纵容孩子对名牌的欲望。如果孩子以别人有而自己没有的理由要求父母为其购买，父母应该引导孩子，要买可以，但是要通过自己挣钱的方式买。

此外，父母本身要遵循简朴的生活准则，用正确的价值观和消费观来影响孩子。

方法二：不要让孩子追时髦

一些孩子为了追求时髦，去消费自己或家庭无法支付的名牌。一般来讲，父母都不希望孩子追求时髦，因为追求时髦势必会分散孩子学习的注意力，影响到正常的学习，孩子把心思都用在买名牌、追时髦上，就不会好好学习了。

不是要求孩子不能追赶时髦，而是要正确看待时髦，不要进入误区。现在很多孩子都讲究时髦，但是并不是每个人都适合时髦。学生阶段的主要任务是学习，不应该把过多精力放在时髦和名牌上。

方法三：教孩子经得起诱惑

现在社会诱惑太多，而且许多媒体大肆宣扬的广告形形色色，干扰着孩子的视听。大部分的孩子都经不起名牌的诱惑，成为名牌的"推崇者"。

周贤在电视上看见了他最喜欢喝的奶茶，便要求妈妈去超市给他买这个牌子的。妈妈觉得这正是教育他的好机会，就去买了两盒不一样的奶茶。

回家后，妈妈将两盒奶茶都冲好，让周贤自己尝尝味道。周贤喝下之后，觉得味道都差不多，名牌奶茶甚至还没有另一盒便宜的奶茶好喝，他这才发现，自己是受了名牌的误导。

想要让孩子抵制诱惑不是件简单的事情，父母要在生活中时常给孩子打预防针，防止孩子迷失在名牌的诱惑之中。父母可以增加孩子的自控力，提高孩子的鉴别能力，让孩子正确、全面地认识名牌。

在日常生活中，父母最好不要用名牌来诱惑孩子学习，奖励孩子的方式也要重精神轻物质，这样孩子才会有清醒的头脑，好好把握自己。

方法四：告诉孩子攀比不用名牌

讲究名牌和孩子的攀比心理有很大关系。攀比也是很正常的心态，关键是看孩子如何把握。有时候，攀比心理会帮助孩子取得进步，比如努力去考理想的学校，获得更高的奖项，但是也可能会助长孩子的不良心理倾向。

父母要分析孩子的攀比心理是如何形成的：孩子身边的同学比较追求物质享受，而孩子很从众；孩子缺乏自信，想靠一些名牌来弥补；孩子性格敏感，需要名牌来维持自己的形象。

先了解孩子攀比的原因，再因势利导，就会帮助孩子走出名牌的误区。父母可以告诉孩子，和同学在学习、能力上攀比对他们的成长是大有裨益的，千万不要将攀比用在名牌上。

接触商业——尝试初级的商业活动

有句俗语是这样说的,"农不如工,工不如商",也就是说没有哪个行业能像商业这样赚钱。商业活动是人类最基础的实践活动,简单地说就是交换,是一种双赢或者多赢的人类活动。

有些父母有时会想孩子还这么小,让他们去从事商业活动有点早了吧。其实不然,初级的商业活动并不耽误孩子的时间,还能让孩子从中体会到赚钱的乐趣。

如果父母引导、教育得当,这些商业活动不仅不会耽误孩子的学习,反而会丰富孩子的生活阅历,最重要的是能引导他们进入市场并了解商业活动的奥妙。

孔磊今年刚十四岁,父母都有自己的公司,家境非常好。但是他从十二岁开始就宣布独立,不再向父母要零花钱。

五岁时,父母便对他进行赚钱、投资方面的教育,并且让他做一些家务劳动赚钱。等到他十岁的时候,便在爸爸的指点下开始卖日用品。

最初,他的客户是父母和周围的一些亲人。第一次进货时,为了几十支牙刷,他跑遍了市区的每一个批发点,以较低的价格进了货。

当他向父母推销时,受到了诸多的刁难,但最后由于他的自信让父母心甘情愿地掏出了钱。从向家人卖牙刷开始,孔磊慢慢走上了商业运作之路。

商业活动简单地说就是低价买入、高价卖出的一种活动。举个简单的例子,某人批发了一百支牙刷,共计五十元,平均每支牙刷五角钱,然后他以每支两元的价格卖出去。

在这个简单的商业活动中,他必须学会寻找便宜的货源,学会选择合适的商品,然后定下合适的出售价格,对客户的需求做一个简单的预测:他们是否能够接受两元一支的牙刷,一百支牙刷能否卖出去?

同时这个商业活动的发起人还得承受可能有一部分牙刷卖不出去的风险等,这些都需要运用智慧正确地进行决策。

俗话说得好,"纸上得来终觉浅,绝知此事要躬行"。实践活动中得到的经验教训往往能让孩子有更深刻的体会,更能使他们受益无穷,这是再多的说教都无法达到的效果。因此,从小让孩子尝试初级的商业活动是培养他们财商的重要途径。

方法一:告诉孩子商业是什么

一般来说,商业是指以货币为媒介进行交换,从而实现商品流通的营利性经济活动。简单一点说,商业其实就是用钱赚钱的一种方式。

父母可以利用生活中简单的例子向孩子说明商业这个概念,例如从商者买入一个水杯三元,卖出去时价格为十元,从商者从中赚取差价七元,这就是一个简单的商业活动。

方法二:让孩子了解商业活动的作用

商业活动可以帮助人们实现商品的流通。正是商业的兴起才使得世界各地的商品交换活动如火如荼地进行着。

父母可以告诉孩子商业促进了商品的流通,从而提高了人们的物质生活水平,并进一步促进了整个社会的发展。

方法三:经常带孩子去超市和菜市场

菜市场和超市里蔬菜的价格是不同的,因为一般超市里的菜都来自菜市场。父母可以带着孩子去这两个地方多逛逛,让孩子仔细观察几类菜的价格在两个地方的差别，让他们亲自体会一下从事商业活动的益处。

方法四：鼓励孩子从事商业活动

当孩子形成了一定的商业意识后，父母就可以鼓励他们开始从事商业活动了。刚开始，父母可以提示孩子把身边的人当作客户，从事一些日常生活用品，如牙刷、肥皂、打火机等的商业活动。

但是父母一定要注意，要把孩子当成真正的生意人，要适当地让他们受点挫折，不要轻易买下他们的产品。

另外，当孩子上中学后，父母可以鼓励他们把客户扩大到更多不特定的人，让他们把之前从事商业活动的经验拿出来进行真正的历练。

方法五：告诉孩子一些交易的技巧

孩子的社会经验不足，父母应该告诉他们一些交易技巧，使他们从事商业活动时能够更加得心应手。

例如善于抓住顾客的心理进行推销，多介绍自己产品的优势，注意收现钞时鉴别真伪等。当孩子掌握了这些技巧后，就能更顺利地开展商业活动了。

认清广告——看清购物广告后面的猫腻

父母在教孩子买东西的过程中，也要教会孩子认识广告。广告是孩子了解商品信息的一个很重要的手段，也可以让孩子了解一些新的消费方式和倾向。

在现在这个商品社会里，孩子都不可避免地处在广告的包围之中，教会孩子正确地认识广告，有利于孩子学会消费。

广告是过分夸大商品优点的一种展示，让人能够记住这个商品。但是商品本身还会有很多缺点，这是广告不会言传的。

所以，父母要让孩子在听完广告的宣传之后，通过认真比对，来确认自己所购的商品是否最优。

何非今年九岁了，在父母眼里他是个不懂事的小孩。他没有自己的主见，特别是在吃饭穿衣方面。

何非特别喜欢看广告，尤其喜欢看一些明星做的宣传推销广告。看到自己喜欢的明星做的奶茶广告，非要喝那个牌子的奶茶；看到明星做的运动鞋广告，就非要买一样的鞋子等。

妈妈告诉他，广告有时是假的，可他听不进去。购物时，何非不是在想自己是否真的需要，而是看那个东西有没有做过广告。

妈妈认为，给他买无疑是助长了他的广告情结，不给他买又觉得对不起他。久而久之，孩子迷信购物广告的习惯就养成了。

广告是厂家以营利为目的对商品的大肆宣传，也就是对商品广而告之，它能影响消费者去买自己并不需要或是价格高于价值的商品。但是，孩子一般都很少考虑这方面的因素。

广告渗透于生活的每个角落,成人对于广告都有迷信心理,孩子辨别意识差,对物品有强烈的拥有欲望,对于广告的盲目性就更为明显了。父母要让孩子了解一些基本的广告知识,消除认识误区,让孩子的消费更加理智。

过多的广告严重扰乱了孩子的消费需求,许多孩子迷信购物广告,盲目地认为上了广告的商品质量就有保证,同时买广告上的商品是追求时尚的表现。

在这种情况下,父母要让孩子掌握一些广告常识,对其进行正确的引导,以免孩子对广告的迷信越来越深。

方法一:父母要做孩子的榜样

父母是孩子最好的老师。父母不经意对广告的一句赞美或是经常购买广告宣传的商品,都会让孩子错以为广告宣传的就是最好的,就会不自觉地对广告产生迷信心理。

父母在日常生活中要以身作则,购买实用商品,注重商品的内在价值和外在价格,不盲目追求时髦,不盲目崇拜广告宣传。以理智的头脑来购物,以实际行动做孩子的榜样,帮助孩子走出对广告的迷信。

父母要切实做好对孩子的指导工作,帮助孩子走出广告误区,理性地看待和评价广告,不要让广告左右孩子的生活。

方法二:和孩子一起看广告

现在的广告无论是轰炸式的还是时刻提醒式的,都充斥着孩子的头脑。抽个时间和孩子一起看广告,告诉他们广告在说什么。

金清今年十四岁了,他非常喜欢购物,也很擅长购物。妈妈总喜欢带她出去散步,当看到那些广告时,妈妈便会教育她。

妈妈说:"你看看,那些广告词总是夸奖商品的效用,对缺点只字不提,这其实就是最大的陷阱。有些商家把自己的责任说得模棱两可的,而且限制非常多。"

在妈妈的指导下，金清学会了分析商品广告，懂得利用其中的有效信息，巧妙地避开广告中的陷阱，因而总能买到合适的商品。

父母要帮助孩子分析广告，让孩子明白什么样的购物广告是有效的，什么样的广告是拙劣的，培养孩子对广告的剖析习惯，提高孩子的辨别能力。

方法三：带孩子去购物

当孩子看到某个广告，要买上面宣传的产品时，父母可以带着孩子去购物，把孩子要买的产品和商场里的其他产品做比较。

父母要让孩子知道，从广告中得知的产品只是同类产品中的一种，只是是否做了广告的区别；同时，要从产品质量、原料、制作过程等方面来告诉孩子，做广告的产品和其他牌子的产品并无太大区别，只是广告夸大了产品的效能，从而破除孩子对广告的迷信。

方法四：让孩子了解广告的常用技巧

父母要让孩子清楚，多数商家依赖广告，是因为广告能获得消费者的欢心，能够说服消费者去购买商品。

同时，父母要让孩子知道广告的技巧。广告常用的技巧有：利用名人效应来示范和保证；用充满想象的诱惑来给予消费者情绪感染；引入歧途的宣称；一味强调自己的商品是最好的等。

只有让孩子认识到广告的实质，孩子才能根据自己的需要和产品的情况来购物，不再迷信广告。

第六章 社交的好习惯：帮孩子拥有现在和未来

诚实守信——擦亮孩子为人处世的"招牌"

诚信就是诚实、守信用，不隐瞒欺诈、弄虚作假。诚信是人最珍贵的财富。一个人可能会失去感情、财富和地位，但只要还有诚信，它们就还会回到自己身边；而一旦失去诚信，人终将变得一无所有。

在家庭里，诚信必须从父母做起。因为父母是孩子最好的榜样，孩子诚信与否，与父母的教育有着极大的关系。

刘青的妈妈很爱他，但经常对他许下一些空口的承诺。当实现不了时，就随便编一个理由搪塞他。

现在，妈妈常听别的孩子说刘青是个撒谎大王，老是说话不算话，做过的事也不承认。还有个孩子说要是指望刘青帮忙，就会把事情都耽误了。

有一天，妈妈发现自己刚买回来的全麦面包没有了，便问是不是儿子吃了，刘青马上说："不是我吃的。"

妈妈知道，刘青说谎了，他的嘴角还沾着一些面包屑。但是，妈妈看着刘青，却又不知道该不该揭穿。

"谎言是踏入欺骗的第一步"。一个人如果不信守自己的承诺，对别人撒谎、欺骗，也许会得到暂时的利益，但却会失去他人的信任，以后即使想要挽回，也必定会付出巨大的代价。

孩子如果不讲诚信，将会多次遭遇信任危机，在社交和与人合作上都会产生重大阴影，对将来生活和事业的成功形成极大的阻碍。

诚信是孩子人生成功的通行证，父母要多鼓励孩子说实话，严肃批评孩子的谎言，告诉孩子答应别人的事一定要办到，从点点滴滴做起，帮助孩子树立诚信的观念。

方法一：父母对孩子的许诺要兑现

影响孩子最深的就是父母，所以父母在孩子面前一定要信守承诺。当确实难以实现对孩子的承诺时，一定要给孩子一个合理的解释，让他真正地理解和同意。如果孩子有什么好的补救措施或比较合理的建议，也可以按照孩子的意思来。

父母一定不要轻视对孩子的许诺，严禁用虚假的空头支票来应付孩子，因为这将会对孩子造成难以挽回的恶劣影响。

方法二：对孩子的诚信行为要表扬

父母是孩子最亲近的人，孩子遇到了问题之后，如果能够向父母坦诚自己的错误，父母千万不要先对孩子的错误予以批评，而应该首先对孩子的坦诚给予赞扬和肯定。

王明明是个很懂事的孩子。一天，他不小心把桌子上的金鱼缸撞倒了，水全部流了出来，鱼也在桌面上奋力挣扎。他连忙把鱼转移到了水盆里，整理了桌面和地面。

晚上，王明明向父母解释了这件事情。爸爸说："孩子，你虽然把鱼缸撞到了，但是你做了相应的补救措施，还主动承认了错误，这很好，爸爸和妈妈都不会怪你。"

父母不批评、不指责的态度和做法，可以有效避免孩子以谎言来掩盖错误的行为，让孩子有勇气做一个诚信的人。

方法三：对孩子的不诚信行为要给予批评

孩子对父母撒谎的原因是多种多样的。这是由于孩子不够成熟，对很多事情不能进行客观的评价。

父母在孩子出现这种情况时，不能放任不管，要根据情况来对孩子的错误进行批评，让孩子明白自己的撒谎行为是不诚实的，父母不赞成。

如果父母怕损伤孩子的自尊心，不给予批评，久而久之，就会养成孩子撒谎的恶习。以后想要改正，就会非常困难。

方法四：让孩子承担遵守诺言的责任

父母要注意从生活小事上培养孩子的诚信意识。当在发现了孩子的不诚信行为时，要及时给予纠正，让孩子懂得说过的话要算数，答应了别人的事一定要办到，对人的承诺应负有责任。

曹晗今年读三年级。在知道他有一个小黄人玩具后，一个同学就请求他："你明天可不可以带来给我看一看？"曹晗爽快地答应了。放学回来之后，他向妈妈炫耀了这件事。

第二天早晨，曹晗准备去上学，妈妈走过来对他说道："你不是说要带小黄人给同学看吗？"曹晗说："带着它去上学好麻烦啊，我不想带了。"

妈妈听后，就蹲下来对曹晗说："孩子，你答应了别人的事就要说话算话，不然就是失信于人了。"听完妈妈的话后，曹晗带上小黄人一起上学了。

父母要让孩子明白，承诺所担负的责任是很重要的，孩子只有明白了承诺的重要性，才不会轻易地去承诺；而承诺后，也会勇于承担守诺的责任。

方法五：满足孩子合理的需求

孩子有时不爱和父母说真话，是因为自己的合理要求会遭到父母的拒绝，所以就选择了编假话以达目的。父母平时要留意，当孩子提出一些比较合理的要求时，要给予满足。

比如孩子在周末想去游乐园玩，父母如果有时间就可以答应他，否则如果孩子的合理需求得不到满足，孩子就会寻找其他的替代方式，例如撒谎等不良手段，来达到自己的目的。

文明礼仪——给别人留下好的第一印象

文明礼貌是社会中广泛提倡的,也是人与人之间相处时应相互遵守的文明底线。文明礼貌能够增进人与人之间的交流,有利于建立和谐的人际关系。

中国自古就是一个有着各种文明礼仪的礼仪之邦,如果谁有了不文明不礼貌的言行,就会得到众人的谴责。

孩子太小,不懂礼貌的事情会时有发生。有时候是因为孩子不知道什么是应该遵守的社交礼仪,所以当自己做出了不合礼仪的事情时,也丝毫没有愧疚感。

石浩深受父母宠爱,在父母面前没大没小的。平时家里来客人,他也很任性。妈妈让他自己到屋子里去玩玩具,让客人看电视,他偏不听,要大家陪他一起看动画片。

吃饭的时候,石浩让妈妈把他喜欢的菜放在自己面前。如果妈妈说他不懂礼貌,他就自己跑过去把菜端过来。

大家看到这种情景时,也表现出纵容的态度,说石浩有趣。听到别人夸,他更有恃无恐了,让父母都觉得有些惭愧。

平时走在路上,石浩喜欢横冲直撞,经常撞到别人身上。但是,他从不跟人道歉,总是妈妈来帮他说。石浩对此很习惯,妈妈觉得不懂礼貌是他的大问题。

各种文明礼仪都需要父母从小对孩子进行教育培养,当孩子偶尔做出不合礼仪的事情时,父母要给予指正。注意不要训斥孩子,打骂容易让孩子产生逆反心理。

孩子具有良好的礼貌习惯，能够增进自己与他人之间的交流。孩子只有在与人交往的过程中懂礼仪，才能够获得别人的尊重。

孩子讲文明礼仪，也是高素质的体现，可以给他的生活带来更多的好处。父母可以让孩子体会被父母给予尊重时的感受，从而让他学会尊敬父母。

孩子在生活中出现了不懂礼仪的情形，父母千万不要当众训斥孩子，否则，一方面会严重损害到他的自尊心，另一方面也无法让他认识到自己行为的不妥，不利于孩子培养文明礼貌的习惯。所以父母要选择好教育方法及场合，让孩子能够心悦诚服地明白知书达理的重要性。

孩子的礼貌习惯会受到父母言行的影响，父母在平时生活中就要给孩子树立一个讲文明、讲礼貌的良好形象，让孩子在文明礼貌的家庭氛围熏陶下，养成讲文明、讲礼貌的好习惯。

方法一：给孩子营造文明礼貌的成长环境

家庭是孩子生活的重要场所，父母要做孩子的好榜样，要注意自己平时的言行是否文明礼貌，帮孩子树立正确的文明观。

陶强已经六岁了，大家都夸他懂礼貌。平时在家时，父母也力图为他营造一个民主、平等的家庭氛围。

每当妈妈想让陶强帮忙时，都会礼貌地说："请帮我一下，好吗？"而如果陶强办好了父母交代的事，他们还会真心地和他说"谢谢"。

父母是孩子的第一任老师，如果父母不注意自己的言行，就可能让孩子在不知不觉中形成不懂文明、不讲礼貌的坏习惯。

方法二：多让孩子读有关文明礼仪的书

很多父母觉得，培养孩子讲文明、讲礼貌很重要，但是自己平时工作繁忙，不能常陪伴在孩子身边教孩子。这时候，就可以给孩子买一些有关中国文明礼仪的书。

书籍是孩子获得知识的一个重要途径，通过让孩子看相关的书籍来提高讲文明、讲礼貌的意识，是一个很好的方法。

父母作为孩子的引路人，在孩子成长的过程中要多为他们选择一些相关的书籍，让孩子从书籍中汲取文明的养料。

方法三：及时纠正孩子的不文明言行

孩子在做了犯规的事情之后，如果父母不能及时地对他进行批评指正，那么孩子就不会有犯错的意识，就认识不到自己言行的危害性。

张豪已经看了一下午动画片了，奶奶来催他写作业。张豪正看得兴起，便不耐烦地说道："要你管啊，我自己知道，管闲事的老太婆。"

正在厨房里干活的妈妈听到后，质问张豪刚才说了什么。看到张豪不说话，妈妈说："你就好好站在那儿吧，要是你想不明白，就不要去做作业了。"

张豪看到妈妈的样子，连忙对奶奶说："我错了。"妈妈看到他的表现，又说道："这样才是好孩子，去写作业吧。"张豪立刻进屋，以后也不敢对奶奶不讲礼貌了。

父母一定不能纵容孩子，否则久而久之，孩子就会养成不讲文明、不讲礼貌的坏习惯。文明礼貌无小事，父母要及时纠正孩子的不文明言行。

方法四：让孩子掌握基本的文明礼貌常识

父母要多带孩子去一些公共场合，让孩子在里面磨炼自己的礼貌品行。多教给孩子一些最基本的文明礼貌常识，让孩子做好"礼貌储备"。

这些礼貌常识也要经常地运用于实践，才能够让孩子在与人打交道的过程中，表现得更加成熟、更有自信。

尊重自己——自尊让孩子得到他人的尊重

自尊心强的人,往往待人更有礼貌、做事情更能考虑后果,这样的孩子也更受人欢迎、赞赏。

自尊心是孩子品德的基础,从孩子很小时就尊重、培养他们的自尊心很重要。自尊心是一棵稚嫩的幼苗,一旦受到伤害,就会留下难以愈合的伤口,甚至会影响到孩子的一生。孩子缺乏自尊心易产生情绪障碍,更易焦虑、紧张、忧虑、失眠,受到心理疾病的侵袭。

在孩子年幼时,就要注意培养、保护他的自尊心。自尊能让孩子对行动抱有成功的信心,能够在群体中认真负责,实现自己的价值,不断地肯定自己、接纳自己。这种品质,能够让孩子积极上进,不断地超越自己。

李君是个很调皮的孩子,今年上五年级,明年就要小升初了,但是他的学习成绩一直不理想。这次开家长会时,李君被老师点名批评了,这让妈妈很没面子,可李君却很不以为然。

回家后,妈妈对李君进行了一番教育。妈妈告诉李君,成绩不理想没关系,让父母没有面子也没关系,但是不能这么没有自尊。

李君看到妈妈的严肃表情,意识到了自己的错误。他向妈妈表示,一定要做一个维护自己尊严的好孩子。

父母培养出孩子的自尊心,能够让孩子时刻注意自己的言行,从而形成良好的道德品质。一个文明礼貌、积极上进的孩子,必然有强烈的自尊心。

作为父母,要从孩子很小时就注意对孩子自尊心的培养呵护。让孩子从小就明白维护尊严的重要性，不随意做出有损自尊的事。

方法一：父母要学会尊重孩子

孩子会模仿父母的言行，父母对待孩子的态度粗暴，容易让孩子自尊心受伤，同时也会影响孩子建立自己的自尊心。

林清今年五岁了。他每天都和小伙伴一起玩耍，生活得很开心。这天，父母告诉他，最近打算搬家，想征求一下他的意见。

林清告诉父母，自己现在有很多伙伴，如果搬了家就没法和他们在一起了。他恳切地问："爸爸妈妈，能不能等到我上小学再搬家？那时候大家都要上学，在一起玩的时间就少了。"

父母认为林清的话有道理，于是采纳了他的意见。

这就要求父母要提高自身素质，积极创建良好的家教环境，重视言传身教，做子女的榜样，努力创造一个民主、平等、和谐的家庭环境，培养孩子的自尊心，保证孩子身心的健康发展。

方法二：让孩子学会尊重他人

维护自己的自尊、得到他人的尊重是人的基本情感需要。尊重他人是获得自尊的需要，也是发展自己自尊的需要。每个人都渴望得到他人的尊重，但很多人却忽视了尊重他人。

张华燕是个很高傲的女孩。在她眼里，自己就是公主，别人都要为她服务。她根本就不懂得尊重他人。有一次，妈妈带她去饭店吃饭，张华燕向服务员要餐巾纸，结果服务员忘了给她拿。

张华燕很生气，非要去找值班经理理论。服务员很真诚地和她道了歉，她还是不依不饶的，弄得大家都很尴尬。

妈妈很失望，她为女儿的行为向服务员表示歉意，并且批评了女儿，以实际行动为女儿上了一堂尊重他人的课。

只有尊重他人，才会赢得他人的尊重。孩子在他人的尊重中会完善自己的自尊意识。所以父母要教育孩子学会尊重他人。

方法三：使用暗示的方法来批评孩子

父母要选择正确的教育方式，不能一味地打骂，也不能当着同学、亲友的面对孩子大加数落，以发泄对孩子的不满，这样容易伤害孩子的自尊心。

时间一长，孩子很容易产生破罐子破摔的思想，进而我行我素，无所顾忌。所以，父母可以采取暗示的方法来批评孩子，避免直接伤害孩子的自尊心。

孩子有被尊重的心理需要，只有这样才会树立起自尊心。父母要在生活中强化孩子的自尊意识，当孩子犯错误时，要用恳切的语言来教育孩子。

方法四：不要盲目地把孩子与别人相比较

不少父母爱拿自己孩子身上的缺点和别的孩子身上的优点进行比较，希望以此来刺激自己的孩子，使孩子取得更大的进步。但往往适得其反，这种方式会刺伤孩子的自尊心和自信心，导致孩子情绪低落，一蹶不振，甚至会用极端的方式进行报复。

不盲目地把孩子与别人的孩子相比较对发展孩子的自尊非常重要，会帮助孩子建立内心的自我认同感。父母要相信自己的孩子是最优秀的，一点点积累孩子的自尊心。

待人接物——让孩子用正确的方式待人

日常生活是孩子接触最直接的生活领域和范围，不要小看日常生活中的小事，它们能让孩子不断地历练成长，培养孩子的大品德，塑造孩子的好品性。

在教孩子如何待人时，通过小事情就能让孩子明白很多道理。不要以为教育孩子应该在堂堂正正的课堂上，要正襟危坐。

很多时候，孩子靠观察父母的言行，靠看别人的行为，靠自己一点点体验，就可以学会待人接物。这些都源自生活，只有来自生活的东西才能给孩子触动，不是给孩子讲一些大道理他就能明白，就会应用到自己行为中去的。

待人接物本来就是很生活化的，对待的是周围的人，处理的是日常事务。孩子只有身处其中，才能明了其中的技巧，经过反复锻炼才能掌握分寸。

因此父母要在平时生活中注意对孩子的引导，让孩子学会待人处事的方式，成为一个能够应对生活中的问题、能够处理好周围人际关系的懂事的好孩子。

张华今年已经七岁了，但是她很少主动和别人打招呼。有时候在街上走路，看见熟人，她都会躲到妈妈身后，任凭妈妈怎么劝她，她也不开口。

回家后，妈妈耐心地询问张华："你为什么会这样？"张华竟然说："我不习惯，害怕说错话。"

妈妈告诉她:"你只有打破自己心里的固有想法,才会改变自己的行为。"以后,妈妈就刻意带孩子出去,在一次次的鼓励下,张华学会了最基本的交往。

生活中教育孩子的机会很多,只要父母善于利用,就会发挥很好的效果。父母要善于思考,从不同侧面启发孩子,培养孩子的良好品行,启导孩子做事的方法。

方法一:父母要以身作则

家庭是孩子接触的第一环境,孩子礼貌待人的习惯最早也是在家庭中养成的。孩子是父母的镜子,父母的言行都会在孩子的心灵上留下烙印。父母越是能运用礼貌待人的技巧,孩子在和父母的接触过程中就越能模仿。

作为父母,应该认识到自己的言行对孩子的影响,要对孩子起到表率作用,注意自己平时接人待物的礼貌用语和行为。在孩子面前正确地接人待物之后,还要对孩子说出其中应该注意的礼节、礼貌,以加深孩子的记忆。

方法二:多给孩子参加接人待客的机会

许多孩子由于与外界接触的机会少,导致他们不知道应该如何和家人以外的其他人相处。这个时候,父母就要多带孩子接触外面的世界。

带孩子一起参加活动,这是锻炼孩子待人接物的好机会。父母多带孩子参加聚会,并且可以根据孩子在聚会上的表现来称赞或指点他们。

孩子在父母有针对性的教育下,会发现自己在接人待客中的优点和缺点,从而更好地完善自己的言行举止。

方法三:提醒孩子应该遵守的礼仪

父母和孩子接触最多的时间是用餐的时候,父母可以借助用餐的时间善意地启发和引导孩子学会用餐时得体的礼仪。

首先要鼓励孩子在餐桌上不挑食、偏食,一味地按照自己的偏好兴趣进餐，就会显示出孩子自私、缺乏自制力的缺点；饭前饭后都要让孩子做些力所能及的事情，比如饭前饭后帮父母收拾餐具；还要教育孩子尊重长辈，等客人坐下了，才可以动筷子；好吃的饭菜要先考虑到他人；自己吃完了，还要招呼其他人吃等。

此外，还要教给孩子在餐桌上如何适时地与他人沟通，这样既有利于锻炼孩子的口才，又能让孩子深入地了解他人，还可以活跃用餐的气氛。

方法四：让孩子多阅读待人接物的书

父母在教孩子待人接物时，如果将理论和实践两方面结合起来，效果会更好。父母可以在平时给孩子买一些有关待人接物的书，还要让孩子将书中的理论运用到实际生活中，这样会大大提高孩子待人接物的能力。

王茵现在是小学生了，但是妈妈发现她是个很没有礼貌的孩子，就连基本的"谢谢""对不起"等礼貌用语她都不会说，似乎别人帮助她、她做错事都是理所应当的。

妈妈察觉到这一点，便给她买了很多关于待人接物的图画书，耐心地和她一起阅读。王茵在书中学会了待人接物的基本规则，身边的朋友也多了起来。

教给孩子待人接物，可以从礼貌地对待家人开始，比如为父母端茶倒水；也可以从对待老师和同学开始，比如见到老师主动问好等。

孩子懂得并做到了这些，生活中就会多一些待人接物方面的和谐，还会得到更多人的夸奖，孩子也会因此更加快乐。

关爱他人——温暖别人，也快乐自己

真正的关爱是发自内心的，能给人带来温暖。会关爱他人的孩子，在生活中也是一个对他人有同情心、对父母能尽孝心的人。

在良好的教育环境影响下，一个只有两三岁的孩子，也会做出一些简单的关心他人的举动。他们会以极大的兴趣和热情来为父母做一些事，也会对受欺侮的小朋友示以笑脸，表示安慰。

这些都是孩子爱心、同情心的萌芽，再加上父母正确的教导，孩子在幼年时期就能表现出对他人的关爱之心。

父母在平时要多给孩子提供一些为别人服务的机会，不能事事都秉承服务好孩子的理念，不要让孩子觉得父母对自己好是理所应当的。

如果只是为了孩子高兴，什么事都由着孩子来，只会培养出孩子的自私行为，让孩子只在乎和关注自己的利益，不懂得关心他人。

周六，妈妈生病了，让爸爸为陈赫买早点吃。陈赫不高兴，他想吃妈妈做的包子，爸爸便对他说："妈妈病了，我们要关心她。现在妈妈还不能太劳累，我们不要吵她了。"

陈赫便和爸爸一起出去了，并为妈妈买回了豆浆。爸爸要加班，便把照顾妈妈的任务交给了陈赫，还嘱咐他："你要像个小男子汉啊，要把妈妈照顾好了。"

陈赫点点头，妈妈看到儿子的样子，也觉得开心极了，便对他说："儿子，你能够帮妈妈倒杯水吗？"

第六章
社交的好习惯：帮孩子拥有现在和未来

陈赫愣住了，想了一会儿，便开始笨手笨脚地忙活了起来。当他把水端给妈妈时，有一半都洒出去了。妈妈接过水，说道："陈赫真乖，都会照顾妈妈了。"

陈赫听完，竟然有点害羞了。

关爱他人是可以培养的，一个充满温情的家庭氛围对于培养孩子的爱心，会起到很好的潜移默化的作用。如果让孩子生活在一种恐惧、仇视的环境里，是培养不了孩子关爱他人的品质的。

孩子不懂得关爱父母，与父母没有让孩子一起分担家庭的挫折和坎坷有关。不少父母对孩子过于保护，在外面再苦再累也不让孩子知道。

如果父母觉得这样做可以保护孩子的心灵不受到冲击及伤害，那就错了，一个不会疼爱父母的孩子，怎么会得到更多人的疼爱呢？

关爱他人是一种良好的行为习惯。让孩子养成这种习惯，不仅父母是受益者，孩子以及与之相处的人都是受益者。让孩子学会关爱他人，让这种爱的温暖伴随着孩子健康成长吧！

方法一：以身作则，给孩子当好榜样

好的家庭环境，才会培养出有爱心的孩子，父母要注意以身作则，教孩子学会关爱他人。

王敏的妈妈是个热心的人，谁有困难就会给谁帮忙。邻居是一位六十多岁的独居老人，妈妈便经常带着王敏去和老人聊天。见到有需要帮忙的事，也是尽量帮助老人做。

看到妈妈这么关心他人，王敏也深深地受到了影响。平时，王敏在学校就是一个特别热心、能帮助人、会关心人的孩子，老师和同学们都很喜欢她。

关爱人也是需要大环境的滋养的，父母要给孩子做好这方面的榜样，为孩子建立一个良好的家庭和邻里生活环境，孩子自然也会在父母的影响下成长为一个具有关爱之心的人。

方法二：家庭成员之间要相互关爱

家庭成员之间良好的关系，是培养孩子学会关爱他人最肥沃的土壤。给孩子一个温馨的家庭生活环境，也是培养孩子成才的关键。

父母平时要多关心对方、关心孩子，给孩子营造一个充满爱的家庭生活氛围，让孩子的身心茁壮地成长。

方法三：让孩子学会换位思考

换位思考，在生活中的很多事情中都可以用到。通过换位思考，孩子可以更清楚对方的意图和处境，从而能够体会到别人的情感，主动关心别人。

陈连和灵灵一起下围棋，每次灵灵吃下陈连的棋子时，陈连的脸色都会很难看。爸爸在一旁看着儿子的表情，就知道孩子对胜负过于在意。

爸爸便给他指点说："你要学会换位思考，如果你看到灵灵板着脸，你会高兴吗？还会愿意和她一起下棋吗？"

陈连听了，点了点头，心情也变得好起来。

如果孩子不愿意去换位思考，就不知道别人是怎么想的，或者需要什么，又怎么会去关心需要帮助的人呢？

方法四：给孩子为别人服务的机会

很多父母埋怨孩子不懂得关爱别人，其实有时候是父母剥夺了孩子为别人服务的机会，让孩子养成了只顾自己的坏习惯。

父母平时要多给孩子提供一些为别人服务的机会，让孩子也能在奉献中找到快乐，从而学会关爱别人。

学会倾听——让孩子把倾听内化为习惯

学会倾听是一种智慧、一种修养，更是一种美德。在倾听中，孩子能打开一扇扇心门，触摸到一个个真实、璀璨的生命。

学会聊天的第一步是倾听，一个人哪怕巧舌如簧、舌绽莲花，他也不一定能有好人缘。因为好人缘不是说出来的，而是听出来的。倾听是一门艺术，更是一种对倾诉者的尊重、重视，是珍惜对方、信赖对方的表现。

生活中总是缺乏善于倾听的人，大家都在忙于表露心迹，极力想让人明白自己，却忽略了去倾听对方的谈话、理解对方的心境。

孩子在学习倾听时，能够了解到事态最真实的一面，了解到倾诉者最真实的一面。孩子学会识人察事才能办好事，才能掌控事态的主动权。

谢然太活跃了，总是安静不下来，哪怕与人交谈时，他依然会十分忙碌，似乎有太多的事要做，这些事让他无法静心听别人说话，所以大家都不太喜欢他。

有一天，班里来了位新同学小艺。他的声带有问题，说不清楚话，但朋友却特别多，这让谢然很不理解。

妈妈告诉谢然："小艺我见过，上次我和她妈妈说话时，他在一旁耐心地倾听，你要是能像他那样，就会有很多朋友了。"

谢然这才恍然大悟。

好人缘的得来，是因为对方觉得孩子可以信赖，愿意将自己的麻烦、秘密说出来，让孩子为他分担。

孩子只有用心地把对方的顾虑、忧愁都理解透了，并给予安慰、建议，才能慢慢靠近对方。每一份友谊的获得，都离不开信赖与倾听，如果缺少了倾听，那么友谊将难以持续。

有人愿意向孩子倾诉，是孩子的福气，不要让孩子把它当成麻烦。父母要让孩子明白，做一个耐心的倾听者是人际沟通的关键。

在倾听、聊天中，双方的不良情绪都能得到化解、转移，有利于身心的健康。同时，在倾听和聊天中，双方又都收获了经验、教训，找准了前行的方向。所以，父母要教孩子学会倾听。

方法一：要尊重对方，愿意倾听

孩子与人聊天时，愿意做一个倾听者，就是对对方的一种尊重。这表明自己愿意客观地考虑对方的看法，让倾诉者觉得自己的话得到了重视。同时，父母要教孩子鼓励对方先开口，培养出一种开放、倾听的谈话氛围。

孩子在倾听时，要学会观察，许多信息会通过非语言的形式来传达，例如姿态、眼神、口气、语速等。孩子能够关注到这些，及时弄清对方的意图，才能将谈话推向一个高潮。

同时，父母应教孩子在倾听时要抱以自然的微笑，注视对方的眼睛，不时点头应允，向对方传达自己愿意倾听的信号。

方法二：切忌随意打断对方的话

如果不是非常必要，不要随意打断对方的谈话，因为随意打断对方的谈话是一种不尊重他人的举动，会影响对方的谈兴。孩子经常打断倾诉者说话，会让对方觉得他个性激进，不礼貌，很难沟通，不是一个好的交流伙伴。

王普常被妈妈训斥，因为他总是无故打断别人的谈话。每一次妈妈谈兴正浓，他会插进一些无关紧要的话，然后自顾自地说开去。

有一次，王普兴奋地向妈妈诉说一件事情，妈妈故意多次打断他，让他觉得很气愤。等到聊天结束时，妈妈问他："你以前总是打断我的话，这次我打断了你的话,有没有让你觉得很恼火?"

王普点点头,似乎明白了妈妈的用意。

孩子与人聊天,也应适时提出切中对方谈话要点的提问及感想,这是在响应对方的说法。但是,不要直接插话,要等到对方谈话暂时结束时,再迅速切入自己的谈话。

方法三:注意抓取谈话中的关键词

父母要教孩子在与他人聊天的过程中善于抓取关键信息。

人际交往中,孩子只要能够透过这些信息,迅速明白对方的兴趣点所在,并响应这种关键信息,才能马上提高对方的谈话兴趣,让交流走向更高的层次。

方法四:用开放的心态对待他人的观点

父母应告诉孩子,聊天过程中除了要一直用心听以外,还要尊重对方的想法。孩子可能不同意对方的观点,但要有开放的心态,否则,就很难被对方接纳,无法使人际关系走向真正的融洽。

聊天过程中无法接受对方的观点,会错过很多合作的机会。如果不能用开放的心态对待对方的观点,倾听时的表情、动作就会流露出反抗、反对的信息,这会让谈话者不舒服,自信度下降,进而导致谈话不愉快的结束。

满怀感恩——感恩能为孩子赢得更多帮助

感恩，是一种美德，也是一种处世的智慧。孩子只有学会了感恩，才会拥有积极的人生观和健康的心态；只有学会了感恩，才不会怨天尤人，才会懂得爱别人、爱自己，才会受人尊重，才会离成功越来越近。

由于现在的大多数家庭都只有一个孩子，所以很多父母都对孩子特别娇惯，什么家务都不让孩子做，什么好东西都留给孩子一个人吃，什么困难都代替孩子去解决。

天长日久，孩子养成了衣来伸手、饭来张口的习惯，并且认为父母这样做是理所当然的，没有对父母表现出一点感恩的意思。

妈妈对李娜十分疼爱，事事替李娜做好，从没让李娜帮自己做过家务，即使是端饭、倒茶之类的事情，也没有让她做过。而李娜也认为，妈妈这样做是理所当然的。

有一天，妈妈累得不想动，就叫李娜给自己倒一杯水，没想到李娜头也不回地说："你自己倒吧，没看见我正在看电视吗！"

妈妈有点震惊，她怎么也没有想到，自己一心照顾女儿，事事为她想到、做到，现在女儿连一杯水都懒得给自己倒。

父母对待孩子无私奉献，不求任何回报，对孩子知恩不报的行为也能原谅，但孩子终究要走出家门，走向社会。社会是一个大家庭，是一个需要分享与感恩的集体。如果没有感恩的心，就不知道去回报别人对自己的好，他人帮助自己，也视若无睹，没有一点感激之情。这样的人只会索取，而且没有满足的时候,时间一长,别人就会与他疏远,使他成为孤家寡人。这样的人不要说事业有成,就连真心的朋友也不会拥有。

因此,父母应该从小注重对孩子感恩之心的培养。首先,要让孩子去做一些力所能及的事情,使孩子体验到做事情的辛苦;其次,要使孩子意识到父母也需要他人的关心、爱护;还要营造一个和谐的家庭氛围,当孩子帮父母做事后,父母应表达谢意;父母为孩子做事,也要让孩子知道体贴和感谢父母。

父母要让孩子从小学会对长辈的养育感恩,对老师的教诲感恩,对朋友的帮助感恩,对世界上美好的东西感恩。

所以,父母应从小放手让孩子自己做事,培养孩子的感恩之心,这样美德就会伴随着孩子,孩子的一生都将因此而快乐。

方法一:培养孩子的感恩心态

拥有感恩的心态是孩子能够养成感恩他人的习惯的前提。因为拥有感恩心态的孩子,才能珍惜自己拥有的东西,才能学会去感谢生命中那些需要感谢的事物。

谢昊然很懂得关心家人,常常帮妈妈做一些家务活,而且非常孝敬爷爷奶奶。当谢昊然刚会认字时,妈妈就教他学说"谢谢",让他学会感恩。

在妈妈有意识的培养下,谢昊然从小就拥有一颗感恩的心。他觉得只要自己从别人身上学到或者得到了什么,就应该感谢他们的给予。

因此,父母应该从小培养孩子感恩的良好心态,让他们意识到能够过上今天的生活是非常不容易的。

方法二:让孩子学会感恩生命

感恩生命是感恩的开始。一个孩子如果不懂得感恩自己的生命,不能意识到自己能够拥有生命是一件值得感谢的事情,那么他也就不能意识到父母、亲人对自己的付出。

不懂得感恩生命的孩子，也难以真正爱惜自己的生命，遇到困难或者挫折时便容易轻生或者放纵自己。

父母应该指导孩子学会感恩生命，珍惜生命，这样可以使他们遇到困难或者挫折时奋发图强，不自暴自弃。因此，父母应该从小让孩子学会感恩生命。

方法三：让孩子学会感恩生活

生活的确存在许多不公，但是孩子是否想到自己拥有的东西比起一些人来说，已经多太多了。因此，父母应该告诉孩子不要抱怨生活，应该感谢生活赐予的一切，并努力改变自己所能够改变的不足。

只有懂得感恩生活的孩子，才能珍惜生活赐予他的东西，他才可能过得快乐和满足。因此，父母必须指导孩子养成感谢生活的习惯。

方法四：让孩子学会感恩亲人和朋友

许多孩子认为亲人、朋友对自己的付出是理所当然的，根本不需要感谢。许多父母也表示，自己对孩子好并不要求他们感谢。

但是，让孩子学会感恩亲人和朋友具有比这更重要的意义。孩子只有学会感恩亲人、朋友，才会知道珍惜亲人、朋友的付出，从而更好地生活。

因此，父母应该有意识地引导孩子意识到亲人、朋友对他们的付出，鼓励他们学会感恩亲人和朋友，例如父母可以鼓励孩子向家人说一句"谢谢"或"辛苦"等。

心胸豁达——心胸宽广一些，朋友便多一些

宽容是一种美德，心胸豁达的人是懂得宽容的人。美国文学家爱默生说过，宽容不仅是一种雅量、文明、胸怀，更是一种人生的境界。

心胸豁达就是具有包容的精神，是对人对事宽容、不狭隘。心胸豁达是一种很珍贵的品质，心胸豁达的孩子往往心地善良，能够理解别人的难处，宽容别人的过失，逐步培养自己的爱心基础。

心胸豁达也体现了一个孩子的教养和自身修养。理解别人的短处，才能与人为善；宽容别人的优点，才能激励自己不断进步。

辛艳是个漂亮的小女孩，但心胸狭窄，只喜欢听到大人的夸奖，只要一受到批评就会哭闹不停。

这天上课时，老师夸奖了萌萌，说她舞跳得好。辛艳非常气愤，把萌萌的课本扔到了地上，以发泄心里的不满情绪。

不仅如此，辛艳回家后既不吃饭，也不说话，觉得老师和同学都对她有意见，一定要让父母打电话给老师，让老师向她道歉。

看到女儿心胸这么狭窄，爸爸妈妈很着急，他们越来越为辛艳担心，怕她因为心胸狭窄而无法适应社会。

心胸豁达的人往往有远大的理想和宽大的气度，而心胸狭窄会让孩子朋友少，学习差，做事能力差，会影响孩子的正常学习和交往，严重阻碍其身心健康发展，不利于其健全人格的形成。

现在的孩子多半是独生子女，他们已经习惯了以自我为中心，遇到事情

时，总是先考虑自己，不顾及他人的感受。

父母要让他们学会宽容，变得心胸豁达，而不是因为一点小事就心存怨恨，伺机报复。父母要让孩子知道，宽容别人其实就是善待自己。

研究表明，心胸豁达的人比心胸狭窄的人更加长寿。作为父母，要意识到心胸豁达是孩子身心健康发展的保证，并努力让孩子做个心胸豁达的人。

方法一：给孩子做好宽容的示范

父母心胸豁达并不是对孩子百般迁就，而是要求父母分析孩子的心理，宽容地对待孩子的错误，给孩子改正的机会，这样既能教育孩子，又能树立自己在孩子心里的形象。

沙峰九岁了，正是贪玩的年龄。这天放学后他去打游戏，结果玩得过了头。回到家时，妈妈已经做好饭等着他了，沙峰只好撒谎说自己去邻居李林家写作业了。

第二天，李林告诉他，昨晚沙峰妈妈去他家找沙峰，可是没有找着。沙峰这才知道，妈妈早就知道自己说谎了，他很受感动。

在与人相处的过程中，沙峰也像妈妈一样，尽可能宽容别人的过错。

同时，父母要提高自身的修养，给孩子提供效仿的榜样。父母对他人热情、谦虚、大度的处事风格和行为习惯是对孩子最好的教育，会在潜移默化中培养孩子尊重别人、善待别人的品质，从而使孩子心胸豁达。

方法二：让孩子意识到心胸狭窄的危害

心胸狭窄的人没有健全的人格，容易失去朋友。父母要让孩子意识到，不会体谅别人的人也不会得到别人的体谅。一旦孩子养成蛮横、自私、斤斤计较的坏习惯，就很容易被朋友疏远，难以适应社会生活。

父母要鼓励孩子走出自己的小圈子，原谅别人的缺点，宽容别人的优点，做心胸豁达的好孩子。这不仅是为了帮助孩子处理好与同学、朋友的关系，更是为孩子将来在社会上的发展奠定基础。

方法三：教育孩子正确处理和伙伴之间的矛盾

父母要多创造机会让孩子与伙伴交往，使之从中得到锻炼。孩子能与伙伴和谐相处自然很好，但即使有些不愉快的体验也不是坏事。

人和人之间肯定会有摩擦，孩子与伙伴有了矛盾，父母应引导孩子反思起因，检讨自己的过失。同时，还要让孩子宽容伙伴的缺点与失误，站在对方的角度看待问题。

这样一来，就能让孩子深刻体会到只有心胸豁达、宽容谦让才能享受玩耍的快乐，才能赢得别人的友谊，以此来培养他们的开阔心胸。

方法四：让孩子"拥抱"大自然

大自然是一本永远也读不完的教科书，它的博大与雄浑可以让孩子心胸豁达、心情愉悦，进而使孩子产生宽容之心。

时间允许的话，父母应该多带孩子出去走走，让孩子投入大自然的怀抱中；时间不充裕，也可以带孩子到附近的公园、动物园里玩一玩，这样也算是亲近一下"小自然"，会对孩子心胸豁达的养成起到积极的促进作用。

正视虚荣——不让孩子被光鲜的外表迷惑

虚荣是一种追求虚假外表的性格缺陷,是一种被扭曲了的自尊心,是腐蚀孩子灵魂的毒瘤。在虚荣心的驱使下,孩子会逐渐迷失自己,也容易扭曲自己的心理。

虚荣对于孩子来说是有害而无益的,它只能给孩子套上一个外表光鲜却又沉重的枷锁,使孩子在人生道路上步履维艰。盲目追逐虚荣不会给孩子带来真正的荣誉,只能使孩子成为自己所夸耀的言语的奴隶。

虚荣心不但会使孩子盲目,骄傲自满,而且也会破坏孩子与他人的关系,使孩子陷入孤立的境地。同时,虚荣心强的孩子也会经常出现各种问题,如为了满足虚荣心经常说谎,或者情绪不稳定、不认真学习、缺乏意志力等。

陆野上四年级了,他和妈妈一样,虚荣心特别强。妈妈工资很低,总是怕别人瞧不起她,整天就想着怎么披金戴银,打扮自己,怎么换大房子、买好车,事事都要和同事、邻居比较。

陆野的长相一般,为了和班上的其他同学争风头,总是要求妈妈给他买各种名牌衣服;他的学习成绩一般,但是为了在别人面前有面子,他总是吹嘘自己在班里是前几名的好学生。

后来,同学们知道,陆野穿的都是假名牌,而他自吹是好学生的言论也被其他同学传到班里,这让陆野感到很尴尬。

但是尽管如此,他依然不改变爱慕虚荣的心理。

爱慕虚荣的心理在孩子中具有普遍性。父母不用太过焦虑，包括成人在内，人们或多或少都存在爱慕虚荣的心理。

现在孩子的成长环境越来越复杂，父母也都想为孩子创造优越的条件来表达他们对孩子的爱，这是造成孩子虚荣的一个主要原因。

父母不要因为疼爱孩子就随意满足孩子的要求，这样会滋生孩子的虚荣心。父母的无意之举会让孩子误入歧途，最终导致孩子价值天平的倾斜。

父母要帮助孩子在心里放一架正确的天平，从小培养孩子追求知识、踏实做人的作风和习惯，让孩子正确认识自我和别人，从小就远离虚荣的侵蚀。

方法一：别让家庭成为孩子滋生虚荣的沃土

家庭对孩子的影响是深远的。社会经济发展了，生活水平提高了，消费水平也随之发生了很大变化，这也导致很多人一味地追求金钱和享受。

父母挖空心思地穿金戴银，缠裹名牌，用来显示自己的富有。孩子在这种家庭环境下成长，必然会沾染上虚荣的习气，将注意力偏离以学业为主而走向追求享乐、奢侈的歧途。

所以，父母要学着节俭，注意自己的形象，为孩子做榜样，不要让家庭成为滋生孩子虚荣心的沃土。

方法二：让孩子了解虚荣的危害

虚荣心强的孩子在成长过程中经常会出现撒谎、情绪不稳定的情况，扭曲孩子的心理的同时还会造成孩子行为上的迷失，这对孩子的成长无疑是不利的。

盲目追逐虚荣不会给孩子带来真正的荣誉和财富，只能使孩子成为虚荣心的奴隶。虚荣心不但会使孩子骄傲自满，故步自封，而且也会影响到孩子的人际交往。

所以父母要让孩子了解到虚荣的危害，同时不要盲目地把自己的孩子和别的孩子做比较，以免滋生孩子为了达到父母的要求而虚荣的习惯。

方法三：引导孩子树立正确的消费观

父母要告诉孩子，与别人攀比，追求物质享受并不意味着有更高的地位和价值。如果父母给孩子的零花钱不加控制，孩子自己可支配的金钱充足，久而久之就会养成虚荣的习惯。

安惠每周都有三十元的零花钱，一般情况下，每周她都有节余。可是最近两周，她的钱都不够花，还要向父母再要。

妈妈发现，安惠把文具全都换成了新的，旧文具全被她扔在了家里。原来，最近班里很多女生都换了新文具，安惠不想落后。

妈妈觉得有必要引导安惠合理消费了。

父母要有效地控制孩子的消费，引导孩子树立正确的消费观，不能为了虚荣购买用不着的东西。同时要鼓励孩子在学习上树立"虚荣心"，而不要把虚荣心用到学业以外的地方。

方法四：帮助孩子树立正确的荣辱观

帮助孩子树立正确的荣辱观，其实就是要教育孩子对所谓的荣誉、地位、面子有一个清醒的、正确的认识。

楚青是个爱慕虚荣的小姑娘。一天，班里一个女同学买了一支名牌笔给大家看，楚青看了一眼说："这有什么啊，我明天背个名牌书包来。"这让她的同学很是尴尬。

回到家，楚青吵着让妈妈给她买名牌书包。问清了事情的原委后，妈妈耐心地教育了楚青，让她认识到了错误。第二天，楚青向同学道了歉。

一个人要注重自己的荣誉，也要讲究面子，但是如果过分追求荣誉和面子，采取"打肿脸充胖子"的方式，这种虚荣心就不可取了，会对孩子身心的健康发展产生阻碍。

换位思考——让孩子养成善解人意的习惯

以自我为中心是儿童早期发展的必然阶段。自我中心意识强烈的儿童，心里只有自己，没有他人，也不懂得换位思考、关心他人。儿童自我中心意识强烈，往往和不恰当的教养方式有关。

孩子从三四岁起，就要认识到自己在家庭中的位置，也就是明白自己所占的份额是多少。孩子要明白，自己在家庭中受到优待，并不是理所当然的，是父母的自我克制和爱。孩子的份额不是全部，而是一部分，和家里的其他人一样。

换位思考需要对他人的情绪有认知能力。看人挑担不腰痛、饱汉不知饿汉饥讲的都是人不懂换位思考。一个人不能迅速感知他人的情绪，就容易忽略他人的感受，不会关心他人。换位思考是一个心理体验过程，将心比心、设身处地，才能与人合作，才能赢得朋友。

周末，王阳和同学李明一起去书店买书。走出书店时，两人被饭店传出来的香味吸引了。王阳想去吃，但李明身上的钱全都买书了。

王阳根本不管李明的心情，径直走进了一家饭店。王阳选了一种面后，对服务员说："他没钱，就我一个人吃。"李明一听愣住了，他没有说话。

一碗热热的面端上来后，王阳头也不抬，就津津有味地吃起来。不到五分钟，王阳就吃完了。他看了一眼汤，问李明："你喝吗？味道挺好的。"

李明生气了，噌地就站了起来说："你对我还真好啊。"说完，不等王阳说话便走出了饭店。王阳一点也没有意识到自己的错误，还责怪李明太小气。

孩子成长的世界，除了自己还有他人。如果孩子只活在个人世界中，以自己的利益、感受为中心，就会走向自私自利，不被人欣赏。换位思考，就是让孩子也能进入他人的世界，与人同喜同悲，收获人心。

孩子的换位思考，对于父母而言是能够孝顺、体贴；对于师长而言，是能够纳善言、尊敬；对于朋友而言，是能够知冷暖，给予他人关爱；对于同事而言，是能够察觉他意，巩固合作。一个不懂换位思考的人，最先出现的危机就是人际关系危机。

和谐、互助的人际互动，需要孩子懂得换位思考。父母想让孩子成为一个有人帮助、有人关爱的人，首先就要让他学会换位思考。

方法一：培养孩子的分享、合作意识

分享、合作是学会换位思考的第一步，父母要注意孩子分享、合作精神的培养。在许多人眼中，帮助他人意味着付出，意味着自我克制。但是，更多的人能从中体味到快乐。

在分享、合作中，孩子能够体察到对方的情绪，学会为他人着想。如果孩子总是独自游戏，就只能沉浸在个人世界里，只从个人情感出发，学不会换位思考。父母要鼓励孩子多与人分享，在共同的游戏、活动中，学会考虑他人的利益，为他人着想。

父母要多带孩子去参加群体活动，让孩子在群体中学会协作、分享。群体活动中有群体压力，孩子为了达成群体目标，就不能只从自己的角度出发。孩子得学会从群体角度、从合作伙伴的角度来考虑，最终达成群体目标。

方法二：别把孩子当全家的中心

孩子最初懂得换位思考，源于体味父母的心意。如果父母把孩子当成全家的中心，就会让孩子眼中只有自己，没有父母。孩子会认定自己就是中

心，就是全部，父母的谦让、关爱是理所当然的。

孩子自认为是全家的中心，就会理所当然地忽略父母的感受，这种行为实际上就是不孝顺。父母要明白，正是由于自己溺爱孩子，才让他们的眼中只有自己。

方法三：示弱，让孩子服务父母

父母要时常在孩子面前示弱，让孩子来保护自己，为自己服务。孩子懂得为他人着想，先从服务父母开始。父母别心疼孩子，因为这是为孩子好。

近日温差变化大，爸爸不小心感冒了。刘小米看到爸爸虚弱地躺在床上，便给他倒了一杯开水。爸爸看到女儿很懂事，也欣慰地接下了。

刘小米常给爸爸帮忙，只要是他需要的，刘小米总会主动提供，旁人也常夸刘小米是爸爸的贴心小棉袄。

父母在孩子面前示弱，是让孩子关注自己，让他能够考虑父母的感受。孩子在服务父母的过程中，会学会如何关心父母，从父母的角度考虑问题。孩子最初学会换位思考，就是从服务自己的父母开始的。

方法四：培养孩子的宽容心，鼓励孩子助人为乐

当他人对孩子犯错后，换位思考能让孩子更具宽容心。人在生活中难免被冒犯，孩子需要学会的是理解，人与人之间的不少谅解，正是建立在换位思考上的。孩子能够拥有一颗宽容的心，也就会从他人的角度考虑问题。

父母鼓励孩子助人为乐，帮助他人，关心他人，就是要他能从对方的角度考虑问题。孩子在付出、克制自己的同时，也学会了换位思考。

与人分享——分享不是失去而是得到

学会与人分享,才会懂得如何来与人合作。现在的社会是一个需要高度合作的社会,需要与人高度分享权利和利益,这也是与人分享合作的本质。

如果不会与人分享,是很难与人真诚合作的。所以说,与人分享是孩子必须学会的一种与人相处的能力。

父母要让孩子学会分享,不要总是苦、累自己承受,而对于孩子却总是过于的保护,这样会让孩子养成不愿与人分享的习惯。

当孩子越来越向自私自利的方面发展时,他也就更不会懂得如何与人合作,从而阻碍自己的发展和进步。

爸爸给王以买了一个新的汽车模型,他非常喜欢这个玩具。可是邻居家的朋朋也想和他一起玩,王以不愿意,朋朋只好放弃。

有一天,王以要玩朋朋的变形金刚,朋朋想都没想,就和他一起玩了起来。王以发现,两个人一起比赛着玩更有意思。

妈妈趁机教育王以:"你看,是不是两个人一起玩更有意思?这就是与人分享的乐趣。你可要做一个会与人分享的人啊。"

王以点了点头,转身便对朋朋说:"上次没有让你玩我的汽车,是我不对。你明天到我家吧,我们两个人一起玩汽车。"朋朋高兴地答应了。

让正处于幼儿期的孩子做到乐于与人分享,不太容易被孩子接受。要想培养孩子的分享意识,就要先从培养孩子的归还意识开始,也就是借了别人的东西要及时归还。能够做到有借有还的小朋友,更能容忍别人来和自己分享东西。

分享之所以会带来乐趣，是因为在与人分享的过程中，孩子感受到了从另一方传递过来的热情、亲切、柔和、友爱。

这些情绪会迅速地传递给孩子，让孩子感受到温暖和快乐。所以孩子要想学会与人分享，让别人乐于与自己分享，就要学会把自己的热忱传递给别人。

父母平时要多给孩子创造一些与人交往的机会，让孩子在与人充分交流的机会中来渐渐学会与人分享。

方法一：让孩子学会悦纳别人

父母要让孩子在平时的生活中，遇到一些有缺陷和困难的人时，能够做到去悦纳别人的缺点，宽容对待别人的错误。

只有诚心诚意地去容纳人和接受人，才会学会与人分享。在孩子与人交往的过程中，要让孩子学会悦纳别人，这是快乐地与人分享的基础。

孩子在平时的生活中，与他人之间发生冲突在所难免。父母要及时地引导孩子，学会宽容大度地处理生活中的这些小事情。

要养成与人分享的好习惯，就不能在为人处世上太过于斤斤计较，这样是难以与人友好相处的。

方法二：平时多让孩子参与群体活动

孩子在年纪比较小的时候，都会很在乎自己的东西，有不想与人分享的毛病。如果父母不及时地引正，就会让孩子的这种缺点发展下去，以后更不好纠正。

妈妈觉得王昂对自己的东西太在乎，便想到了一个好办法，来培养他的分享品质。她买了一些大型积木和拼图，找来了邻里的小朋友，和他来一起玩这些游戏。

几个孩子分好工，不一会儿就摆出了图示中的模型，看着一起努力创造出的"劳动成果"，王易高兴地跳起来了，都不想让小朋友们回家去吃饭了。

所以，父母要在孩子还小的时候，多让他们和别人一起玩一些带有合作关系的游戏，让孩子从小就懂得与人分享。

方法三：帮助孩子选择伙伴

孩子在与同龄人玩的过程中，相互之间的微笑、分享行为以及积极的身体接触，都会对一些比较内向、不善交际的孩子产生正强化的作用。

刘拓是个个性比较内向的孩子，平时话也不多。妈妈便选了同在一个幼儿园里，离自己家比较近的小文，作为孩子的玩友。

小文是个很会关心人又很爱玩的孩子，两家父母也都比较乐意孩子在一起玩。一段时间之后，父母发现刘拓的话多了，还会主动跟妈妈讲一些他们在一起玩时发生的有趣的事。

给孩子找一个好的榜样伙伴，可以让孩子模仿对方，学会与人合作分享，让孩子更快成长。

方法四：纠正孩子的自私行为

父母在看到孩子的自私表现时，不能放任不管，一定要及时批评指正。只有这样做，才能让孩子认识到自己的错误。

如果孩子一时改不过来，父母多指点几次，总是会有帮助的。乐于与人分享的孩子，才可以收获到更多的欢乐和帮助，对其健康成长非常有益。

拒绝嫉妒——嫉妒，伤害别人，更伤害自己

嫉妒是一种不正常的心理现象，同时也是一种发生在孩子身上的不可避免的正常反应。从心理学的角度来看，嫉妒是指对他人优于自己，或者可能超过自己所产生的一种担心、忧虑、害怕或愤怒、憎恨的心理状态。

嫉妒是一种复合情绪，其中包含着焦虑、忧惧、悲哀、失望、愤怒、敌意、憎恨、羡慕、羞耻等诸多不愉快的情绪。

嫉妒情绪在孩子中普遍存在。在嫉妒者的眼里，被嫉妒者的成功仿佛证明了自己的失败，他们的辉煌好像印证了自己的无能，各种优势又似乎在讽刺自己的弱势。

范强在班里的成绩一直不错，可是他从没有考过第一名。班里的第一名经常是李双。范强嫉妒心重，不思考怎么提高自己的成绩，反而想着怎么不让李双考好。

快到期末考试了，范强先趁休息时间偷拿了李双的课堂笔记，又在餐厅偷拿了李双的饭盒，让他不能安心复习。

考试当天，范强的嫉妒心又开始作怪了。他偷偷地拿走了李双的文具盒，害得李双在考试前借笔，被老师训斥了一顿。

范强很高兴，但由于他没有好好复习，加上做贼心虚，考试成绩也很不理想。最后这些事情被揭露出来，大家都不自觉地疏远了范强。

一般来说，孩子的嫉妒心理主要表现在：看到别人的长相、衣着超过自己，学习成绩比自己优秀，便会羡慕、恼怒、痛苦。看到别人得到荣誉、得

到表扬便会愤愤不平，设法阻碍他人成功，或千方百计地去诋毁他人的荣誉等。

嫉妒者有碍于社会进步，不利于人际关系的和谐，不但会增加自己内心的痛苦，还会给他人带来不幸。父母要让孩子意识到嫉妒的危害，并采取措施帮助孩子正视嫉妒，克服嫉妒的坏习惯。

方法一：要让孩子了解嫉妒的危害

每个孩子都希望得到老师的关注，受到老师的喜欢，但由于各种原因，老师可能会偏爱某些学生，这就使一些孩子产生了嫉妒心。

嫉妒对个人、集体和社会均起着耗损作用，是一种对团结、友爱不利的情感。这种缺点如果发展到长大以后，那么孩子就很难协调与他人的关系，很难在生活中心情舒畅。父母要教育孩子正视自己的嫉妒心理，找准差距，迎头赶上，而不是一味地被嫉妒摆布。

方法二：帮助孩子形成正确的自我认识

"金无足赤，人无完人"。每个孩子都有自己的长处和不足。作为父母，要帮助孩子形成正确的自我认识，让孩子远离嫉妒。

周进是个踏实的孩子，但学习成绩不怎么好。他一直在努力地追赶前面的同学，妈妈对此也很认同。

有一次，李阿姨当着周进的面夸奖自己的儿子比周进强，这让周进很难堪。妈妈告诉周进，自己对自己要有个评价，没必要非和别人比较，踏踏实实地学习就好了。

孩子往往不能正确地进行自我评价，甚至当有人说别人好，没说自己好时，就难以接受。他们以为别人取得了成就便是对自己的否定，对自己是威胁，损害了自己的"面子"。

孩子之所以产生嫉妒心理，是因为还不能全面地看问题，不能对自己和他人进行正确的评价，这就要求父母在与孩子相处的过程中，注意让孩子正确地认识自己，评价自己。

方法三：注重培养孩子宽广的胸怀

培养孩子宽广的胸怀，父母就要教育孩子欣赏别人的成功。在孩子面前，父母要经常对获得成功的人加以赞美，并热情鼓励孩子虚心学习他人的长处，积极支持孩子通过自己的努力去超越别人，战胜自己，使孩子的嫉妒心理得到正当的发泄。

父母要教育孩子对于遭遇到不幸的人给予同情，不可纵容孩子幸灾乐祸，以免助长孩子的嫉妒心理。

方法四：教育孩子学会升华嫉妒心理

把握好嫉妒的度，会对孩子的学习起到事半功倍的功效。父母要教育孩子把主要精力放在学习上，学会升华自己的嫉妒心理，让它为自己的成功提供源源不断的动力。

父母可以建议孩子为自己设定一个近期的奋斗目标，并鼓励孩子为之努力，在不断拼搏的过程中，孩子会取得很大的进步，嫉妒心理也会烟消云散。

第七章 思考的好习惯：最影响孩子前途的因素

勤于思考——提高孩子的知识和智力水平

在学习和成长的过程中，勤于思考是很重要的一点，不然孩子在学习中就会陷于被动。不会思考的孩子觉得只要自己认真地听老师讲课就可以了，接受到的只能是老师加工过的知识。

这样的孩子不懂得反思，没有自己独特的见解，习惯了去接受老师嚼烂了的知识。这样一来，就很容易形成思维定式，很难有新的突破。

每个孩子的思维都有一定的差异性，父母要注意和留心到这种不同，给予孩子更多的思考空间和机会。

很多父母没有耐心去听孩子的提问，总是在孩子刚一提出问题时，就轻易地否决掉孩子的发言。这是对孩子主动思考的一种打击，没有对孩子的积极思考给予鼓励。

许民上课听讲特别认真，老师说的每一句话，他都不放过，课后作业也认真做。他觉得，这就是思考的过程。但是，许民这么认真地听课，学习成绩还是不太好。

妈妈从老师那里得知，许民在听课时太紧张了，而且没有进行独立的思考。于是妈妈便找机会开导许民："老师建议你多思考，以后放学后你可以和同学们讨论讨论学习的内容，刺激大脑思考。"

许民点了点头。他也认识到，讨论的过程就是一个思考的过程，不会思考，就不是真正有效的学习。

父母对孩子独特性的重视不够，不论是在学习还是生活中，都支持统一和规范的答案,这是不利于孩子形成勤于思考的习惯的。孩子偶尔提出了新奇的观点时,大多数人也是抱着一种看热闹的心态来看待,这也不利于孩子形成勤于思考的习惯。

孩子养成勤于思考的习惯,有利于他们创造力和思维能力的提高。在以后的生活中就不会盲从别人的言行,从而努力做一个有主见、能独立做决定和判断的人。

但是,由于从众心理的影响,越来越多的孩子愿意做大家都能接受的"懒人",不想去过多地展现自己的独特见解,父母一定要想办法培养孩子勤于思考的好习惯。

方法一:重视孩子的"为什么"

孩子平时喜欢问"为什么",是因为他们的好奇心比较重,父母要注意对孩子的好奇心进行保护,因为这是孩子积极思考的结果。

胡言今年四岁了,每天向父母提的问题特别多。他一见到什么稀奇的东西,都要拉着爸爸妈妈问个没完。

但是,爸爸妈妈一点也不觉得烦,认为这是孩子独立思考的表现,所以每次都认真地进行回答。胡言的好奇心得到了满足,还学会了很多的知识,越来越乐于思考和发现了。

父母重视孩子提出的"为什么",就是在培养让孩子努力开动大脑、思考问题的好习惯。一个不会独立思考问题的人,只能是一个残缺的人。

方法二:学会问孩子"为什么"

平时,父母要有意识地多引导孩子去动脑筋想问题,多问孩子几个"为什么",让孩子自己说出答案。

只有让孩子养成思考的习惯,他们才能成为有独立的思考能力和判断能力的人。不要让孩子对别人一味地盲从,这样不利于他们找到最适合自己发展的道路。

方法三：教孩子掌握思考的技巧

父母从小就要引导孩子多用脑，积极开动他们的脑筋，使他们把用脑思考当成一种习惯。思考也是有技巧的，父母要多学习，然后教给孩子。

比如，可以教孩子将以前的知识和遇到的问题联系起来，学会将类似或相反的事情放在一起思考，或是采用逆向思维方式，从中找到解决问题的有效方法。

方法四：提升孩子分析问题的能力

父母要教育孩子多动手，有意识地培养孩子分析问题的能力，因为分析问题的过程就是一个思考的过程。

王超的爸爸妈妈很重视培养他分析问题的能力，这使他遇到问题时不会和其他孩子一样不知所措，而是会认真地分析问题出现的原因和用什么方式解决问题。

有一次家里的电视没有影像了，妈妈就鼓励王超自己解决。经过一番检查，王超发现是插座短路了。把学过的知识用于生活后，王超分析问题的能力也得到了提升。

当孩子通过自己的分析解决了问题后，在享受成功的同时也会体会到思考带来的乐趣。这样一来，孩子在今后的生活和学习中遇到难题时就会不断地去思考。

方法五：培养和训练孩子的创新思维

学习不是单纯地借鉴他人的知识，而是把知识内化为自己的东西，这就需要孩子具备创造力了。孩子的创造力对敏感性、畅达性、变通性和独创性有很高的要求，不过，在游戏中孩子就可以学到这些东西。

父母不必给孩子买昂贵的玩具，可以在日常生活中的简单活动中把孩子引入有创意的世界，以此来培养孩子在学习中不可或缺的创造力。

爱上阅读——让孩子储备丰富的知识

书是我们了解自我和世界的一种很好的工具,书也被称为智慧的源泉、人类社会进步的阶梯。让孩子爱上阅读,就是让孩子掌握了一种快速接近和掌握知识的方式。

在孩子的业余活动中,最能够使他们的心灵得到解放的活动就是阅读。让孩子从小养成爱读书的习惯,可以让他们为以后的学习打下良好而又坚实的基础。

刘勇的语文学得很差,妈妈发现这主要是他不喜欢阅读造成的。每次老师布置写作文时,都是他最痛苦的时候。他总觉得自己脑子里一片空白,完全没有词来表达自己的意思。

刘勇喜欢看动画片,为了增加他对阅读的兴趣,妈妈就给他买了一些和动画片有关的书籍。慢慢地,刘勇不再排斥读书了。

有一次,刘勇在班上和其他的同学谈论书和电视的区别,赢得了老师和同学们的赞扬,这让他更加喜欢阅读了。

通过阅读,刘勇的识字能力和词汇储存量都得到了增强。现在,刘勇不怕写作文了,他写出的作文还常受到老师的表扬。

现在的图书种类比以前更加丰富,父母一定要利用好这一优越的资源。在孩子成长的不同时期,父母应该为孩子挑选一些适合他们阅读的好书。这样既可以增加和扩充孩子的知识面,又可以让孩子的情感世界得到充分的发展。在选择图书时,父母要多为孩子挑选一些经济实用的书籍,同时还要注重书籍内容的质量。

孩子的阅读是从听故事开始的，在孩子年纪还小的时候，父母就要有意识地多给孩子讲故事。父母可以让孩子先喜欢上听故事，然后再鼓励他们去读各种各样的故事。在孩子能够自己阅读，不再满足于听大人讲故事的时候，就要多给孩子添置书了。

喜爱读书，对孩子来说是一种好习惯。随着现在电视和电脑的普及，培养孩子的阅读习惯也显得更加重要和迫切。快餐文化和快餐消费不利于孩子思考，因此父母要从小培养起孩子爱好阅读的习惯。

方法一：用好的阅读氛围激发阅读兴趣

父母要给孩子创造一个爱好阅读的生活氛围，积极地培养他们热爱阅读的习惯。如果父母总是看电视和电脑，孩子也不容易养成阅读的习惯。

李明平时不喜欢读书，只喜欢看电视和玩游戏。看到妈妈每天看书，李明也想看书了。于是，妈妈就让他自己去书店里选书。

李明第一次走进书店时，一下子被其中的一些书给吸引住了，他发现书里面有许多电视、电脑上没有的故事。在妈妈的鼓励下，他买了一些自己喜欢看的书，回到家就认真地读了起来。

可以说，父母给孩子营造的阅读氛围对于培养孩子的阅读习惯影响很大。父母在看书的同时，也可以多带着孩子去逛逛书店，这样也就让孩子有了可以接触到最新的而且吸引孩子眼球的书的机会了，就能逐渐把孩子引向书的世界。

方法二：教会孩子阅读的方法

父母可以教给孩子一些阅读的方法，例如读小说时应该注意把作者的写作背景和意图了解清楚，关注故事情节的变化、发展等；而读散文则应该了解作者是因为什么原因而发出的感慨，了解作者所处的环境也就是写作背景，从而了解作者想要表达的思想感情等。

同时，父母还可以让孩子养成记读书笔记的好习惯，这不仅可以让孩子对书本有更深刻的认识，也有利于孩子掌握书本中的重要知识。

方法三：根据年龄段为孩子选择书

父母应该根据孩子的年龄段为孩子选择适合他们阅读的书。当孩子刚开始读书或者还未到学龄期时，父母可以给他们购买一些连环画册，因为这些画册可以激发孩子的学习兴趣，而且生动形象，孩子容易看懂。

等孩子进入小学后，父母就可以给孩子买一些简单的科普书和童话书了。到了五六年级，孩子就可以阅读一些简单的小说了。

父母为孩子选择适合他们年龄和阅读水平的书，可以使孩子热爱阅读，从阅读中有所收获。

方法四：鼓励孩子多读一些杂书

对学问最高的评价是渊博，也就是要求孩子尽可能多地读书，拥有多学科的知识，而且要求有一定的深度，只有这样才能称为"学问大家"。

崔封很爱读书，除了看一些经典名著之外，也看一些畅销书、热门小说。父母认为这些书能从不同方面帮助孩子了解人生，因此非常支持他的做法。

通过阅读这些书，崔封发现自己的视野开阔了，思维能力也增强了，而且能更客观地看待这个世界了。

因此，父母千万不要觉得让孩子看一些杂书不好，这其实也是扩大孩子知识面的一个好方法。当然，那些包含低级趣味而且对孩子身心健康有害的书，是不能让孩子接触的。

细心观察——深入认识事物的必经途径

孩子若对某一事物进行观察，那么其中必定有让他感兴趣的东西存在。孩子在观察中有了兴趣，因兴趣开始思索，在思索中开始学习、成长。

孩子的观察力要在父母的培养下才能发展起来，如果方法不当，就会妨碍到其观察力的发展。父母要培养孩子的观察力，一定要会诱发孩子的观察兴趣，提高他们观察的积极性和主动性。

如果让孩子观察的对象十分简单、熟悉，就会使孩子对观察产生厌倦感。当然，观察对象也不能太陌生、复杂，让孩子产生紧张和回避心理。

父母在培养孩子观察力的过程中，要遵循一个由易到难、由简到繁的过程，让孩子按一定的顺序和方法进行观察。

李友去上学时，发现眼前白蒙蒙的一片，便问妈妈："为什么我眼前白蒙蒙的？为什么我什么都看不清楚？"

妈妈看了李友一眼，便说道："这是雾。"

李友又开始问："那什么是雾呢？"

妈妈便对她说："你自己看吧，能看到有很多小水珠浮在空气中，这就是雾的样子。你看完了，再告诉妈妈。"

李友听了，看了一会儿，还是看不见水珠，妈妈便说："你要用心、仔细地观察才能够看到啊。"

李友有点儿不耐烦，兴趣点又转到了其他的地方。

父母让孩子观察的内容要适合孩子的知识水平，而且观察的对象要先确定下来。李友妈妈的做法不当，让李友犯了迷糊，不知道该怎么来观察和表述。

观察力是思维的触角，要想培养孩子良好的观察能力，就要让孩子的观察任务具体化，让孩子从表面现象或一些隐蔽的现象来发掘出事物的本质。

在观察时，父母要帮助孩子制订好相应的观察计划，不要漫无条理地让孩子投入观察中。否则是不利于孩子观察能力的提高的。

由于每个孩子的观察敏锐性不同，所以要培养孩子对观察的浓厚兴趣，锻炼孩子敏锐的观察力，让孩子在自己特别感兴趣的领域，进行细致、持续、系统的观察，这样可以使孩子的观察更有目的性、持续性、概括性。

方法一：诱发孩子的观察兴趣

如果父母给孩子提供的观察对象过于简单和熟悉，就很难引起孩子的观察兴趣，而且容易让孩子产生厌倦心理。

王聪的妈妈听别人说培养孩子好的观察力很重要，就让王聪也学习观察一件事物。她从厨房里拿出了一个西红柿，对王聪说："你就好好地观察它吧，要认真仔细，然后写一篇五百字的作文交给我。"

妈妈走后，王聪开始对着这个西红柿发呆了。他在本子上写下了两个词：颜色鲜红、形状椭圆，就再也不知道该怎么写下去了。

父母要给孩子一个具有一定的新奇性、复杂性的观察对象，这样才能诱发孩子的观察兴趣，吸引孩子的目光。

方法二：教给孩子初步的观察方法

对年纪比较小的孩子，在鼓励他们进行观察的时候，父母一定要教给他们一些初步的观察方法。

李玉的妈妈想培养孩子的观察力，就对她说："你去观察一下家里刚养的那盆兰草花。从下往上看，先看花盆，再看花叶子，再到花，重点看花。"

在妈妈的指引下，李玉对这盆花有顺序、有重点地进行了仔细的观察，而且他还根据自己的观察写了一篇日记。

在父母的指导下，孩子就可以有目的、有顺序地对观察对象进行观察，从而抓住事物的独有特征，并能够用相应的语言描述出来。

方法三：父母要先了解观察对象

父母要让孩子去具体地观察一件事物，自己先要全面地掌握有关的知识和技能，这是所有教育的第一步。

父母要先充实自己，以保证稍后讲给孩子的知识是正确的，对孩子的提问也能从容应对。如果被问倒了，切不可信口开河，搪塞孩子。

方法四：教孩子在观察中抓特征

要想培养孩子好的观察能力，就要培养孩子在观察中抓住事物的特征。

张海的妈妈今天给他找来了两幅画，一幅是一个长方形的，另一幅是平行四边形的。妈妈让张海说出它们之间有什么区别和相似的地方。

张海认真地看着这两幅图，看了一会儿，张海高兴地告诉妈妈："它们都有四条边，但是角不一样大。"妈妈听后，对他说："你真棒。"

最好的训练方法，就是拿出两个相似的事物让孩子来识别和辨认，比如让年纪小的孩子来分清哪个是苹果，哪个是橘子。这种训练有助于培养孩子的观察力。

超强记忆——给孩子一个最强大脑

"没有记忆力的脑袋,等于没有警卫的要塞",这句名言讲的是记忆力的重要性。对于孩子的学习而言,记忆力也就显得更加重要了。

拥有良好的记忆能力,对于孩子的学习来说,无异于如虎添翼,而且也可以使孩子在学习中比别人更有效率,花更少的时间学习到更多的知识。其实,对知识的掌握程度也反映在对知识的记忆程度上。

父母要在孩子的记忆问题上树立正确的态度,不要认为记忆力的好坏完全受基因的影响,或者认为是孩子不用心造成的。父母要认识到,通过一定的训练,孩子也可以提高自己的记忆力。

张小英最害怕的事情就是背课文了,她每次都一遍一遍地读着要背的课文,但是记住的却很少。有时候读了快半个小时,十个句子却只记住了两三句。

爸爸妈妈认为张小英的记忆力太差,只能看着张小英干着急。

平时生活中,张小英的记忆力很不错。爸爸妈妈跟她叮嘱了什么事,她都能够记得清清楚楚的。但每次到了要背诵课文的时候,她就开始犯难了。

后来,爸爸妈妈意识到,这是由于张小英的记忆方法有问题。但是,他们却不知道该如何来提高孩子的记忆力。

正确的方法是成功的一半。很多孩子不是记忆力差,只是没有掌握正确的方法。父母要根据孩子的年龄、兴趣、个性来帮助他们改善记忆力。

记忆方法是多种多样的,有理解记忆法、形象记忆法、练习记忆法等。

父母要把孩子领入记忆方法之门，让孩子知道还可以用这么多有效的方法来增强记忆。

树立孩子对记忆力的信心很重要，要让孩子养成良好的学习习惯，平时注意丰富孩子的生活经验，还要教给他们一些简单实用的记忆法。

只要遵循认知规律，用科学的方法来记忆知识，积极地调动自己的主观能动性，就可以用最快的速度提高记忆力。

方法一：让孩子明确记忆目标

要想培养孩子好的记忆能力，就要会给孩子安排记忆进程。父母可以帮助孩子把长远的记忆目标分成若干个记忆小块，然后落实到具体的每一天。

胡志的爸爸妈妈准备送他出国深造，要求他学好英语。英语单词量很大，爸爸妈妈便给他制定了明确的近期记忆目标。

胡志记忆单词先从跟生活密切相关的名词开始，这样能感受到学习的乐趣。等生活名词记得差不多了，再开始记一些简单的动词、形容词、副词，这也让他感觉到学习英语很有意思。

在将目标细化后，孩子就容易完成。任务完成后，父母就会发现孩子有了信心，记忆也有了效果。

方法二：让孩子在理解的基础上记忆

孩子每天接触的信息太多，为了让孩子能够用有限的时间记住最需要的东西，父母就要教会他们思考，在理解的基础上记忆。

刘芬平时不喜欢记英语单词，总是读了十几遍，才勉强地把词和意思记下来，而且记得不是特别牢。

爸爸知道后，就让刘芬用阅读短文的方法来记单词。刘芬每天读一篇大概含有十个生词的英语短文，然后在理解的基础上记生词。

一段时间后，刘芬的记忆力大大增强了。

父母要明白，孩子如果通过积极的思考，在达到深刻理解的基础上对记忆对象进行记忆，会比死记硬背的效果更好。

方法三：教会孩子利用直观形象进行记忆

在教孩子记忆时，尤其在教年幼的孩子记忆一些生活中基本的常识和物品时，父母可以采用直观记忆法。

实物能让孩子产生深刻的印象，而且还能够让孩子从中找到记忆的乐趣，让孩子喜欢去认识新东西。

方法四：教孩子记东西时集中注意力

孩子在记东西的时候如果能排除心中的杂念，集中精力，就可以把自己完全放在所要背诵内容的情境当中。

老师要求学生背诵课文，吴东边背边玩，结果每次都要花三个多小时。妈妈对他说："注意力不集中，怎么会有好的记忆效果呢？"

在妈妈的指导下，吴东集中注意力背诵，结果不到二十分钟就把一篇课文背了下来，比以前快了很多倍。

这样记东西，不仅记得快，而且会记得牢。可以说，集中精力是孩子记忆东西时最先要保持的状态，也是最好的状态。

学会质疑——问题能激发孩子积极思考

质疑是指对各种问题都持怀疑、好奇的态度，并在此基础上进行思考，找到问题的答案。问题的存在是思维的起点，当孩子问"为什么"的时候，其实孩子就在主动思考了。如果孩子将这样的能力用在学习上，往往会取得更理想的成绩。

教育家陶行知说："发明千千万，起点是一问。"质疑是孩子学习的开始，如果孩子早期没有养成质疑、好问的好习惯，将来就不会有较大的成就。

爱因斯坦就是对几个问题产生疑问，并且自己努力去寻求正确答案，从而在科学上做出了巨大的贡献。

王飞在外人面前很少说话，更别说向别人提问了。他很小的时候，也是一个爱问"为什么"的孩子，常常问妈妈一些问题。

可是妈妈对他很没有耐心，常常不耐烦地说："去，去，去，没看见我在忙吗？长大后你就会知道了。"王飞为了不惹妈妈生气，以后就不再问问题了。

上学之后，王飞觉得书上的题目是错的，就问妈妈。妈妈不但没有解释，还说书上不会出错，是王飞错了。王飞的自尊心受到了伤害，此后，他也不再质疑了。

孩子爱提问，爱质疑，正是好奇心和求知欲的外在表现，孩子向父母、老师、书本发问的过程，就是积累知识的过程，因此，孩子的质疑能力很重要。

质疑是创新思维的源泉，是孩子在学习的过程中另辟蹊径、探索新知识的重要途径。这样的孩子遇事会独立思考，也会取得更好的成绩。

但是很多父母并不珍惜孩子的质疑能力，常常一口回绝孩子的提问，甚至还会训斥、恐吓孩子，这种漠然视之或是向孩子泼冷水的做法都是错误的。

父母应该重视孩子的质疑，耐心倾听孩子的提问，并启发和诱导孩子自己去解开疑问。

方法一：保护孩子的质疑之心

父母不要以成人的眼光来看待孩子的质疑，而应该站在孩子的角度去理解他们的问题。好问是孩子的天性，他们对周围的事物有浓厚的兴趣，会以兴趣为基点，琢磨、研究，从而发现问题、学到知识，甚至会有所发明创造。

孩子只有对知识和学问怀着质疑的心情，才会获得更加丰富的知识，增加自己的智慧，实现学习上的进步。因此，父母要保护孩子的质疑之心。

保护他们的质疑之心的诀窍是，父母应站在孩子的角度思考和看待问题，学会换位思考。当发现孩子的质疑之心时，要予以理解和支持，更要不失时机地肯定和引导孩子。

方法二：认真对待孩子的提问

孩子向父母提出各种各样的怪问题，说明他们在学习的过程中已经动了脑筋，而且也反映出孩子对父母的信任。父母对待孩子提出的问题，要保持冷静、客观的态度，认真为孩子解答。

另外，孩子向父母提问，是他们求知欲的体现，也可以反映出孩子对知识的掌握程度，父母可以利用这个机会，发现孩子的长处和缺点，因势利导、有的放矢地进行教育。

无论孩子提出什么样的问题，父母都要耐心倾听，力求做出正确的回答,回答时还要考虑到孩子的年龄特点。此外,父母要鼓励孩子提问,充分调动孩子的积极性。

方法三:鼓励孩子自己答疑

对待孩子的提问,父母要善于引导,注意拓展他们的思维。对于孩子自己稍微动脑就可以解答的问题,父母就不要直接给出答案,而要鼓励孩子自己去思考,否则孩子会养成依赖父母解决问题的坏习惯。

父母不妨让孩子多接触新鲜的事物,鼓励他们发现问题,并自己去寻找答案,以满足他们的好奇心和求知欲。孩子在自己答疑的过程中,也会逐渐掌握解决问题的方法。

方法四:适时地赏识孩子的"质疑之心"

孩子对事物提出自己的质疑时,父母要给予适当的赏识,让孩子更加大胆地去质疑。父母千万不要否定孩子的意见,要站在孩子的角度,从他们的年龄特点和思考方式出发,积极肯定他们的想法。

刘聪回家后对爸爸说:"爸爸,今天有个地方老师讲得不对。我们今天学了《麻雀》一文,老师说这篇文章表现了伟大的母爱。"

刘聪把课文拿给爸爸看后,继续说:"文章从始至终没有提到过麻雀是不是母麻雀,所以,我怀疑老师的说法是错误的。"

爸爸觉得刘聪的话有道理,于是表扬了他的独立思考能力和质疑能力。

即使孩子的质疑很幼稚,不一定完全正确,父母也要充分肯定孩子的这种行为,并用鼓励的心态保护孩子用心思考的精神。

保持好奇——好奇是一切思考的催化剂

好奇心是孩子的天性。孩子对周围的人和事充满好奇，他们总是希望能从别人那里得到自己想要的答案，而他们最先求助的就是父母。

父母要认识到好奇心对于孩子的重要性。好奇心是兴趣的先导，也贯穿着创造力，是孩子自主学习的起点，也是孩子认识世界、了解世界的动力源泉。但凡有所创新的人，无不具有强烈的好奇心。

父母要认真对待孩子的好奇心，不能视而不见，也不能给孩子泼冷水。而是要善于发现孩子的好奇心，并给予及时的引导，让孩子在强烈好奇心的促使下有所成就。

孩子的好奇心一般表现为好问和好动。对于孩子提出的问题，父母要耐心地解释；对于孩子的好动表现出来的"破坏"，父母也要给予理解，不能采取批评、训斥的教育方式。

同时，父母要善于激发孩子的好奇心，对于孩子的每一点进步都要给予正面的鼓励和支持，让孩子在自己的好奇心里体验快乐。

陈强是个时不时有新点子的孩子，这与爸爸对他的教育是分不开的。陈强很小的时候，就是个"破坏狂"。每次他玩玩具时，都会好奇地把玩具拆开来看。

开始妈妈特别生气，觉得陈强不知道珍惜，可是爸爸却认为有好奇心是件好事，所以应该支持陈强的行为。在他的说服下，妈妈就不再批评陈强了。

在父母宽松的教育中，陈强上学后表现出了很大的优势。在学校的一次发明创造比赛中，陈强取得了二等奖的好成绩。

陈强的父母正确地保护了他的好奇心，才使他能在发明创造比赛中取得好成绩。但是现实生活中，很多父母却忽视了孩子的好奇心，或是无意中扼杀了孩子的好奇心。

孩子的好奇心一旦受挫，就会形成劣性的心理阴影，导致对身边的新鲜事物失去兴趣，对学习也失去信心，这会严重影响孩子的身心健康和创造力的发展，也就谈不上让孩子创新了。

父母的一句不耐烦的话就有可能让孩子从科学家、发明家变为普通的人，所以每位父母都应善待孩子的好奇心，积极引导孩子的好奇心向有助于孩子发展的方向发展。

每个孩子都有成为科学家、发明家的可能。孩子有强烈的好奇心，这是帮助他们通往成功的重要砝码，父母要注意发现孩子的好奇心，保护孩子的好奇心，使他们的好奇心和创造力得以继续和发展。

方法一：正确对待孩子的好奇心

孩子对于新鲜事物有好奇心是孩子创造力的体现，父母正确对待孩子的这种天性，对于孩子的智力发展和处事做人都有很大的帮助。

孩子只有在好奇心的基础上才会产生创新的意识，孩子探索的兴趣和精神才会有更大的进步。父母要正确对待孩子的好奇心，给孩子一点搞破坏的空间，有时失去的可能是一件玩具，但是收获的却是孩子享用一生的财富——创造力。

方法二：理解孩子的好奇心

很多父母会忽视孩子的好奇心，是因为孩子的问题和好奇心在他们看来是没有任何意义和价值的，因而会表现出对孩子好奇心的漠视甚至不耐烦。

所以，要引导孩子的好奇心，父母首先要有好奇心，会站在孩子的角度来思考问题，懂得尊重孩子的好奇心。

父母要采用多种方式来激发孩子的好奇心，如可以利用周围的环境来刺激孩子的好奇心，和孩子一起分享发现和探索的感觉，一起来探索这个神奇的世界。

方法三：给孩子适度的空间和时间

现在的孩子多是独生子女，父母总是希望事事为孩子代劳，这样容易出现对孩子管得过严的问题。父母总是规定孩子可以在哪些范围玩，可以玩什么，而不允许孩子有自己的空间和时间来尝试和探索新鲜的事物。

这样孩子就会感到压力，并且会把创新看成一种负担。时间一长，孩子的兴趣和好奇心就会消失。所以，给孩子适度的空间和时间是保护孩子好奇心的一个重要方面。

方法四：鼓励和启发孩子提问

孩子提问，说明孩子的求知欲很强，父母应该鼓励、启发孩子提问，不要敷衍塞责。

王媚是个很可爱的女孩。有一天，她好奇地问妈妈："晚上鸟儿睡在哪里？"妈妈没有直接回答她，而是耐心地引导，让她自己找答案。

王媚说它会找个空地或者在花园里的草地上睡，妈妈夸奖她很有创意。然后，妈妈带王媚到公园，结果她发现鸟儿是在树上睡的。

对于孩子的提问，父母要认真对待。父母要鼓励孩子对自己的问题进行探索，自己寻求答案。对于父母自己无法回答的问题，父母要和孩子一起来寻求答案，而不要用错误的答案来误导孩子。

激发想象——让孩子的思想尽情畅游

孩子虽然没有成人那么出色的记忆力，但是有更好的想象力。在孩子的思维里，没有像成人一样各种各样的思维模式的束缚，也就是我们所说的定式思维模式。

培养孩子想象力需要一个很宽松、自由的思考氛围。要允许孩子有"奇思妙想"，这是孩子想象力自由发展的标志。

很多教育家评论说，中国孩子的基础知识很扎实，但是想象力比较差，不及外国的孩子。事实上，想象力是每个人都有的一种认知能力，想象力也存在着个性差异。这是因我们的父母在平时培养孩子的过程中有一些人为的束缚和忽视而导致的。

有一天晚上，孙维和爸爸一起来到阳台上看星星。看到许多星星在天空一闪一闪的，孙维问爸爸："爸爸，这些星星都是从哪里来的呀？"

爸爸低头看了一下儿子，说："你还是自己想一想，再告诉爸爸吧。你觉得这些星星是从哪里来的呢？"

孙维想起了平时看的动画片中的情景，就对爸爸有声有色地说起了自己的看法。他说："爸爸，我觉得是很多外星人把星星搬到了天上的。"

爸爸默默地听着儿子的话，没想到在儿子的小脑瓜里还有这么多的想法呢。

父母要明白孩子的想象力比知识还要重要。人类社会的进步，很多新东西的诞生，无论是物品还是思想都和人的想象力有关。一个具有丰富想象力的人也会更加富有创造力，而创造力是一个人在平时的生活中非常重要的一种能力。

平时，父母要多留给孩子一些想象的空间，这是培养孩子想象力的一个很重要的方面。很多时候孩子因为好奇问父母的时候，父母习惯于给孩子一个标准答案，这其实也是对孩子想象力的一种扼杀。父母要多留给孩子一些想象的空间，尤其是年幼的孩子。

在现实中，一个记忆力惊人的人、一个非常勤奋的人与一个有着丰富想象力的人想比，后者更有机会领导世界。父母一定要重视对孩子想象力的培养，这会给孩子带来一生的财富。

方法一：让孩子多参加创造性的游戏

游戏是孩子的主要活动，父母要想培养孩子的想象力，就可以有选择性地让孩子多玩一些创造性的游戏。

在游戏的过程中，父母可以引导和锻炼孩子丰富的想象能力。孩子自己不知道哪些游戏可以锻炼创造力，这就需要父母来引导。

方法二：培养孩子的形象思考能力

形象思考能力和右脑有很大关系，活动的、色彩鲜明的形象更能激发孩子的想象，锻炼孩子的思考能力。

金娜是个很喜欢画画的孩子，在画画的过程中她的形象思考能力得到了很大的提高。因为她会很仔细地去观察她要画的事物的颜色、形状，还会思考从不同的角度该如何画。

形象思考能力使她的想象力很丰富，尤其体现在语文作文上。因为想象力丰富，即使是不存在的事物，她也能描写得惟妙惟肖，为此，她多次得到老师的表扬。

父母要经常用图形游戏的方式开拓孩子的想象力，使孩子具备超强的理解能力，同时启发孩子对事物展开联想，以此培养其形象思考能力。

方法三：跟孩子一起玩故事接龙

父母跟孩子一起玩故事接龙，能够对孩子记忆力和想象力进行双重培养。

父母要鼓励孩子展开想象力续写故事，让孩子按照自己的想法设计故事的情节和结局。这样，在培养孩子的想象力的同时，也沟通了亲子关系。

方法四：赏识孩子的奇思妙想

在平时的生活中，孩子都会有一些很奇特的想法。父母发现这些情况后，只要不对孩子的身体安全构成危险，都应该给孩子实现这些奇思妙想的机会。

今天妈妈在家做馒头。刚开始，妈妈在那儿和面、揉面，权海萍觉得很有意思，便费了好大劲，做了一个月亮形状的馒头。妈妈看后，对她说："很棒，能不能也给爸爸妈妈一人做一个呢？"权海萍答应了。

晚上吃饭时，看见弯弯的馒头，爸爸知道一定是女儿的杰作，便夸奖说："这个馒头做得最漂亮，手艺真好。"这可把权海萍给高兴坏了。

父母赏识孩子的奇思妙想，可以鼓励孩子进行更多、更深入的思考，还可以锻炼孩子的动手实践能力，真是一举多得。

乐于创造——孩子走向成功的有效捷径

创造力是人在创造性地解决问题时所创造出的新颖、独特、有社会和个人价值的产品的能力,其核心是人的创新思维能力。

年幼时,孩子一般都有着旺盛的求知欲和好奇心,而且他们的思路和思维也非常开阔,没有受到太多的限制。

孩子没有一些定式思维的影响,对社会上的一些规范也不太了解,所以他们有着令人难以置信的想象力和创造力。如果父母注意对其进行培养和引导,便能让孩子的想象力和创造力得到自由的发挥。

孙江的爸爸很注意培养他的创造力,他听说玩沙子可以培养孩子的创造力,便专门在楼下给孩子弄了一个小沙池,让儿子和周围的孩子一起玩。

孙江在和大家一起玩的时候,总喜欢先用沙子做好一圈围墙,然后再在围墙里做自己的房子、停车场和游泳池等。小朋友们在一起还会互相比较,看谁的房子或东西做得漂亮。

孙江所做的东西,就经常被大家模仿。因此,他觉得很自豪。有时候为了多做出一些好的东西,他还会仔细研究动画书上的造型,自己也会模仿书里的内容做出一些沙房子等。

现在,孙江已经可以用沙子做出很多东西了,有的是跟书上学的,有的是和其他小朋友学的,更多的是他自己设计出来的。

孩子的本性中潜藏着强烈的创造欲望,只要父母在对孩子的教育中进行适当的诱导,并且鼓励孩子去实践,就会渐渐地培养起孩子的创造力。

创造活动会给孩子带来精神上的快乐和满足感，有助于孩子建立对环境和社会的适应能力，有助于孩子在以后的实际工作中进一步发挥自己的创造力。

家庭、学校教育对培养孩子的创造力有着举足轻重的影响，父母给孩子营造一个比较民主的家庭气氛有利于孩子创造力的发挥，但要注意不能完全放任自流。

方法一：激发孩子的创造欲望

发明创造其实都是从好奇心开始的，因此父母一定要善于利用孩子的好奇心来激发他们的创造欲望，鼓励他们提出疑问，想出解决问题的方法。

王泽今年刚满十四岁，但他已经是学校科技活动小组的骨干成员了。他的父母从小就很注重激发孩子的创造欲望。

在日常生活中，父母常常指导王泽自己动手去实践，并且鼓励他提出疑问，帮助他解答或者指导他通过思考，自己找出答案。

平时在散步、旅游或者其他日常生活中，父母可以鼓励孩子多观察身边的事物，让他们从不同方面来看待同一个事物，鼓励他们发表自己的见解，激发孩子创造性地解决问题的兴趣。

方法二：教孩子掌握创造方法

在创造过程中，父母应该指导孩子掌握一些基本的方法。例如把每个步骤记录下来，然后针对每个步骤进行更为细致的思考；或者先把所有解决问题的方法都写出来，然后从中选择一个最简单、实用的方法。

张哲今年十五岁，但他已经是当地有名的"小发明家"了。张哲的父母都是普通的工人，但是他们尊重、理解孩子的想法，并且教孩子掌握了一些发明创造的方法。

妈妈告诉他："发明创造就是发现问题、分析问题、解决问题的过程。在现实生活中，没有标准答案，只要能够用来解决问题的方法你都可以试试。"

在妈妈的指导下，张哲不仅掌握了一些基本的创造方法，而且培养了良好的创造力。

这些基本的创造方法可以给孩子的创造力品质锦上添花，对塑造孩子良好的创造习惯具有重要的意义。

方法三：保护好的顽皮天性

顽皮是孩子创造力的萌芽，父母对其实施一定的保护，这样可以让孩子原始的创造意识和创新精神得到充分发挥。

父母只要注意适当地进行引导，并让孩子努力地把想法付诸实践，那么慢慢地孩子的创造习惯就可以形成了。

刘泉是一个特别调皮的孩子，经常把家里翻得底朝天。但是对此爸爸却很"纵容"。一天，刘泉用眼影给自己画了一只熊猫眼，把妈妈吓了一大跳，以为他被打了。

得知真相后，妈妈很想训他一顿，爸爸连忙阻拦："这说明孩子有丰富的创造力呀，我们要好好保护，要多夸夸他，可别吓着他了。"

妈妈听了，愉快地听从了爸爸的意见。

有时候孩子会比较顽皮，比如太逆反、脾气古怪、捣乱等，但这并不代表他们很坏或者没有养成良好的行为习惯。

父母应该仔细分辨孩子的这些行为，从中发现一些好的思想成分并对之进行保护，比如孩子的想象力和创造力丰富等。

方法四：利用玩具培养孩子的创造力

在平常的生活中，父母可以有意识地教孩子来玩一些可以锻炼创造力的游戏，比如说让孩子玩折纸游戏。

另外，父母在给孩子选购玩具时，也可以有意识地选购那些可以激发和锻炼孩子创造力的玩具，例如积木玩具、魔方等。

思考运用——思考是为了更好地指导实践

实践出真知。动手实践是对思考的效果产生影响并产生促进强化作用的一种方式。孩子在动手实践的过程中，不仅会深化自己的知识，更可以培养解决问题的能力。

思考不是学习简单的书本知识，它更需要实践，实践是检验真理的唯一标准。亲身体验后的记忆更为强烈，感受也更深刻，所以实践是一种积极有效的教育方式。只有孩子亲身体验了，才会得出自己的体会，从而将书本知识转化为自己的经验。

随着竞争压力的增大，父母都想让孩子掌握更多的书本知识，更好地应对考试。孩子的童年被剥夺了快乐，每天面对的都是枯燥乏味的知识灌输，而缺乏生动和灵活的实践活动。

喜欢动手、乐于实践是孩子的天性，不少父母喜欢孩子老老实实地待在家里，不喜欢孩子动手实践，一是害怕他们受到伤害或是破坏家庭的整洁；二是学校和社会一再强调孩子的分数，这使父母也产生了教育的认识误区。

爸爸问张洁："一张纸到底可以对折几次？"张洁说："当然是无数次。"爸爸说："在理论上确实是无数次，但实际上是不会超过8次的。"张洁不信，爸爸让她试试。

张洁拿出了一张纸，不断地对折，到了第7次的时候就已经不能对折了。她认为是纸太小了，于是拿了张大点的纸对折，可还是只对折到了第7

次。随后，张洁又找了一张薄纸，结果也只对折了8次。

在这次动手实践中，张洁懂得了，思考和实践是有区别的。通过爸爸的引导，她喜欢上了动手实践，在动手的同时还锻炼了自己的思维。

孩子将思考的知识运用到生活中，在验证知识的同时也加深了自己对知识的理解，这样就可以形成一个良性循环，就能更好地掌握所学的知识。

方法一：改变重知识轻能力的思想

很多父母总是以成绩的高低来评价孩子，忽略了孩子的全面发展，这样的教育理念对孩子的全面发展造成很坏的影响。明智的父母不仅重视孩子的学习成绩，更重视孩子的能力发展。

现代社会是讲究能力和各方面综合素质的社会，成绩只是对孩子一个阶段学习情况的反映，无法证明孩子的全面素质和能力。一个学习成绩不理想的孩子，也许在动手实践方面有独特的优势，因此，父母不能只重视孩子的分数，而忽视孩子的全面发展。

父母要轻视孩子的分数，重视发掘孩子的潜力和能力，冲破传统教育理念的桎梏，将孩子的动手能力教育列为重要的教子课题。

方法二：相信孩子能行

孩子学到的书本上的知识只是理论上的，要想让孩子真正将知识转化为自己的经验和财富，父母一定要相信孩子能行。只有父母相信自己的孩子是天才，孩子才能真正地成为天才。

实践的过程是对孩子综合能力的检验，孩子只有在实践中才会真正地发现和了解自己。孩子对自己没有信心，就不敢尝试或害怕失败，父母不要对此冷嘲热讽，而是要鼓励和支持孩子，让孩子肯定自己的能力。

在父母的信任和鼓励下，孩子的素质会不断提高。因此，要想培养出知识和能力兼备的孩子，父母就要给孩子充分的信任，相信孩子能行。

方法三：减少孩子对父母的依赖

孩子如果对父母存在很大的依赖感，事事都依靠父母，即使是自己可以动手做的事情也推给父母，就会在心理上产生惰性，难以自觉地动手实践，甚至在父母的督促下也不愿动手。

父母要减少为孩子做事的冲动，在生活中，只要孩子自己可以做到的，就让孩子自己去做；在学习上，也要尽量让孩子自己完成。如孩子做作业的时候，父母不要插手，让孩子自己将学到的知识更好地理解、消化，这样孩子就会逐渐摆脱对父母的依赖，从而具备较好的动手实践能力。

一天，王伟遇到一道数学难题，便拿来问爸爸，爸爸对他说了三句话：一是老师怎么说的就怎么办，二是定义、定理怎么讲的就怎么做，三是例题怎么运算的就怎么办。

王伟开始不理解，爸爸耐心地解释说："告诉你方法，比告诉你一百个答案都重要。这样，下次你就不用问爸爸了。"

王伟听懂了爸爸的话，自己独立把难题解决了。

减少孩子在学习上对父母的依赖，才能真正帮助孩子提高自己的动手能力。给孩子充分的自由，让孩子减少对父母的依赖，孩子会在父母的放手中，锻炼自己的动手能力，成为理论和实践相统一的优秀孩子。

第八章 保持健康的好习惯：
身体是所有活动的基础因素

讲究卫生——让孩子知道干净才是美

卫生与健康息息相关,习惯与生活环环相扣。因此,作为父母,要让孩子知道讲究卫生的重要性,让孩子养成良好的卫生习惯。

讲究卫生的含义其实很浅显,是指在日常生活中吃干净的食物,喝干净的水,穿干净的衣物,用卫生的器具,出入干净的场所以及进行必要的卫生防护。

讲究卫生既包括讲究个人卫生,又包括维护环境卫生。说起来简单,但是做起来却是不容易的,而要养成讲卫生的习惯更难。

如果不讲卫生,没有养成良好的卫生习惯,那么身体就很容易被各种细菌侵袭,从而患上疾病。卫生习惯关系到孩子生活的方方面面,尤其对于保持孩子的健康、树立孩子的个人形象等都是必不可少的。

刘兵是个很爱面子的孩子,从小时候起便时时注重自己的个人形象。他特别爱干净,手、脸,包括穿着等总是干干净净的,因此很受大家的喜爱。

刘兵的母亲是一位医生,因为职业的关系,她特别注意培养儿子的卫生习惯,时常叮嘱儿子要勤洗手脸、勤洗澡、勤换洗衣服等。

妈妈还告诉刘兵,如果不讲卫生,就容易染上疾病,导致自己的心情也会不好。而且与人交往时,脏兮兮的样子也会让人讨厌。

因此,刘兵从小就讲卫生,养成这种良好的习惯后,他也很少患病。

虽然提倡孩子讲究卫生已经很久了,但是在现实社会中还是有很多孩子存在着不讲卫生的行为,譬如乱倒垃圾、随地吐痰、饭前便后不洗手等,这跟孩子是否接受卫生知识学习是分不开的。

现在是文明社会,处处都在讲究公德,其中就包括卫生公德。讲究卫生不单是某个人的事情,更关系着整个国家和社会的发展。

人是社会的人,生活在社会中总是要与他人打交道的,自身的行为都要与他人、社会发生联系,产生影响。所以说每个人不仅要为自己的健康负责,更要为生活的环境负责。

孩子年龄还小,还没有完全在脑海中树立起讲究卫生这样一种意识。所以作为父母,就要多教育、多指导、多督促孩子,让孩子在日常生活中逐渐养成讲究卫生的良好习惯。

方法一:让孩子养成勤洗手、勤洗澡的习惯

病从口入,让孩子养成勤洗手的习惯,才不容易生病。平时,父母要多督促孩子,让孩子饭前、便后、玩耍后勤洗手,并且要教他们学会正确的洗手方法。

同时,人体的各种机能都在正常运转,于是总有一些排泄物需要通过正常途径排出体外,其中最主要也最常见的就是汗液。如果不及时清洗掉,就会附着在身上,从而滋生细菌,发出难闻的气味。所以说父母要帮助孩子养成勤洗澡的习惯,这样不仅能洗掉细菌,还会使孩子在洗澡的过程中享受到惬意。

让孩子养成习惯根本不难,关键是父母要下定决心帮助他们坚持到底。父母可以告诉孩子做一个讲卫生的好孩子,拥有良好的个人形象,才会吸引更多的朋友。

方法二:让孩子养成刷牙、漱口的习惯

俗话说,"牙疼不是病,疼起来要人命",因此一定要注意保护牙齿。只有养成了讲卫生的习惯,养成了早晚刷牙、勤漱口的习惯,才能避免这方面的疾病。

张旭是个伶俐的孩子，但是由于没有注意到一些细节问题，小小年纪就总是牙疼，并且牙齿还被"虫子"吃掉了两颗。

原来张旭从来就没有好好刷过牙，也不经常漱口。由于他已经过了换牙的年龄，只能拔掉坏牙后装了两颗假牙。

此后，他不用父母督促，就自觉养成了爱刷牙、勤漱口的好习惯，牙齿也就再没有坏过。

乳牙换完后，父母要及时指导孩子学会刷牙，在孩子头脑中树立早晚刷牙的意识，并且鼓励他们时常漱口，这样就能有效地减少牙疾，使孩子的牙齿少受痛苦。

方法三：让孩子定期剪发、剪指甲

头发长，不及时清洗容易生虱子。指甲长，指甲缝里容易藏污垢，这些都会给自己的形象带来不利的一面，稍不注意还会患病。

所以父母要为孩子的健康考虑，指导孩子定期剪发、修剪指甲。这样孩子形成一个好的习惯，就会有一个清爽的形象展现在大家面前，也会更受大家欢迎。

方法四：让孩子讲究公共卫生

讲究卫生，不单是要讲究个人卫生，而且要讲究公共卫生。只有全社会都有了讲究卫生的意识，才能预防疾病。

因此，父母一定要告诉孩子时刻谨记讲究公共卫生的重要性，并且鼓励他们讲究公共卫生，主动维持公共场所的环境。

科学用眼——给孩子一双明亮灵动的眼睛

眼睛是心灵的窗户，人人都希望拥有一双明亮灵动的大眼睛。随着电脑、电视的普及，孩子学业负担的加重，现在的孩子大多是用眼过度，所以父母培养孩子科学用眼的习惯很重要。

现在，近视眼低龄化的现象也越来越严重，许多幼儿园的小朋友都出现了近视的情况，这让父母对孩子的眼睛很忧心。

孩子的近视多半都是用眼不卫生而导致的，真正是出于遗传或病理原因而患上近视的孩子，其实只占相当小的一部分。

父母有时候由于工作繁忙或出于溺爱，过分让孩子沉迷于电视和网络游戏中，也额外加重了孩子的用眼负担。

周秀写字时，总是喜欢把作业本往右边放。妈妈看见了，就对她说："你这样子写字眼睛是会得斜视的。"周秀总是不听，还对妈妈说："我这样子写很舒服。"

妈妈耐心地跟她解释："你喜欢自己的眼睛吧？要是以后戴上了近视眼镜就不漂亮了，还不方便呢。"

周秀也知道眼睛近视了不好，只是自己没有养成科学用眼的习惯。一开始学写字，就不知不觉出现了很多坏习惯。

现在，妈妈对她的用眼问题很关心，强行制止周秀的一些行为，比如躺在床上看书等，希望能帮助她养成科学用眼的习惯。

科学用眼要靠平时对一些用眼卫生细节的坚持，不能今天想起来了实践一下，明天自己觉得怎么方便又怎么来了。

父母要让孩子能够持之以恒地坚持科学用眼。把自己知道的关于科学用眼的知识，都切切实实地利用起来付诸实践，只有这样才能真正保护好自己的眼睛。

科学用眼是每个孩子都应该注意和坚持的。眼睛是孩子身体的一个非常重要的器官，孩子人生中的很多要学、要体会的东西，都离不开眼睛。为了让孩子能够拥有一双健康的眼睛，父母一定要监督孩子科学用眼。

方法一：让孩子熟记科学用眼的规范

好习惯一定要自幼开始培养，越大就越难矫正。孩子刚开始读书、看电视，就要明确知道科学用眼的相关常识。

电视和游戏对孩子的吸引力非常大，大人不监督，孩子就容易控制不了自己，从而造成用眼过度。为了孩子能够拥有一双明亮的眼睛，父母要帮孩子把好时间关。

妈妈为了帮刘用养成科学用眼的习惯，每天给他规定了严格的看电视和玩游戏的时间。而且，每二十分钟就要起身四处走动一下，最好到窗台去眺望一下远方。

玩游戏也是一样，看电视和玩游戏中间要有时间间隔，而且加在一起的时间不能超过一小时。如果刘用不能够遵守，就惩罚他一个星期不能碰电视和电脑。

在妈妈的督促下，现在刘用已经养成了良好的用眼习惯。

父母要在生活中多督促孩子，让孩子遵守父母对他的用眼要求，使孩子早日养成良好的用眼习惯，保护好视力。

方法二：教会孩子正确的读写姿势

孩子的用眼卫生也和孩子的读写姿势有关系。父母在教给孩子科学用眼知识的同时，也要教会孩子正确的读写姿势。

李途一进幼儿园，妈妈就告诉他："李途，你要用正确的读写姿势来学习。在课桌前要端正，要把书本放在正中间，不要倾斜。"

说着，妈妈还为李途做示范。妈妈看书时，书与桌面呈30°~40°，让自己的视线和书本处于垂直的位置。眼和书的距离大约一尺，身体和桌面保持一拳头的距离。

在妈妈的指导下，李途平时学习时，都按规范的读写姿势来。刚开始按规矩来，他觉得身子好僵硬、好累，后来就觉得很轻松了。

要知道，坐得不端正也会影响到视力，只有帮助孩子养成端正的读写姿势，才能保证科学用眼方法更好地发挥作用。

方法三：让孩子坚持做眼保健操

眼保健操是根据我国传统医学中的推拿、针灸、穴位按摩等方法来制定的，能加强眼部营养和组织的新陈代谢，促进血液循环。

父母在监督孩子科学用眼的过程中，不要忽略了做眼保健操。父母应让孩子认真对待眼保健操，帮助孩子更好地预防近视眼。

方法四：让孩子多看绿色植物

孩子在紧张的学习之后，多看一下周围的绿色植物，能缓和紧张的视觉神经，让眼疲劳迅速得到舒缓，非常有利于对眼睛的保护。

父母要鼓励孩子多看绿色植物，这样可以缓解眼疲劳，保证科学用眼。

热爱运动——健康永远是孩子的大资本

生命在于运动，积极参加锻炼能促进孩子身体发育，增强孩子体质，充分展示出孩子旺盛的生命力，还能促进孩子智力的发展和心理的健康。

运动能够丰富孩子的感觉和知觉，尤其是发展孩子的空间知觉，这是孩子探索世界和抽象思维的基石。

热爱运动的孩子，能够更明确自我存在的能力，能够更好地自我评价和自我认识，能够更娴熟地处理自己和他人、自己和环境之间的关系。

热爱运动能够让孩子具有更开阔的眼界，树立起孩子在同伴中的威信和自信心，还可以培养孩子积极的心态。

运动中有团结合作也有竞争，孩子在运动的过程中可以更好地发挥相应的品质，磨炼自己的毅力和自制力，从而学会更加积极地面对挫折和失败。

孙波长得挺壮实，可就是不喜欢运动。要是和父母一起上街，他走不了一会儿，就不想走了，要爸爸背着自己走。

父母带他到公园里去玩，很多小朋友都在一起玩球、玩车子，有的追，有的跑，可热闹了。父母让他和大家一起玩，他玩了不到三分钟，就跑过来说累了，然后就和父母一起坐在长椅上看别的小朋友玩。

老师也和父母反映，孙波在学校里也不喜欢运动，下课了总是自己一个人在座位上坐着，做游戏时他的兴致也不高。

研究发现，人体每个器官上的每一块肌肉，都在大脑皮层中有着相应的对应区。孩子越是喜欢运动，运动的经验越是丰富，就越是能够有益地刺激大脑的发育。运动还可以锻炼孩子的感觉综合处理能力。

运动对孩子的影响是其他任何教育都无法替代的。父母要根据孩子的年龄和身体状况，为孩子挑选合适的运动项目，培养他们爱运动的好习惯，这种好习惯会让孩子受用一生。

热爱运动不仅仅是为了不生病，它还能将孩子的潜能最大限度地挖掘出来，练就出孩子好的体能和好的心态，促进孩子的身体及心理的健康发展。

方法一：用游戏培养孩子的运动兴趣

很多孩子不喜欢运动，是因为他们还没有从运动中找到快乐的感觉。一个觉得运动体验是快乐体验的人，才能够喜欢并坚持运动。

孩子的世界充满了幻想，如果只是把运动当成简单的技能训练，孩子肯定会觉得单调、枯燥，提不起兴趣。

刘蓉不太喜欢运动，妈妈让她来和小朋友玩，她总说玩得没意思。妈妈便想了一个办法，来吸引孩子跟自己一起运动。

妈妈先编了一个拔萝卜故事，然后问刘蓉是愿意当萝卜，还是愿意当小白兔。接着，母女俩就按照故事中的情节，玩起了拔萝卜的游戏。通过角色扮演，刘蓉投入了运动中。

如果孩子能够把运动游戏化，做运动就是自己在玩游戏，也就会提高参加运动的热情了。让孩子保有浓厚的运动兴趣，是引领孩子走上爱运动道路的前提条件。

方法二：让孩子掌握关于运动的科学常识

在孩子参与体育运动时，父母要教给他相应的运动科学常识，这样做的目的是让孩子能够在运动的过程中更好地保护自己。

刘英喜欢晨跑，每天早晨太阳刚露脸的时候，他就起床去跑步了。爸爸有时候时间充裕，也会陪着儿子一起跑。

爸爸总会提醒他，在跑前十分钟喝一杯凉开水，这样有利于身体健康。

在开跑前,他还要让儿子压压腿、甩甩胳膊,做好准备工作。

运动不当最容易出现伤害,无论是哪一种运动,都要按运动规则来锻炼,否则出现危险的概率会大大增加,要让孩子学会保护自己。

方法三:给孩子选择运动项目的自由

孩子在运动的过程中,也会有自己的偏好。只要是正常的大众的运动,父母都应该给孩子相应的支持。

父母要尊重孩子的运动兴趣,给孩子选择运动项目的自由,这样孩子才会更有兴致地投入运动中。

方法四:合理安排孩子的运动量

孩子在参加运动的过程中,父母一定要教他们掌握合理的运动量。体能不是一天两天就可以锻炼出来的,要靠平时循序渐进地提高。

过度的运动量对身体也是有害的,所以爱运动是好事,但是也不要运动过量。运动贵在坚持,养成运动习惯最重要。

第八章
保持健康的好习惯：身体是所有活动的基础因素

规律作息——让孩子每天都充满活力

良好生活习惯的养成，往往就从每天的作息开始。拥有按时作息的良好习惯，不仅可以使孩子的身体变得更健康，而且能使孩子有充分的精力去学习。

在现实生活中，大多数父母都能够注意孩子规律睡眠习惯的培养，但也确实有不少孩子没有按规律作息，甚至养成了熬夜的坏习惯。孩子的这些坏习惯是由多方面原因造成的。

有些孩子因学校布置的家庭作业多，父母又给孩子过多的要求，如练琴等，所以孩子不得不熬夜；有些父母每天晚上看电视，孩子受其影响也加入看电视的行列，从而导致入睡时间过晚；有些孩子则是由于父母习惯睡前检查功课，于是造成了他大脑兴奋，不能按时入睡。

这些使孩子熬夜的原因，都是不符合规律作息要求的，因此都是不科学的，对孩子的健康和成长都极为有害。

王学文是个贪玩的孩子，妈妈便帮助他制订了一个她认为"十全十美"的作息时间表：早晨六点十分起床；放学回家后先补一小时英语，再看教育节目；晚饭后散步，再温习功课；十一点钟，洗漱完毕，上床睡觉。

妈妈以为这样的作息时间表肯定对儿子有很大的帮助。谁知实行了没有几天，就发现问题很多。王学文的功课越做越慢，有时候他还在写作业时打瞌睡。

妈妈没有意识到，王学文每天过得都很累，白天学习了一整天，晚上还要补习英语、看教育节目，这让他第二天上课时根本没有精神好好听讲。

由此可知，帮助孩子制订的作息计划一定要适合孩子的生长阶段，然后再鼓励孩子按计划实施，这样才能对孩子养成规律作息习惯起到很好的促进作用。

如果没有规律作息的习惯，孩子就得不到满足正常生长需求的有利因素。这样不仅会严重损害孩子的身体健康，也会严重影响到他的学习成绩，对孩子的成长极为不利。

为了孩子的健康成长着想，父母应该帮助孩子养成按时作息的好习惯，这样孩子才能在父母的爱心之下，拥有充足的睡眠时间，才能精神十足地投入学习与生活中。

方法一：帮孩子制订合理的作息时间表

制订符合自身需要的计划，对孩子的成长有引领作用。父母应懂得一个能够制定明确规划的孩子，就能做到在计划的感召下，努力实现自己的计划。

因此，父母就要帮助孩子制订一个规律的作息时间表，使孩子通过制订科学的、适合自身的计划，有效地安排自己的学习时间。

要知道，合理的作息时间表不单单对现在的学习与生活有用，对孩子未来的成长也有着深远的影响和实际的教育意义。

方法二：让孩子把规律作息坚持下去

坚持的可贵之处正在于坚持的过程。孩子喜欢自由和无约束的生活，如果加在他们头上的约束让他们觉得压抑，他们就会把这个约束甩到一边。

为了把李玟的学习成绩提上去，妈妈根据实际情况为她制订了一个详细而科学的作息时间表，希望对她有所帮助。

但是，妈妈并没有监督李玟有没有规律作息，结果没实行几天，李玟就把这个计划扔到了一边，开始随心所欲地安排自己的作息。

父母需要鼓励孩子把科学的规律作息时间表坚持下去，告诉孩子不要"三天打鱼，两天晒网"，只有坚持下去，才能养成好习惯。

方法三：帮孩子抑制睡前刺激因素

人的大脑是个回放器，在睡前如果得到刺激，大脑就会兴奋起来，使人不能很好地休息，进而影响了早起。

因此，父母要知道睡前放松心情对睡眠的重要性。父母要为孩子创造一个符合要求的温馨就寝环境，比如睡前不看电视和电影；不要强迫孩子做不愿做的事；不要打骂、训斥孩子等。

同时，父母要让孩子准备一下睡前工作，如刷牙、洗脚等，这样孩子睡前能有个好心情，就能放松自己的情绪，从而很好地入睡，时间一长，就能养成规律作息的好习惯。

方法四：让孩子养成早睡早起的习惯

早睡早起是为了保证孩子能够在最适合的时间做适合的事情。一般来说，晚上十一点到第二天凌晨三点是最佳睡眠时间，如果孩子睡得太晚，那么他就不能在最佳睡眠时间休息了。

另外，每天早晨六七点是最佳的记忆时间，如果孩子不能早起的话，那么他就不能运用这段时间了。

因此，父母一定要帮助孩子养成早睡早起的习惯。这样既能保证孩子充分的睡眠，又有助于他们更好地学习。

科学饮食——不挑食、不偏食的孩子更健康

科学饮食，不单单讲究一个概念，更需要注意养成习惯。一个能够按照科学方法进食的孩子，往往能摄取到满足自身各个阶段成长的营养成分，从而使他们的身体变得更加健康，更好地适应学习和生活。

随着生活节奏加快，更多的父母为了省事、方便，而忽略了孩子的科学饮食。他们往往只要吃得好、吃得饱就会对孩子的成长有帮助，但是事情的发展却不能按照预想的来。

近年来，由于不科学的饮食给孩子带来危害的例子数不胜数，这反映出现代父母在培养孩子科学饮食习惯上存在的不足。

"衣、食、住、行"是人们生活的基本要求，再加上商家都认为孩子的钱好赚，于是他们不断开发新事物来满足孩子的好奇心，这也着重体现在开发孩子的食品上。孩子有了更多的饮食选择，使家长对其进行饮食管理也变得更加困难。

王力的爸爸妈妈平时因为上班忙，所以总是买一些快餐或者方便食品让王力当正餐。他们认为这样省事，而王力每次也都吃得很开心。

后来，王力在体育课上晕倒了，老师将他送进了当地的医院。在身体检查中，医生发现他严重营养不良，并有严重的胃功能紊乱症状。

爸爸妈妈来到医院，看到面黄肌瘦的孩子，这才真正意识到饮食不科学给孩子带来的危害。

孩子的不良饮食习惯包括以下几种情况：一是对油炸食品感兴趣；二是

对包装好看的食品感兴趣；三是喜欢甜食；四是身边总有快餐食品；五是不按时吃饭。

要知道，饮食直接决定着孩子的健康，如果孩子不科学的饮食习惯得不到及时纠正，就很有可能引发各种疾病，这样势必会影响孩子的学业与成长。

科学饮食，讲究的是按照身体的发育、成长需要以及季节的变化，科学合理地搭配饮食营养，同时还要配合正确的饮食时间。这听起来麻烦，但却是不难做到的。

孩子的身体状况是父母最关心的，只有有了好的身体才能更好地学习与生活。但是好的身体更需要科学饮食，因此，培养孩子科学饮食的习惯就成了父母关爱孩子的重中之重。

方法一：为孩子量身打造科学的食谱

制定一个符合孩子实际情况的科学食谱可以保证孩子身体所需营养的全面均衡，使孩子养成科学饮食的好习惯。

周琳今年十岁了，非常挑食，而且喜欢吃各种各样的零食。因此，周琳个子不高而且身体偏瘦，这让她的父母非常担心。

妈妈根据周琳的饮食特点和营养学知识制定了一份科学的食谱。这份食谱既可以让孩子对饮食感兴趣，也可以使孩子的营养更加全面。

在妈妈的用心准备下，周琳挑食、爱吃零食的毛病有了改善。最重要的是，她的身体正常地发育了起来。

其实孩子挑食、爱吃零食毛病的养成也不是没有原因的。父母做的饭菜不符合他们的饮食兴趣，他们当然不愿意吃了。

因此，父母应该根据孩子的口味，选择一些营养丰富的食物，为孩子打造一份科学、实用的食谱。

方法二：注意平衡孩子的饮食，做到"四少一多"

国外营养学家在研究儿童平衡膳食的过程中，发现对于盐、糖、酱油、味精、醋等调味品，应做到"四少一多"，即少糖、少盐、少酱油、少味精、多吃醋。这对孩子的膳食平衡极为有益。

少糖，这是因为经常吃糖的孩子容易患龋齿。

少盐，这是因为儿童的肾脏发育还不完善，不能及时地排除滞留在体内多余的钠。因此孩子吃得过咸，可能会给肾病和高血压埋下祸根。

少酱油，这是因为酱油经发酵制成，含有多种微生物，多吃易患肠炎、腹泻等；

少味精，味精添加过多，会影响儿童的食欲，导致消化道功能紊乱。

多吃醋，这是因为醋含有多种营养素，具有帮助消化、增强饮食、促进吸收和杀菌防病等功能，有利于儿童的新陈代谢和调节体内酸碱平衡。

方法三：让孩子远离不健康的食品

随着生活节奏的加快，越来越多的父母为了简单省事，常常选择一些快餐或者方便食品让孩子充当主食。虽然这些食品在短期内不会对孩子的身体产生大的影响，但是长期食用却会制约孩子的健康成长。

因此为了孩子的科学饮食，父母就要让孩子远离不健康的食品。尽管做到这一点还很难，但是必须得做。

方法四：注意给孩子补充微量元素

孩子正处于生长发育的关键时期，如果不能保证充分、全面的营养，就容易导致孩子身体发育不健全。

因此，父母要时时关注孩子的身体发育情况，有针对性地给他们补充一些微量元素，以保证他们身体的健康发育。

不理烟酒——让孩子对自己的身体负责

现在的很多孩子都加入了吸烟、喝酒等不良嗜好的行列，并且越来越多的低龄孩子也来到了这个队伍中。虽然老师、父母三令五申，可是不少孩子对此置若罔闻。

吸烟、喝酒对孩子的身体发育有百害而无一利。孩子模仿成人的样子，觉得吸烟、喝酒很有"风度"，他们急于用这样的行为来证明自己的成长，其实这是很幼稚的想法。

吸烟会危害孩子的神经系统，对呼吸系统也会造成影响，同时还会降低消化系统的功能，影响生长素的分泌和多种激素的平衡，从而影响孩子的生长发育。

同时，吸烟、喝酒也会给社会和他人造成危害，会造成火灾、打架斗殴等不良现象的产生，会污染周围的环境，对社会治安造成威胁。

黄海感觉心情烦躁，看到周围的人吸烟，他也尝试着吸烟。在吸烟的时候，他觉得自己的苦闷、压力都随着烟雾一起消散了。黄海贪图这种轻松的感觉，逐渐染上了吸烟的恶习。

一次考试后，黄海的同学拉他去喝酒庆祝。在好奇心的驱使下，他跟着同学去了，并且喝醉了酒。

妈妈发现了，就帮他搜集了不少反映吸烟、喝酒危害的图文资料，同时帮助他减压。在妈妈的帮助下，黄海开始自觉地排斥这些不良的习惯了。

孩子开始吸烟、喝酒是因为好奇心、模仿，为了显示自己的成熟等。由于身边的朋友、同学的相互影响，所以经常可以看到很多孩子在一起吸烟、喝酒。

一些孩子长期承受很大的压力，所以就用吸烟和喝酒的方式来发泄自己的压力，寻求慰藉；还有不少孩子认为吸烟、喝酒可以显示自己的男子汉气概等。

这说明，孩子吸烟、喝酒多是为了满足心理的需求，并且作为一种习惯被延续下来。因为我国相关的法律措施还不是很健全，还不能很好地约束孩子吸烟喝酒的陋习，所以需要孩子的自觉和父母的监督。

父母要及时采取措施，让孩子意识到吸烟喝酒对自己及周围人的危害，从而自觉地远离吸烟喝酒的恶习。

方法一：父母要起到表率作用

父母是孩子的第一任老师，父母的言行会成为孩子模仿的对象，孩子的判断能力差，所以他们无法辨别父母行为的对错。他们只会模仿父母的行为，所以有时会养成不良嗜好。

孩子如果长期处于吸二手烟的家庭环境中，就会觉得吸烟是很正常的事情，慢慢会染上烟瘾；父母经常喝酒，孩子也会在无形之中想尝试着喝酒，一旦养成习惯，就很难戒除了。

父母要以身作则，戒酒戒烟。会吸烟喝酒的父母也不要姑息迁就孩子的不良嗜好，要为孩子营造良好的家风，创造良好的成长环境。

方法二：父母要读懂孩子吸烟喝酒的心理

在很多孩子看来，会吸烟喝酒是成熟的表现，所以他们急于用这样的方式来证明自己的成长；孩子为了交友的需要，必须用吸烟喝酒的方式来接近一些朋友；孩子的好奇心作怪，促使他们尝试吸烟喝酒；孩子的压力太大，用吸烟喝酒来缓解自己的压力等。

这些都是孩子有吸烟喝酒不良嗜好的原因。父母要读懂孩子的心理，了解孩子吸烟喝酒的原始动力，然后分别采取不同的教育方式，帮助孩子走出吸烟喝酒不良嗜好的阴影。

方法三：正面告诉孩子吸烟喝酒的危害

父母发现孩子有吸烟喝酒的行为后，应该态度坚决地告诉孩子吸烟喝酒的危害，纠正孩子的坏习惯。

父母要告诉孩子烟中含有多种有害物质，尤其是尼古丁，它对呼吸系统、神经系统、消化系统都有很大的破坏作用，影响孩子的正常身体发育，不利于孩子的健康成长。

喝酒不仅对孩子的身体发育有害，还会刺激孩子的神经，影响中枢神经系统，伤害心血管系统和胃肠道，使孩子的判断力下降。吸烟喝酒还会降低孩子脑力活动的能力，降低智力和其他各项能力，给孩子的学习造成阻碍。

父母要从思想上帮助孩子认识到吸烟喝酒的危害，他们才能自觉地克服吸烟喝酒的坏习惯。

方法四：教育孩子把主要精力放在学习上

很多孩子染上吸烟喝酒的不良嗜好，多半是在对学习失去兴趣的时候。他们的学习成绩一般不理想，就借吸烟喝酒来麻痹自己的神经，暂时远离不满意的现实。

辛程今年刚上初一。可能是因为刚升入初中的原因，他几经努力也看不到进步，便自暴自弃，跟别的孩子学会了吸烟喝酒。

妈妈知道后，没有板着脸批评他，而是帮他分析学习成绩差的原因，根据各科的特点，为他制订了详细的学习计划。辛程的成绩提高了，吸烟喝酒的坏毛病也得到了纠正。

父母要教育孩子把心思用在学习上，帮助孩子采取各种方法提高学习成绩，引导他们走上学习的正道。

父母要赞赏孩子取得的一点点进步，激发孩子学习的信心和乐趣，一旦孩子把主要时间和精力放在学习上了，就会自然而然地远离吸烟喝酒的不良嗜好了。

缓解压力——让孩子学会给心灵减压

心灵压力又叫心理压力、精神压力。由于现代社会发展加速，人与人之间竞争激烈，人们普遍感觉到压力增大。

为了使孩子以后能更好地适应社会，很多父母开始对孩子严格要求，提出很高的期望，经常拿孩子与别人进行不正确的比较等，这些都给孩子增加了无形的压力。

孩子担心达不到父母的要求，想玩但不敢玩，再加上有时候受到老师的批评，与同学的关系不太和谐等缘故，导致他们经常处在较大的心理压力之中。

而孩子人小，经验少，不会缓解心理压力，如果父母不能及时发现，并予以重视的话，孩子压力过大，持续时间太长，就会严重影响其身心的健康。

田洪亮的妈妈对他期望很高，总希望他中考能取得好成绩，上重点高中，为以后考上名牌大学打下基础。

为此，妈妈不顾家里的经济条件，给田洪亮买了很多补品。每晚还不顾白天的劳累，陪他写作业。看到妈妈这个样子，田洪亮的心理压力更大了。

结果，田洪亮由于焦虑过度，中考没有发挥好，只考取了普通高中，他感觉到没有达到妈妈的心愿，因此情绪一直都很消极。

妈妈知道后，意识到了自己的问题，此后，她不再过多关注孩子的学习，也不再特意给孩子买营养补品了。慢慢地，田洪亮心情舒畅了很多。

适度的压力是一种动力，能够调动孩子的全部精力，使其朝着目标奋进。如果压力过大，持续的时间过长，就会使孩子产生焦虑、紧张的情绪，不仅不利于做事，还容易出现心理问题，因此，父母要帮助孩子缓解心理压力。

心理压力是人们对外界刺激的一种主观体验。相同的刺激在不同的人身上，产生的压力大小不一样。因此，父母可以通过提高孩子的抗压能力，来减小孩子的心理压力，这就需要父母注意对孩子意志品质的培养，这样外界的刺激才不会对孩子形成过大的压力。

压力总是伴随紧张的情绪，父母可以通过教孩子放松来减轻压力；同时，调整对孩子的期望与要求，给孩子提供一个宽松和谐的家庭环境等，都是减轻孩子心理压力的有效办法。

方法一：给孩子定的目标要合理

父母对孩子期望高是正常心理，但是如果目标太高，孩子永远都难以达到，这不仅会使孩子的压力增大，还会挫伤孩子的积极性，让孩子对学习失去兴趣。

所以，父母要根据孩子的能力，给他定一个合理的目标，让孩子"跳一跳"能实现，这样才能减少孩子的心理压力，才有利于孩子的进步。

方法二：为孩子留出娱乐、休息时间

娱乐能够减轻压力，充足的休息时间是孩子高效学习的保证。

下周就要期末考试了，妈妈为了让周珑考出一个比较好的成绩，不仅限制了他白天玩的时间，还让他晚上熬夜学习。结果周珑白天没有一点精神，学习成绩迅速下降。

妈妈意识到自己的错误后，给周珑留出了充足的休息时间。有空闲时，她还与周珑一起做游戏。结果周珑的压力减轻了，学习效率也提高了。

无论孩子学习多么紧张，父母都要为孩子留出娱乐、休息的时间，让孩子在轻松的状态下愉快地学习，这样才会有高效率。

方法三：教孩子学会摆脱心理压力

孩子有了压力，父母要在弄清楚成因之后，及时为孩子减压。压力存在既然是个不可改变的事实，父母就要教孩子学会摆脱心理压力。

比如，父母可以让孩子听听轻音乐，对着空旷处大喊、大哭、大笑，找好朋友倾诉，或者做一些放松肌肉的训练等，这些方式都能有效地帮助孩子减轻心理压力。

方法四：引导孩子学会转移注意力

孩子压力大，没法做事情的时候，父母要引导孩子转移注意力。

张山是个自尊心很强的孩子。马上要高考了，他想考一个好成绩，所以心理压力很大。妈妈知道这样会影响孩子的心情，每周日就带着他到体育馆去游泳。

张山特别喜欢游泳，结果一个月下来，他得到了很好的放松，也使学习效率得到了提高。最后，他如愿地被一所重点大学录取。

父母带孩子去锻炼身体，或者让孩子去做自己感兴趣的事情等，这些都能快速地转移孩子的注意力，使孩子轻松下来。

不吃零食——不让垃圾食品填满身体

随着现代科技水平的提高，零食不仅生产量大，而且花样繁多，油炸、膨化、速食等零食层出不穷，这些零食不仅营养不足，还严重影响着孩子的身体健康。

有些饮料中还有色素、添加剂等有害物质，会对人的身体造成极大的伤害；有些零食味重或冷，孩子经常食用，会给肠胃造成很大的负担，容易产生与胃有关的各种疾病等。

同时，孩子正是长身体的时候，一旦养成吃零食的习惯，在不到吃饭时候吃零食，到了吃饭的时间就不会吃正餐，或者挑三拣四地少吃，这样会打乱孩子正常的饮食规律，不利于孩子身体的健康。

孩子爱吃什么零食就给买什么，不少父母认为这样做是疼爱孩子，结果造成了孩子身体素质下降。父母在不自觉中成了造成孩子身体健康状况不佳的帮凶。

周珍平时爱吃零食，只要周珍开口，妈妈就会去超市买回各种零食、小吃。这样一来，周珍几乎天天零食不离口，一日三餐也从不正常吃。

有一次周珍生病了，妈妈带着她去看医生，医生检查后说周珍营养严重不良，生病就是由此造成的，她比同龄的孩子弱小也主要是这个原因。

通过询问周珍的妈妈，医生了解到周珍不按时吃饭，以零食为主后，就建议周珍的妈妈想办法帮孩子戒除吃零食的坏习惯。

此时，妈妈才知道，自己一味地给孩子买零食吃，本以为那是爱孩子，其实却是害了孩子，不禁后悔不迭。

孩子吃零食成了习惯之后，零食的各种危害也会在孩子身上显现出来，孩子一生的美好前途可能就会葬送在身体的不健康上。

俗话说："身体是革命的本钱。"没有一个好身体，不管父母给孩子树立的理想有多远大，安插的信念有多坚强，让孩子下的决心有多大，都是徒劳。

所以，父母一定要控制孩子的零食。由于零食一般做得都比较合孩子的胃口，大多数孩子都爱吃。若想一下子就完全戒除，也有一定的难度，这就需要父母根据孩子自身的情况，循序渐进地矫正孩子爱吃零食的习惯，不可急于求成。

方法一：给孩子讲清楚过度吃零食的危害

零食的种类繁多，不少零食会对孩子的身体造成很大的危害，比如膨化食品、速成食物、含有添加剂的饮料等，这些零食对孩子生长的发育都会造成不良的影响，更甚者会打乱孩子的正常发育规律。

父母除了告诉孩子一些不良零食吃后的巨大危害之外，还要给孩子说清楚：不良零食不但吃后会危及身体的健康，并且会形成恶习，影响到正常就餐等。

父母给孩子讲明零食的各种危害，会引起孩子高度的注意，有助于孩子从心理上厌恶零食，从而主动拒绝吃一些不良零食。

方法二：有针对性地给孩子挑选零食充饥

孩子正是身体发育的关键时候，又加上活动量大，往往吃过饭一会儿就感觉到饿了，此时，父母要给孩子补充一些零食，但这种补充要有针对性地选择。

王楠是一个十一岁的孩子，身体发育状况良好，身体素质很棒，很多父母都向王楠的父母取经，问孩子怎么饮食才能长得如此健壮。

王楠的父母便把自己控制孩子吃零食，让孩子按时吃正餐，必要时给孩子补充坚果等零食的经验介绍给他们。王楠在一边听着父母的介绍，为自己有这样负责任又细心的父母感到自豪。

应该选择那些既能增加孩子身体内的各种营养元素与有机物，同时又不至于减少孩子正餐的进食量的零食。比如选择一些水果、奶制品等，这样既能充饥，还可以增加孩子的身体发育所需要的营养，同时正餐又不会受到影响。

方法三：严格控制孩子平时吃零食的数量

孩子都爱吃零食，这是一个不争的事实。同时孩子活动量大，因此容易饿，这也是一种自然现象。

在适当的时候给孩子在正餐之外补充一些好的零食，有助于孩子的身体发育，但是，不管多好的零食，都不能代替正餐中各种营养搭配均衡的饭菜。

因此，父母要严格控制孩子吃零食的数量，不让孩子因吃零食影响自己的身体健康，同时也能避免孩子养成只吃零食不吃主食的恶习。

方法四：对执意不改的孩子进行适当的惩罚

有些孩子，吃零食已经成了习惯，这将会严重危害孩子的身体健康，此时，父母一定要下决心帮孩子戒除吃零食的毛病。

而孩子一旦吃零食达到了代替正餐的地步，父母就应该狠下心来，给孩子以适当的惩罚，以戒除孩子对零食的依赖。

调节情绪——摆脱情感失控的状态

人常常是冲动的牺牲品，是情绪的献祭物，许多人在冲动中做出了让自己终生后悔的事情。懂得控制情绪是一个人心智成熟的表现，也是现代人必备的一种能力。

人的情绪往往只需要几分钟，甚至几秒钟就可以平息。父母要教孩子用这短短的几分、几秒，换回那长达几小时、几天，甚至终生的懊悔。

心理学上认为，不良情绪如果得不到及时转移，就会越来越强烈。一个忧愁的人，越是觉得愁绪满怀，就越能找到值得发愁的事情；一个愤怒的人，越是想着刺激自己的人或事，就越觉得自己有理由愤怒。

控制情绪其实就是一个转移情绪的问题。人在不满、恼怒、伤心时，不愉快的信息会马上传入大脑，并逐渐形成神经系统的暂时性联系，变成一个优势中心，使负面情绪迅速壮大。

如果马上转移，想高兴、愉悦的事，向大脑传递欢快的信息，也会形成一个优势中心，不良情绪就会被抵御、扼制住。

陈刚的脾气很暴躁，一有不顺心的事就发火。有一天，妈妈给了他一叠便利贴说："以后你觉得事情不顺时，就写下日期和简单的原因贴在记事板上。"陈刚点头答应了。

一周过去了，陈刚发现记事板上已贴满了便利贴，便一边读上面的内容，一边将他们取下来。陈刚发现，让自己生气的都是一些小事，根本不值一提。

妈妈告诉他："下次你再想发脾气时，就问问自己，这件事真的值得你发这么大的脾气吗？然后，再平复一下心情。"陈刚点头表示同意。

控制情绪说简单也很简单，就是一个有效转移情绪的问题。孩子一旦养成了习惯，一遇到负面情绪，就会自动抵御、扼制，甚至变成一种潜意识，例如积极、乐观的心态。

人是情绪的动物，情绪影响到生活的方方面面，有太多的人成了情绪的手下败将，向情绪臣服。

孩子无法控制情绪，是由于还没有掌握控制情绪的方法。父母要教孩子如何控制情绪，这样才能让孩子成为自己的主人、生活的主人。

方法一："冰冻"自己，实施"缓兵之计"

父母要教孩子，若遇到较强的情绪刺激，无法迅速抑制情绪，为了不使自己陷入冲动鲁莽、简单轻率的被动局面，可以采用非常手段，如沉默、迅速离开现场。

强烈的情绪刺激一般指被人讽刺、嘲笑、指责等。孩子此时如果马上反唇相讥、暴怒不已，可能会越吵怒火越旺，双方僵持不下，让关系、情形急剧恶化而无法挽回。这个时候，沉默才是强有力的抗议武器，孩子沉默数秒后，寥寥数语反而能让对方尴尬。

方法二：多想、多做快乐的事转移情绪

孩子生气了，一定是尊严、切身利益被触动了。在这种状态下，其情绪就很容易失控。孩子一旦发现自己的情绪快要爆发，可以及时暗示、转移注意力。

孩子心生愤怒，马上就要发作时，一定要一忍再忍，告诉自己：无论是打是骂，都不能解决最终问题，只会带来更多的破坏。孩子可以去做些快乐的事，比如运动、听歌、看电影，或想一些快乐的事，来平抑自己的怒火。

方法三：冷静后再去思考解决之道

孩子一旦冷静后，再去思考这种矛盾、困境、尴尬要怎样解决。因为，如果不最终解决，孩子还是会为同样的事情烦恼、愤怒。此时，父母要让孩子学会冷静思考。

通过周密思考后采取的行动，更能够被人接受，双方的分歧也会减少。这样才能做到既为对方考虑，又顾及自己的原则。问题最终解决后，双方都皆大欢喜，愤怒源也会被彻底清除。

方法四：进行针对性训练，提升孩子的忍耐性

孩子无法控制情绪，也与忍耐性不够有关系。许多孩子事后反省时，都认为事情并不值得自己生气。

朱丛的脾气很暴躁，常常为小事大动干戈，闹得家里鸡犬不宁。妈妈看着他，很为他着急。最近，朱丛迷上了下围棋，妈妈认为下围棋可以让他更理智，便选了个双休日，开始教他下围棋。

朱丛凭着对围棋的兴趣，学得很快。后来，妈妈还为他请了辅导老师。半年下来，妈妈发现他变了，变得稳重、理智了。

父母可以根据孩子的业余爱好，选几项需要静心、细心、耐心来完成的事情。例如练字、绘画、下棋、制作手工艺品等，它们都是培养耐性的好方法。

通过这些兴趣爱好，父母可以逐渐转变孩子的思维模式，让他们变得善于思考、冷静沉着，成为自己情绪的主人。

科学用脑——大脑也需要适当的休息

科学用脑就是根据大脑的生理特征，科学地进行工作及学习活动，防止大脑疲劳。会科学用脑的人，能提高工作效率；不会科学用脑的人往往事倍功半。

脑是人体各器官中最重要和最活跃的器官。虽然人脑的重量不到身体总重量的3%，但对氧气和养分的消耗量却占全身总耗量的23%。

通常大脑的神经细胞能贮存一定的能量，大脑活动持续一定时间后，贮存的能量会逐渐被消耗。当超过其限度时，大脑的功能活动降低，由兴奋转入抑制状态，人就会出现疲劳，注意力不集中，记忆力下降，反应迟钝甚至瞌睡等症状。

学习是一种极其繁重的脑力劳动。学习时大脑处于高度紧张、兴奋的状态，需要大量的新鲜血液提供足够的营养。大脑的营养供应不足会导致心跳加快、血压升高等一系列生理变化。

父母一定要根据用脑规律来指导和帮助孩子学习，这样一方面能提高效率，另一方面又能保障大脑的健康。

为了在考试中取得好成绩，小学四年级的周颖每天都很努力地学习。妈妈看到周颖这么认真，也感到很高兴。

但是最近这几天，周颖上课时老打瞌睡，注意力不集中，每节课上到后半段就犯困，更别提专心学习了。

妈妈带着她到医院检查，结果医生诊断她是脑负担过重，出现了成年人才有的疲劳综合征，这让妈妈大吃一惊。

妈妈这才认识到，以后一定要让孩子的学习生活有张有弛，科学用脑，否则会得不偿失。妈妈暗暗庆幸，还好发现得早，要不然就会对大脑造成更大的伤害。

有人认为，人类大脑的潜能几乎接近于无限，开发大脑最好的方法就是多用脑，这是一个误区。学生负担过重，在很大程度上就是由这种错误观念造成的。"刀不磨不快，脑不用生锈"之类的民谚，足以体现出我们用脑观念的错误。

开发大脑，并不等于掠夺式地使用大脑，如过去的"头悬梁，锥刺股"，这无异于自我摧残。父母们应该教会孩子科学用脑，这样会提高孩子的学习效率，维护他们的身心健康。

方法一：让孩子吃好早餐

一直就有"早餐吃好、午餐吃饱、晚餐吃少"的说法，但由于早上时间最为紧张，有的孩子又赖床，来不及吃早餐，这样对大脑的损害非常大。

因为不吃早餐会造成人体血糖低下，对大脑的营养供应不足，而上午又是功课最多的时候，大脑需要的能量得不到供应，长期下去，不但会影响功课，还会影响大脑的发育。

早餐中饮用鲜牛奶最为适宜，它不仅含有优质的蛋白质，而且还含有大脑发育所必需的卵磷脂。

方法二：保证充足的睡眠

睡眠不仅能使大脑得到休息，脑力得以恢复，而且能使大脑有时间进行信息的巩固和条理化。因此，父母要特别注意督促孩子，保证每天八九个小时的睡眠时间，在周末和假期里也不能例外。

除保证睡眠外，父母还应该要求孩子每天坚持半个小时的体育活动。体育活动能够增强血液循环，有利于消除大脑疲劳。

方法三：不要让孩子长时间连续用脑

据研究，儿童连续用脑30分钟，血糖浓度在120毫克以上，这时大脑反应快，记忆力强；连续用脑90分钟，血糖降至80毫克左右，大脑功能正常；连续用脑120分钟，血糖降至60毫克左右，这时孩子反应迟钝，思维能力较差。

有人把一批学生分为两大组，要求两组学生学习相同的内容，但要求一组学生在学习中间休息5分钟，而要求另一组学生连续学习、不休息。

结果发现，可休息的一组学生的记忆力要比不休息的一组学生的记忆力提高22%。这说明在学习中间，如果能注意适当休息，就可消除大脑疲劳，减少遗忘。

方法四：充分利用"最佳用脑时间"

怎样用脑效果最佳？这在很大程度上取决于个人的生物钟。有研究者将人分为三种类型：

第一种是"猫头鹰型"。这种人每到夜晚脑细胞便进入兴奋状态，精神饱满，毫无倦意，如鲁迅先生、法国作家福楼拜，都喜欢在夜间挥笔著文。

第二种是"百灵鸟型"。这种人黎明即起，情绪高涨，思维活跃，如作家姚雪垠、数学家陈景润，习惯在凌晨3点投入工作，俄国文豪托尔斯泰、英国小说家司各特也习惯于早晨写作。

第三种是"混合型"。这类人全天用脑效率差不多，但相对而言在上午8~10点和下午3~5点效率较高。就整个人群来说，混合型是绝大多数，约占90％。

发现孩子用脑效率高的时间，对于指导其学习很有好处。比如，孩子晚间学习效率高，那就要注意保证晚间的学习时间，具体说就是要注意从社会活动、家务劳动等方面予以保证。久而久之，可以形成高低有致的用脑高峰期。

第九章
自我安全的好习惯：让孩子能够保护好自己

沉着冷静——情况越危急，越能保持冷静

父母应教育孩子面对任何意外情况都要保持冷静，不要惊慌。因为惊慌必然会导致思维的混乱，从而影响他们对眼前情况的判断，延误化解危机的最佳时机。

现在的孩子多在父母的强势保护下成长，就像成长在无菌花房里的花朵，一旦独自面对外面的哪怕一点点的风雨，便会立刻枯萎。

然而社会不是个无菌的环境，父母也没有能力照顾孩子的一生，孩子终究要独自面对社会中的风风雨雨。如果他们缺乏沉着冷静的良好习惯，那么他们在面对这些风雨时必然会节节败退。

汪莹是个四年级的小女孩，今年已经十岁了。她学习成绩很好，一直是父母的骄傲，平时父母对她也是呵护有加。

一次，汪莹放学回到家里，妈妈正在做饭。妈妈刚把油倒入锅中，就突然听到电话响了。于是，妈妈叮嘱汪莹等油热了把菜倒进去，汪莹答应了。

当她走到厨房时，发现油因为温度太高而燃烧起来，她吓得两腿发软，蹲在原地，根本不敢移动半步，甚至半天才哭出声来，更不敢去关燃气灶了。

妈妈听到汪莹奇怪的哭喊声，扔下电话赶到了厨房，迅速地把燃气灶关了。妈妈厉声说："你怎么这么没主意！你可以把燃气灶关了呀，你蹲在这里万一火烧过来怎么办？"汪莹只顾哭，丝毫没有理会妈妈的愤怒。

经过这次事情，妈妈知道女儿要真正成长为一个优秀的人，还有很长的路要走。

汪莹从小受到父母的关爱，除了学习，其他一切都由父母代为处理，结果面对这种意外的小事，她只会蹲在原地等父母的救援。这就是孩子缺乏沉着冷静的习惯造成的，也是父母过分地保护孩子引起的。

沉着冷静的良好习惯是每个孩子都必须养成的，因为这是保证他们处理好各种紧急事务的关键习惯。这样，当孩子面临危险和困难时，才懂得保持沉着冷静，从而脱离危险、克服困难，最后走向人生的辉煌和成功。

"父母之爱子，则为之计深远"。父母不应该辛苦、刻意地为孩子创造无菌的环境，而是应该让他们学会在有菌的环境下顺利成长，学会沉着冷静地处理各种突发事件。

方法一：培养孩子良好的心理素质

只有拥有良好心理素质的孩子才可能在面临各种情况时做到沉着冷静，因此，父母要培养孩子沉着冷静的习惯，首先就得增强他们的心理素质。

前几天，张惠去参加了国际奥林匹克数学竞赛。在两个多小时的答题过程中，她专心致志，时时保持着轻松的笑容，表现出来的良好心理素质让带队老师都自叹弗如。

张惠的妈妈鼓励她从小就参加各种竞赛，带她出席各种重要场合。这样不仅让张惠增长了见识，还让她具备了良好的心理素质。

父母可以多带孩子出席一些重要的场合，鼓励孩子多与他人沟通、交流，这样一方面可以增长孩子的见识，另一方面也可以让孩子的心理素质得到加强。父母还可以创造机会让孩子多参加一些竞赛，但不要过于在意孩子竞赛的结果。

方法二：培养孩子善于分析的能力

培养孩子具有清楚的思维，善于分析当前的情况，进而做出有利的决断，这是孩子能够沉着冷静下来的基础。

父母可以引导孩子去分析一些生活中的常见现象的原因，让他们通过周密的分析，揭开事情的真相。一旦孩子明白了事情的原委，便不会对事情感到害怕了，自然也就能沉着应付了。

方法三：帮孩子克服恐惧心理

勇敢是孩子能够冷静下来最基本的素质。如果孩子总是怕黑，怕一个人睡觉，那他怎么可能在面对意外情况时能够冷静下来？他只会害怕地等待父母来救援。

对于孩子的惧怕，父母一定要帮助他们克服，耐心地告诉他们没有什么可怕的。

方法四：教会孩子处理突发事件的技巧

在平时的生活中，父母应该有意识地给孩子讲一些处理突发事件的技巧，这样才能保证孩子在面临突发事件时知道自己该做些什么、怎么做。孩子只有知道该如何应对突发事件，才能在面临这些突发事件时保持冷静。

例如，父母可以告诉孩子在偏僻的场所遇到抢劫时，不应该与犯罪分子硬碰硬，不要惊慌，不要与犯罪分子过多纠缠，应该设法逃离并记住他们的长相，等他们走后再寻求帮助。

直面挫折——勇敢地解决生活中的难题

挫折是人生必须经历的,没有人能随随便便成功,不经历风雨不可能见到彩虹。苦难和挫折能够磨砺人的意志,让人变得更加坚强、勇敢和充满智慧。

如果一个人面对挫折,只知道自怨自艾,一味地进行逃避,而不懂得勇敢地面对,那么他永远不可能成长起来,更不可能取得成功。

现在的孩子从小受到长辈们的宠爱,极少有机会自己去面对挫折,以至于在学习上遇到一点点挫折便受不了。

张茵是个很聪明的女孩子,平时学习特别勤奋,但是她有一个不好的习惯,就是面对失败和挫折时,她总是习惯性地逃避,不愿意勇敢地应对。

有一次期中考试,张茵屈居第二名。她感到非常沮丧和气愤,甚至认为是老师故意让别人得第一名的。

而且,张茵也不敢勇敢地告诉父母,反而骗父母自己还是第一名。父母工作很忙,而且以前女儿也都是第一名,所以也没放在心上。

第二名这个名次对张茵的打击真的太大了,她觉得别人对她的看法都改变了,每个同学都在嘲笑她,老师也不再喜欢她了,她的脾气变得越来越暴躁,也难以静下心来好好学习。

也许有的孩子幸运,有学历、素质都很高的父母,从小他们就能得到正确的智力启发,因此可以比一般的孩子理解力、学习能力强一些。

有的孩子出生在优越富裕的家庭环境中,长大以后不需要任何努力就可能拥有亿万的财富，足够一生的享用。

但是这些命运的宠儿真的能得到成功的喜悦，体会到人生的乐趣吗？他们能永远这么幸运吗？

智商高并不能保证获得幸福的生活，生活中时时存在着挫折，每个人不仅应该有克服困难的智慧，更应该有克服困难和挫折的决心，而决心比技巧更重要。如果一个人无心去克服困难，那么即使他有克服困难的智商也是没有用的。

家境优越的幸运儿就更没有什么可以炫耀的了，在现在这个信息、财富变化极其迅速的社会里，亿万富翁可能一夜之间就会成为穷光蛋。

从这个意义上来说，财富已经不再是可以继承的资产，父母应该给孩子留下更为宝贵的精神财产，即勇敢地面对挫折，抓住拥有财富的机会，这样才能真正让他们一生受益。

方法一：有意识地让孩子吃点苦头

许多父母都试图为孩子提供一个安逸的环境，避免他们去面对挫折和挑战，这种想法是错误的。

作为父母，应该时时克制自己为孩子包办一切的想法，让孩子多吃点苦头，培养孩子直面挫折的习惯，努力给孩子创造机会，锻炼他们直面挫折的能力。

陈晨学习成绩很棒，生活自理能力也很强。陈晨的父母拥有一家上市公司，资产过亿。但是从他上学以来，父母就很少开车接送他上学、放学，他们总是鼓励他坐公交车去上学。

每到夏天，看到陈晨顶着烈日挤公交车，父母也很心疼，但他们并没有因此放弃这种习惯。在父母有意识的锻炼下，陈晨可以勇敢地面对生活中的苦难和挫折。

即使家里条件优越，父母也应该让孩子多吃点苦头，让他们体会到生活的艰辛和自己克服困难与挫折后的快乐。例如，父母可以鼓励孩子自己挤公交车上学、放学，不管天气多么恶劣，都要让他们坚持等。

方法二：严防孩子面对困难的逃避意识

遇到挫折时，逃避是很多人的选择。他们不愿意去承认事实，也不愿意认真地去找出自己失败的原因，总是一副无所谓的态度。

钟云是个四年级的小女孩，她学习成绩一般，因为她总是逃避挫折。她的作文写得不太好，但她从来没想过要去提高，也不愿意面对这个事实。

妈妈耐心地和她交谈，告诉她逃避是不能解决问题的，只有直面自己遇到的困难和挫折才是正道。钟云在妈妈的鼓励下，慢慢走出了逃避的误区。

父母应该防止孩子出现这种逃避的心理。当孩子功课不好时，要鼓励孩子分析原因，而不是消极地逃避，告诉他们找出伤口并很好地处理好伤口才能把病治愈，长期地忽略只会导致伤口越变越大，最终病入膏肓。

方法三：通过运动锻炼孩子顽强的意志

父母应该带领孩子多参加体育锻炼，最好能常年坚持一项体育项目，鼓励他们每天都坚持，锻炼孩子不怕困难、不怕挫折的顽强意志。

例如，在开始时，父母可以安排孩子从几点到几点之间必须跑步，等孩子养成习惯后，便可以让他们自己安排时间了。

方法四：利用榜样激励孩子应对挫折

孩子的心灵是充满阳光和温暖的。父母应该多给孩子讲一些成功人士的奋斗故事，讲述他们面对过的挫折和他们面对挫折的态度和勇气，鼓励孩子多向他们学习，以他们为榜样，激励孩子不断地克服困难，取得成功。

随机应变——让机智帮孩子化险为夷

随机应变要求一个人在紧急情况下,能够迅速调整自己的身心状态,使自己快速了解情况,适应环境,做出有利于自己的决断。

随机应变是一种综合能力的集中体现,需要孩子迅速捕捉、搜集和分析信息,运用自己的智慧进行判断,制定调整方案,或者利用或创造条件,弥补自身的不足,发挥自己的优势,顺利地转危为安。

现在的父母几乎毫无例外地患上了"关怀强迫症",即父母们总是为孩子提供一些他们并不需要的关怀。

由于现在的家庭里几乎都只有一个孩子,于是,家里人就全部围绕着孩子生活。任何事情的安排都以孩子为中心,整个家庭生活除了孩子还是孩子。

父母处处保护孩子,唯恐他们受到一点点的伤害,而不是教他们学会机智地应变,面对困难时自己去克服,这样真的对于孩子的未来有益处吗?答案是否定的,甚至更为严重的是,孩子生长在这种环境下将丧失基本的生存和自我保护能力。

王贝是个六年级的小男孩,今年已经十二岁了。他是家里唯一的孩子,从小就受到祖父两辈人的百般溺爱。

有一次,王贝应邀去同学家里玩,两个孩子玩到九点半才依依不舍地告别。同学把他送下楼便回家了,他也兴致勃勃地往家里走去。

没有走多远,王贝突然发现花坛背后有个黑影。他害怕极了,脑子里立即浮现出报纸上那些绑架小孩子的新闻。于是，他慢慢移动到居民楼的墙角，一动也不敢动，一直蹲在原处。

王贝的父母给他的同学打电话，才知道他早已经走了。当心急如焚的父母找到他时，他还一直蹲在原处。

王贝的表现具有一定的代表性。父母不及时培养孩子机智地应对特殊情况的能力，让孩子在困难面前毫无反抗之力，对孩子的未来没有丝毫帮助。

人每天都要面对很多的变化和突如其来的事件，唯有能够机智应变的孩子才能在社会上顺利地生存并获得更多的发展空间。

机智的习惯是完全可以通过父母有意识的教育培养起来的，因此，在早期家庭教育中，父母应该重视对孩子这方面的培养。

方法一：让孩子的思维跳出条条框框

条条框框的知识学习固然重要，但是能够正确地将其应用到实践中去才是最关键的。理论一定要联系实际，才能更好地发挥其应有的作用。

为了确保赵乐健康的成长，父母对她进行了安全教育："当你一个人在家的时候，不要轻易给别人开门，尤其是陌生人敲门，一定不能开门。"

那天，奶奶路过她家，想顺便来看看她。没想到，赵乐死活不给开门。她坐在沙发上看动画片，任由奶奶一个人在门外站着。

因此，父母应该告诉孩子在面临具体的事情时，要把自己的思维从条条框框的经验中解放出来，具体问题具体分析，这样才能真正养成机智的好习惯。

无论在学习上，还是在生活上，如果孩子墨守成规，那么他们学到的知识对他们的未来不会有任何帮助，也难以让他们养成机智应变的好习惯。

方法二：训练孩子的快速反应能力

快速反应能力是培养孩子机智习惯的基础能力。如果一个孩子懂得应变的技巧与方法，但是行动力不足，就很难保证他在面临突发情况时能够巧妙地化解。

因此，父母在平时的生活中应该多训练孩子的快速反应能力，以保证他们在面对突发情况时能够快速地反应，及时化解危机。

方法三：多给孩子讲一些名人的机智故事

父母可以多给孩子讲一些名人机智应变的故事，以引导孩子重视机智，并慢慢养成机智的好习惯。

父母可以给孩子买一些名人的传记或者名人的语录集，让孩子在名人的激励下，意识到机智的作用，并且掌握一些机智应变的技巧。

方法四：通过游戏训练孩子的机智

父母可以通过那些需要快速反应的游戏来训练孩子的机智。

郝莹是个机智的女孩子，因为妈妈从小就很注意对她这方面能力的培养。郝莹刚上学的时候，妈妈就经常和她玩打手游戏。

当郝莹"打手"时，她会从妈妈的神态表情中判断出如何才能打到妈妈的手掌；而当妈妈"打手"时，她就要想办法逃脱妈妈的击打。

例如当孩子们在玩游戏时，父母可以指导他们从各个细节判断出伙伴们的动态，以赢得胜利的机会。父母还可以鼓励孩子在玩电脑游戏时多玩一些需要运用智慧快速反应的游戏，以培养他们的机智能力。

方法五：教给孩子基本的安全知识

父母应该告诉孩子一些基本的安全知识，例如不要闯红灯，过马路时一定要注意来往的车辆，遇到暴力犯罪时如何保全自己等。

孩子懂得一些安全知识，在面临危险时才能机智起来，没有哪个孩子天生就什么都会，这些能力都需要父母的培养。

自我保护——让孩子拥有保护自己的力量

孩子的自我保护能力包括自理能力、自我防范能力、自我救护能力和自我调整能力。让孩子学会自我保护，是让他们走向独立生活的可靠保障。父母要尽早让孩子学会各种自我保护的能力，让孩子免受伤害。

在平时的生活中，父母要有意识地将自我保护的常识性知识教给孩子，让孩子记住，哪些情况下有哪些危险，要怎样来注意和防范。

父母要注意培养孩子的独立性和自主性，让孩子尽早尽快地学会生活自理。只要精通了这些生活自理技能，就会很好地保护自己了。父母要让孩子自己的事情自己做，不要总是代劳，这样是不利于孩子学会自我保护的。

黄皓现在四岁了，父母越说哪个物件不能碰，他就越是感兴趣。有一天，他想自己用微波炉烤红薯吃，平时他也看见妈妈的操作了，觉得应该没问题。

可是黄皓在按时间的时候多按了十秒，结果看见红薯烤焦了，他拉开微波炉的门就拿，结果把手给烫伤了，疼得他马上就大哭起来。

妈妈赶来一看，马上给黄皓擦烫伤膏，并对儿子说："你可真是胆子大，大人都不敢做的事，你都敢做。"

黄皓看着妈妈，委屈地说："我不知道会这么烫的，要是知道的话，我就不敢这样做了。"妈妈听了，觉得是自己失了责，没有教会孩子保护自己。

父母要帮孩子正确地认识现实生活中的人和事，让孩子明白生活中有真善美，也有假恶丑。对与错，是与非，都要让孩子尽早地了解，这样才能保证孩子在社会上不会上当和受到伤害。

自我保护能力对于孩子来说是非常重要的。为了使孩子顺利地成长，父母应该在孩子年幼的时候就加强对孩子的自我保护教育，让孩子能够拥有良好的自我保护能力，可以健康、安全地成长。

方法一：对孩子进行安全教育

父母一定要在生活中培养孩子的安全意识，既要教会孩子各种各样的安全常识，也要让孩子知道在遇到安全问题后应该怎么办。

爸爸比较注意对王欢的安全教育。平时在家里，爸爸就跟他说："煤气是不能去碰的，电插孔是不能用手去抠的。"对于家用电器，爸爸也会教他操作方法。

走在马路上，爸爸就教王欢怎么看红绿灯，还给他讲相应的交通规则；看见河道，就跟王欢讲不要玩水；平时看动画片，也让王欢跟着学一些简单的自我保护技巧。

在生活中，父母要经常提醒孩子把安全放在心上，做任何事都要想一想这样会不会有危险。只有让孩子多了解，在碰到问题时，孩子才会用正确的方式来应对。

方法二：教会孩子远离危险

灾难和危险给孩子带来的残疾或伤亡对家庭的打击是不可言喻的，孩子不具备完全独立的能力，父母要培养孩子的安全意识，让孩子把安全放在做任何事的首位。

吴纲是个只有六岁的小男孩，却不幸溺水而亡。这与父母对他的安全意识教育缺失有关。

周末，吴纲和几个小朋友去湖边玩，他觉得太热了，便建议小朋友一起去湖里洗澡。其他小朋友都说父母不让下水，而吴纲却说："我爸妈都没有说过。"

说完,吴纲不听伙伴的劝阻,硬是下了水,可是下去了就没有上来。父母知道事情的经过后,后悔不已。

父母对孩子进行安全教育有很实际的作用。通过增加对危险的了解,孩子就能采取措施减少或控制这些危险,从而使自己更加安全。

方法三:告诉孩子交通安全的相关常识

据调查,我国有很多孩子在交通事故中受伤或丧生。父母要教给孩子一些交通安全常识,培养孩子遵守交通规则的意识。

董栋要上三年级了,妈妈告诉他:"你是大孩子了,再说家离学校也不是太远,你可以学着自己去上学了。"

说完,妈妈给董栋讲解了交通规则,让他记在心里:走路靠右;过马路走人行横道,并且要看清红绿灯;在横穿马路时不要急着走,先看看左右有没有汽车再走。

在妈妈的讲解下,董栋知道了怎么遵守交通规则。

现在的交通繁忙,无论是上学、放学还是随父母外出购物,父母都要经常提醒孩子注意安全,并将相关的安全知识传授给孩子。

方法四:教孩子掌握基本的自救技能

孩子的学习能力很强,即使年龄小,父母也要在平时的生活中注意教给他们一些自救技巧,并和他们一起多加练习。

比如,父母可以告诉孩子,被动物咬伤了怎么办,遇到地震、火灾了该怎么办,手指被划破了怎么办,被虫子咬到了怎么办,等等,让孩子能更好地保护自己。

遵纪守法——避免因触犯法律受到惩罚

遵纪守法就是要遵守道德规范和遵守法律规范。从小培养孩子遵纪守法的观念,是为了让孩子在以后的人生道路上,能够做一个遵纪守法的社会好公民。

要想提高孩子的素质,遵纪守法是必需的。现在的孩子法律意识很淡薄,很多孩子触犯了法律,自己却不知道。许多少年犯的悲剧人生,都让人很痛心。

父母要让孩子遵纪守法,不要等到孩子误入歧途才觉得遗憾。孩子就像是一张白纸,父母要以身作则树立他们正确的道德观。

要想培养孩子遵纪守法,首先就要让孩子学会遵守道德规范。要重视对孩子的品德教育,从小就要向孩子灌输尊老爱幼、关爱他人的思想。

要打好孩子的道德基础,让孩子能有优良的道德品质,然后再教孩子法律常识,帮孩子树立良好的法律意识,让孩子在诱惑面前能够坚守自己的底线,不轻易地跨越。

周星的父母平时工作忙,也不怎么关心他。有一天,周星在超市偷东西被抓住了,只好给妈妈打了求助电话。

妈妈一路上都不敢相信这个事实。她不明白自己平时给孩子的零花钱也不少,孩子怎么还会跑到超市里去偷东西。

把周星领回来之后,妈妈便问他:"是不是零花钱不够?"周星对妈妈说:"不是,我是在和同学打赌呢。他们说他们能够从超市里把东西给偷出来，问我可不可以。我说自己也行，于是就进去偷了，没想到被抓住了。"

妈妈听后更是觉得荒唐，便生气地说道："周星你怎么能在这种事情上闹着玩呢，这可是犯法的事呀。都怪妈妈平时没教育好你，让你连最基本的法律常识都不懂。"

法制观念及素养的培养，是孩子个人成长过程中非常重要的一环，关系到孩子能否与他人建立起融洽、和谐的关系，关系到孩子以后是否能适应社会。无法制约和限制自己的言行，屡屡触犯法律伤害他人，也就失去了在社会上正常生活的权力。

孩子做出触犯法律的事情时，要让孩子受到法律的惩罚，感受到法律的威严。不要总是找熟人来给违反规定的孩子开脱，帮孩子摆平惩罚。否则只会让孩子漠视法纪，总有一天会因为过错严重而无法挽救。从小就对法律、法规没有畏惧感，是不利于孩子健康成长的。

遵纪守法，是孩子必须谨记在心的。父母只有让孩子先做好了这一条，才能够去培养他们其他的优秀品质。

方法一：父母要以身作则，做到遵纪守法

父母在平时的生活中，就要给孩子们树立好的榜样，不要做违法乱纪的事。有了这样的示范，才能说服孩子。

刘表和爸爸一起出去玩时，看到从前面骑自行车的人的口袋里掉出了一个东西。爸爸上前一看竟然是钱包，便连忙叫前面的那个人停住。

骑车人对父亲的行为非常感激，刘表在一旁看着，也觉得很高兴、很自豪。在爸爸的影响下，刘表也非常遵纪守法。

如果违规了，就要主动承担法规的制裁，不要找熟人、托关系去逃脱惩罚。否则，会不利于孩子法制观念的培养，让孩子法律观念淡薄。

方法二：强化孩子的守法意识

父母要强化孩子的守法意识，从小就要让孩子明白，一些事情是触犯法

律的，不论年龄大小都不能做。如果做了犯法的事，就会受到法律的制裁。

小到偷窃，大到抢劫，都要让孩子记住，千万不要去做这些犯法的事。让孩子从小就养成良好的守法习惯，做遵纪守法的公民。

方法三：告诉孩子基础的法律知识

法律知识不是孩子生来就懂的，一定要通过后天的学习才能够深刻掌握。父母教会孩子懂法，才能让孩子的成长处于健康的轨道上。

张平的妈妈从小就通过儿歌、小短片、普法故事书这些途径，让孩子知道了一些最基础的法律知识。

妈妈在让他看小短片时，他明白了不能偷东西、打人、骗钱，这些都是违法的。所以平时他也养成了一种习惯，从不做违法的事情。

年幼的孩子会对枯燥的法律知识产生抗拒，这时父母就要学会把法律知识的讲授转换成生动有趣的教育形式，以便孩子乐于接受并深刻掌握。

方法四：用反面实例提醒、教育孩子

反面案例能够更好地让孩子明白自己行为性质的严重性。性质其实是一样的，只是程度不同而已。

孩子要深刻地理解法律常识，很多时候是可以通过这些发人深省的案例来做到的。案例更生动，更具感染力，情节更完整，从而让孩子能从别人的失足中，体会到问题的严重性并改正缺点。

安全用网——不让孩子被网瘾控制

网络是当今时代很显著的特征。它改变了孩子传统的学习方式，重新塑造着孩子。它为孩子提供了一个无限广阔的世界，为孩子打开了一扇知识的窗户。

现在，网络逐渐成为孩子学习知识、获取信息、交流思想、开发潜能、休闲娱乐的重要平台。网络还能培养孩子的想象力和创新精神，能够弥补传统教育的不足。

网络世界虽然有无限的魅力，但也给父母带来了很大的忧虑。孩子自我意识不强，社会经验不足，自我保护意识缺乏，往往会受到很多负面影响。

沉迷于电脑带来的虚拟世界，会使孩子感到孤独、自闭，影响孩子左前脑的发育。过多沉迷于电脑和网络的孩子读、写、算的能力会大大退化，还会影响孩子的逻辑思考能力、注意力的发展。过早地趴在电脑上对孩子的视力、颈椎、肠胃等健康都有影响。

韩晓今年十二岁了，是个内向的孩子。她很聪明，但是过于敏感，她感觉身边没有人注意和理解她。爸爸妈妈关心的只是她的学习，身边的同学很肤浅，只知道打打闹闹。

有一天，韩晓加了个QQ群，立刻被里面一些人的见解和学识所打动了，还在里面认识了不少志同道合的朋友。

从那以后，韩晓放学回到家后就上网，也不和父母说话。有时候父母让她学习，她也只是傻傻地发呆，想聊得开心的网友。

如果父母不让她上网，她的心情就会变得非常烦躁和抑郁。父母看到她的表现，感觉很是头疼，又不知道该怎么办。

不少孩子没有正确地了解和使用网络，他们沉浸于网络所创造的虚拟世界中，在网络里玩游戏、网恋；他们对待网络传达的信息缺乏识别能力，甚至会受到暴力、色情等不良内容的影响，所以很容易走上犯罪的道路。

父母要让孩子意识到网络是一把"双刃剑"，它有发挥良性作用的一面，也有危害孩子身心发展的一面。

父母要教育孩子辩证地看待网络，要讲究度，让网络成为充实自己的工具，尽量避免网络的不利因素对孩子的影响。

方法一：父母要了解网瘾的症状

父母要想帮助孩子打开网瘾的心结，首先要了解网瘾的症状。在网瘾早期，孩子会感觉到上网的快乐，然后精神上对网络产生很强的依赖心理，渴望上网。

后来，则会发展为躯体依赖，情绪低落，思维迟缓，只有在上网后精神才能恢复正常。网瘾到达晚期，会出现体重减轻的特征，一旦停止上网，会出现自残倾向，危害个人和社会。

总之，如果孩子连续一个月以上每天玩游戏4~6个小时，认为上网能给自己带来乐趣，那么父母就要留意孩子了，要及时采取措施让孩子摆脱网瘾。

方法二：用爱心引导孩子打开网瘾的心结

父母的爱心在和孩子进行教育、沟通的过程中有很重要的作用。对出现网瘾的孩子，父母要善于用爱心来引导孩子。

很多孩子迷恋于网络的很重要的原因是缺少父母的关爱，所以会把这种心理需求寄托在网络上。聪明的父母都是有爱心的父母，他们会关注孩子所需要的，及时用关爱去弥补孩子的情感缺失。孩子在现实生活中的情感需求得到满足了，就会减少对网络的依赖性。

方法三：培养孩子多方面的兴趣和爱好

孩子迷恋于网络，主要是因为缺乏学习兴趣，但是网络能带给他们更多的兴趣。良好的兴趣，能够很好地预防孩子网瘾的形成。父母想帮助孩子解开网瘾的心结，就要善于引导孩子的兴趣和爱好，把孩子的兴趣从网络中转移出来。

高宇今年上三年级了，他的爸爸是搞计算机的，经常用电脑。他接触到电脑后，就迷上了里面的小游戏。

这天，爸爸看见孩子又在玩游戏，就说带他去公园玩。玩了一会儿后，爸爸和高宇一起看蓝天白云，并把它们画了下来。

回到家中，高宇已经没有心思再去玩游戏了，爸爸则把高宇的画裱起来挂在墙上，并鼓励他多画画。结果，高宇真的爱上了画画，就把电脑抛到一边了。

父母要引导孩子走出网络的世界，培养孩子多方面的兴趣，让孩子在兴趣中找到乐趣，就会远离网瘾的困扰了。

方法四：陪孩子多看一些关于网瘾的案例

很多孩子也知道对网络成瘾不好，但是因为在实际生活中看不到实例，所以意识不到网络的危害，或者说意识不到网瘾的严重性。

如果父母能够陪孩子多看一些相关的案例，孩子会直观地了解网瘾的危害，从而受到很深刻的教育，自然就会引以为戒了。

理性看"性"——科学引导孩子的性心理

孩子的性心理是不断成长的。性心理学家认为，孩子早期形成的性心理对孩子今后的人生影响很大；小时候孩子性心理的扭曲，往往在长大成人后，才显露恶果。

随着社会的进步和发展，大量的性信息向孩子涌来，丝毫没有性质、内容、数量上的限制。

这给父母对孩子的性心理教育提出了新的难题，即如何帮助孩子学会对从各种途径接触到的性信息进行扬弃，即摒弃色情、荒谬的性信息，从中汲取健康科学的性信息。只有接受的信息是健康的，孩子才能养成良好的性心理。

孩子面对性心理的困惑需要父母的及时开解，而中国社会的约束使父母在迷茫的孩子面前也很为难。不少父母对性心理教育都非常反感，觉得与孩子谈论性问题时难以启齿，所以孩子从父母那里获得的性知识并不多。

王楠刚满十七岁。这天，她正在上晚自习，突然感觉肚子疼，于是被送往医院。妈妈接到电话后，立刻朝医院赶去。

到了医院，妈妈才知道，王楠竟然怀孕了。而且，肚子疼是因为孩子要生了。这让妈妈非常震惊，也非常气愤，当场就给了她一记耳光。

后来，王楠被推进了手术室，妈妈觉得很没面子，竟甩手离开了。

进入手术室的王楠心里也非常难过，这些日子她一直过得很慌张，她不敢将怀孕的事告诉妈妈，更不知道如何处理胎儿。

其实，父母最贴近孩子的生活，再加上和孩子的亲情关系，父母理应在性问题上成为孩子的良师益友。

父母必须树立这样的意识：随着孩子的长大，在父母这里得不到答案的问题，他们会用自己的方法去寻找答案。如果因为缺乏父母的指点而使孩子误入歧途，那么就得不偿失了。

对孩子的性心理教育必须积极、主动；同时做到和孩子真诚沟通，及时帮助孩子解答他们所困惑的性问题。

只有这样，才有可能用科学、健康的知识和理念教育我们的孩子，平息来自各个渠道的性信息冲击，最终使孩子获得性生理和性心理方面的健康发展，以保证孩子客观地面对性心理，在人生路上顺利前行。

方法一：调整好对孩子进行性心理教育的心态

青春期是孩子人生中最美好的、充满幻想的时期，但是孩子也会感到恐惧和不知所措。他们需要父母的及时引导。许多父母都不想让孩子过早地涉及"性"的话题，更不要说对孩子进行性心理教育了。

这对孩子的健康成长是极为不利的。有智慧的父母应该采取健康开明的态度，调整好自己教育孩子"性心理"的心态，积极地对待孩子的"性心理"教育。父母要态度坦然地面对孩子，用自然的语气回答孩子的疑问。

方法二：正确看待孩子出现的性心理上的困惑

父母要认识到，伴随着第二性征的出现，孩子会遇到生理、心理发展的不平衡，悄然的身心变化也会使孩子的情绪容易大起大落，而所需要的性教育跟不上，孩子出现性心理困惑也就不足为奇了。

两个异性朋友交往得多，由好感而产生一种朦胧的对异性的眷恋，并且抑制不住地向对方表达自己的想法，这是孩子感情的自然流露。这时的孩子会有很多的困惑，父母要正确看待，并给予积极的引导，帮助孩子走出困惑。

方法三：帮助孩子建立性角色认同

父母要让孩子认识到性别差异。人是分为男人和女人的，孩子生活在社会中就要承认并接受自己的性别，然后按照社会对性角色的要求，去做符合自己角色的事情。

孩子可以从父母给自己取的名字，买的衣服、玩具中判断自己的性别，也通过这种方式，能够让孩子顺利地建立性角色的认同。

但是部分父母存在重男轻女或是重女轻男的思想，从而导致孩子的性心理扭曲，这是父母要避免的。

方法四：帮助孩子树立健康的性观念

孩子掌握的性知识缺乏逻辑性、相关性，就更不能用所学的知识有效地解决自己的难题了。孩子在成长过程中，总会不可避免地遇到一些问题。

就性心理而言，无端地对异性产生好感、难以把握与异性交往的程度、早恋等都是综合性的问题，这些不仅是心理困惑，或是人生观、价值观的问题，与孩子的健康观念也有很大的关系。

父母要将对孩子的心理教育、性教育、青春期教育、预防艾滋病教育、预防毒品教育等专题整合在一起，有步骤地帮助孩子树立起积极、健康的观念，促进孩子身心的健康发展。

抵制"黄毒"——给孩子一颗纯净的心

所谓黄毒,就是不法分子向读者或者观众传播淫秽甚至变态的性观念和性行为的书刊、录像。

我国法律明令禁止"黄、毒、赌"的传播,因为这不仅是严重毒害人们心灵的事情,更是危害国家、扰乱社会的极端行为。

在信息传播速度越来越快的今天,黄色信息也有了更适合其成长的土壤。从黄色书刊到淫秽录像,尽管社会一直在禁止,却是屡禁不止。

孩子的世界也逐渐被黄毒所侵犯。黄毒的诱惑形式多种多样,再加上孩子的自制力不强,黄毒的盛行也就变得可以理解了。

汪峰最近睡觉很晚,总是到了深夜才熄灯。妈妈以为是他学习刻苦,就告诉他要注意身体,保证睡眠,这样才能更好地学习。汪峰含糊地答应了。

可是,最近一次考试,汪峰的成绩却远远不如以前了,这让妈妈感觉很奇怪。问及原因,他也是口齿不清,躲躲闪闪的。

这天,妈妈给汪峰打扫房间,在他的床铺底下翻出了不堪入目的东西——封面显示是黄色书籍,并且书中还夹藏着色情光盘。

这让妈妈大吃一惊,也明白了儿子学习成绩退步的原因。

孩子如果沉溺在黄色诱惑中,精神和心灵就会受到严重的摧残,甚至扭曲,并且在行为上也会发展成手淫等,危害身体健康。

接触黄毒,还会影响孩子的学习,影响发育。最严重的就是容易上瘾,这样在一定程度上就会导致孩子走向极端,甚至引发犯罪。

随着技术的进步、信息传播渠道的增多，黄毒传播的速度也越来越快。父母要关注自己的孩子，在日常生活中加强对孩子的教育。

作为父母，要想办法保护孩子容易受到毒害的心灵，从心理上学会拒绝黄色污染。如果孩子已经涉足黄毒，就要采取积极的措施把孩子从黄毒的魔爪中救出来。

但是并不是每个孩子都会对黄毒感兴趣，也不是每个受到黄毒污染的孩子都会走上性犯罪的道路，关键在于父母的引导。

方法一：净化孩子的生活环境

孩子很容易受到周围环境的影响。生活环境中的黄色书刊、音像制品是腐蚀孩子精神的毒药，是诱发孩子性冲动，进而进行不正当性行为的罪恶之源。所以，父母要净化孩子的生活环境。

父母要帮助青春期的孩子自觉抵制黄毒的诱惑，避免让孩子看黄色的书刊、录像，对于孩子的黄色书刊、光盘等都要没收，净化孩子身边的刺激源。特别是对于有电脑的家庭，父母要告诫孩子不要接触网上传播色情的内容。

方法二：矫正孩子畸形的性心理

受过黄毒侵害的孩子心灵上会有一些阴影，他们会因为黄毒影响而对异性产生恐惧心理，也会因为黄毒的侵犯影响自己的人生观和价值观，对生活失去信心，形成畸形的性心理。

父母要通过培养孩子的性道德来矫正孩子畸形的性心理，教育孩子多看一些科学的、健康的书籍。黄毒对孩子的侵害不仅是身体上的，更重要的是心理上的，父母要帮孩子摆脱畸形的性心理。

方法三：让孩子通过正确的方式获得性知识

父母有责任帮助孩子了解科学的性知识，这是孩子的正当权利，也是父母应给予孩子的教育内容。但是由于不少父母羞于和孩子讲解关于性方面的知识，所以孩子只能通过各种黄色渠道来获取性知识。

如果父母羞于直接和孩子讲解，可以给孩子买些相关的性知识、性卫生的资料，也可以带孩子去图书馆查阅，还可以通过上网帮孩子查询相关知识。

父母给孩子足够的关爱和帮助，才能使孩子从科学的角度了解性知识，进而促进孩子的健康成长。

方法四：减轻受黄毒危害的孩子的压力

受黄毒侵害的孩子，一般会精神恍惚，注意力不集中，很难控制自己的思想，因而产生很大的心理压力，严重的还会产生心理疾病。

妈妈在帮王亚收拾房间时发现了一本黄书，就悄悄地收了起来。回家后，王亚发现自己的秘密被妈妈发现了，害怕妈妈将这件事告诉别人，压力很大。

可是妈妈却和没事一样，和她开玩笑，让她觉得很轻松，她的压力也随之减轻了。王亚暗下决心，以后再也不看类似的书了。

父母要根据孩子的兴趣和爱好，转移孩子的注意力，使孩子的情绪愉悦，继而减轻孩子的压力。

父母若发现孩子受到了黄毒侵害，一定不要散播孩子的秘密，以免孩子在别人面前抬不起头来，增加心理压力。父母可以让孩子做自己喜欢的事情，拓宽自己的视野，以便更好地摆脱黄毒的侵害。

拒绝骚扰——随机应变摆脱"咸猪手"

儿童性侵犯是指一切用欺哄、武力、讨好、教唆或者物质诱惑及其他方式把儿童引向性接触，以求满足侵犯者性需求的行为。

性侵犯早已经不是新闻了，这只黑手甚至伸向了自我保护能力非常薄弱的孩子们，因此，必须引起父母的足够重视。

孩子缺乏自我保护能力，同时由于我国传统思想的影响，许多家庭不对孩子进行性教育，使许多孩子对于性的知识知之甚少，导致现在许多性侵犯的黑手伸向了孩子们。为了保护孩子的健康成长，父母们应该及早告诉孩子如何应对这些性骚扰。

小路是个非常活泼开朗的孩子，可是最近她突然变得沉默起来，而且动不动就发脾气。

妈妈觉得很奇怪，便细心地和她聊天。小路刚开始对妈妈爱搭不理的，但在妈妈的安慰和引导下，小路终于说出了自己心中的秘密。

原来前些日子有一天放学后，她像平常一样走回家。刚走到小区门口，她就遇见了以前总在门口卖烧饼的张叔叔。

张叔叔说想请她帮忙去家里取点东西，小路答应了。可是当小路刚走进张叔叔说的那个地方，张叔叔就跟了进来。

张用恐吓的语气命令小路脱掉衣服。小路当时吓得大哭起来，可是当她在泪眼中看到张叔叔那凶神恶煞的样子，只得顺从地脱掉了自己的衣服。

事后，张叔叔还恐吓她不准告诉父母。妈妈得知事情的原委后，当即愣在原处，好不容易才缓过神来报了警。

针对儿童的性骚扰已经不是新鲜事了，但是作为父母，是否应该反思一下为什么犯罪分子偏偏选中孩子呢，而父母又应该为此做些什么呢？许多父母认为孩子没有自我保护能力，对性没有认识，因此，只能靠父母提供更为细致、周全的保护。

这种想法是错误的。父母应该及时告诉孩子什么是性骚扰，在面对性骚扰时如何保护自己，让孩子有戒备心理，这样才能真正使孩子远离性骚扰的危害。

父母渴望给孩子提供一个安全无菌的环境是一个良好的愿望，因为孩子不是装在父母口袋里的东西，他们总是需要和社会发生或多或少的联系，而这就会给犯罪分子机会。而使孩子远离性骚扰最好的办法是让孩子学会自卫。

方法一：帮助孩子认识性器官

性器官包括女性的乳房、阴部、臀部和男孩的阴茎、阴囊、臀部等，这些都是属于隐私部位。父母应该及早帮助孩子认识这些性器官，并且告诉他们这些器官都是需要隐藏和保护起来的，不能随意让他人观看、抚摸等。

例如，爸爸可以和儿子一起洗澡，妈妈可以和女儿一起洗澡，告诉孩子辨认各种性器官，告诉他们要保持这些地方的清洁卫生，尤其不能让他人侵犯。

方法二：让孩子了解性侵犯

孩子自我保护意识薄弱，并且对性知识了解得很少，更不知道什么是性侵犯以及性侵犯者的常用手段，因此，当他们面对性侵犯时，往往手无缚鸡之力。

这其实也是父母过度地保护孩子造成的后果，因此，父母应该及时让孩子了解性侵犯者的手段，培养孩子的自我保护能力。

父母应该告诉孩子性器官是不能让人观看和抚摸的，这是性侵犯的行为，如果孩子受到性侵犯，那么会对他的身心发展造成不良的影响。父母应该告诉孩子要拒绝别人的诱惑和哄骗，要懂得保护自己。

方法三：帮助孩子杜绝各种不良交往

有调查显示，一般性侵犯者多为受害者的熟人甚至是朋友，许多女受害者甚至受到自己的男性朋友的性侵犯。

因此，父母们一定要擦亮眼睛，帮助孩子分辨良友和坏友，坚决杜绝孩子进行的各种不良交往。

周芬上初三，是个很内向的孩子，平时很喜欢上网。一个周日的晚上，周芬外出一直玩到十二点才回来。在妈妈的追问下，周芬才吞吞吐吐地说去见了一个男网友。

妈妈听了后，耐心地劝导周芬，告诉她其中的危险性。周芬听了也觉得有道理，从此不再与男网友见面了。

父母应该仔细观察孩子的情绪变化，了解孩子朋友的基本情况，指导孩子辨认真正的朋友和别有居心的人，帮助孩子杜绝不良的交往，把性骚扰扼杀在萌芽状态。

方法四：告诉孩子遇到性骚扰敢于说"不"

遇到不怀好意的性骚扰，许多孩子选择了沉默，他们也感觉到了别扭和尴尬，但是装作什么也不知道，让犯罪分子轻易得逞，更可能导致犯罪分子进一步的侵害。

父母应该告诉孩子当他们在公共场所遇到性骚扰时，一定要大声地拒绝，例如说"不要碰我"等。如果他们在偏僻的地方遇到性骚扰，一定要运用自己的智慧，不可束手就擒，要尽量拖延时间，寻找机会逃脱。

方法五：教给孩子一些应对性骚扰的方法

父母应该教给孩子一些应对性骚扰的方法，免得孩子在面对骚扰时不知所措，从而让犯罪分子得逞。

　　父母可以告诉孩子遇到性骚扰时，如果周围人烟比较稀少，就要尽量稳住犯罪分子，寻找机会逃脱或者求助；如果周围有人群集中的地方，则应该当即立断地跑到人群集中的地方去求助等。

第十章

心理健康的好习惯：让孩子的内心快乐起来

克服焦虑——给孩子健康平和的心态

焦虑是每个人一生中都难以回避的不良情绪之一。这种情绪是心理应激的正常反应,有利于人类的生存和对危险的回避。

但是,如果这种不良情绪持续存在或程度过于强烈,就会对心理和身体造成危害,导致焦虑症,成为一种常见的心理障碍。

对于孩子来说,过度的焦虑会严重影响他们的身心健康和智力发展,并且容易诱发抑郁、孤僻等心理疾病。所以,父母必须了解焦虑的有关知识,及早预防和治疗孩子的焦虑症,以尽早帮助孩子摆脱困境。

王敏的各科成绩都较为理想,但就是怕参加数学考试。每次要考数学时,她就吃不下饭,睡不好觉,生怕考不好。

每当考数学的时候,王敏就紧张得满头大汗。虽然成绩并不差,但考试的过程让她备受煎熬。

后来,妈妈带王敏去看了心理医生。心理医生听了王敏的叙述,告诉她:这是一种反射性心理异常,通常被称为焦虑症。

在医生的建议下,妈妈开始对王敏进行有针对性的训练。比如,让王敏自己设计几张数学试卷,然后利用周末进行自测。

后来,在老师的配合下,王敏班上的几个同学一同参加了对王敏考数学紧张的矫正训练,一段时间之后,她终于不再害怕考数学了。

通常情况下,多数人的焦虑体验是暂时的,具有一定的防御作用,并不会对个体产生太大的影响。但是当焦虑变得很严重并已逐渐影响孩子的日常生活时，父母就应予以注意了。

孩子焦虑的产生与父母过高的要求密切相关。大多数孩子面临考试都会产生焦虑的情绪，如果得不到及时的调整，不仅会影响考试，还会让孩子对自己产生怀疑，甚至丧失信心。

因此，父母一定要引导孩子学会放松，缓解紧张和焦虑。最重要的是，不要给孩子施加过多的压力。

方法一：教会孩子学会转移内心的压力

现在的孩子面临的压力已经很大了，如果父母再用较高的期望值来给孩子施压，那么孩子就更容易焦虑了。

父母要让孩子知道焦虑并不能解决任何问题，只有相信自己，学会调节自己的心情，学会转移自己内心的压力，才能放松、缓解因紧张而引起的焦虑。

父母要教孩子以轻松的心态来应对各类挑战，积极培养孩子健康的心理。一旦发现孩子有很大的压力，可以让孩子去做自己喜欢做的事情，教孩子学会转移自己内心的压力，减少焦虑的情绪。

方法二：多看优点，增加孩子的自信心

孩子焦虑的一个重要原因就是忽视自己的优点，只看到自己的缺点，对自己信心不足，结果导致焦虑。

父母要帮助孩子认清自己，形成正确的自我评价，并且要重点关注孩子的优点，让孩子在优点中培植自己的自信。

父母在平时的教育中，要放大孩子的优点，让孩子充满自信。只有充满自信，才会防止焦虑情绪的蔓延。看到自己的优点，孩子就会觉得自己可以控制各类挑战，就不会感到焦虑了。

方法三：给孩子制定合理的目标

目标过高，孩子害怕完成不了会产生焦虑感；目标过低，孩子得不到成

就感也会产生焦虑感。这些都会阻碍孩子的身心发展,因此,父母要帮助孩子制定合理的目标,让孩子远离焦虑。

张雪上五年级了,她从小就开始弹钢琴,并且弹得不错,学校有什么演出活动都会让她参加。这次市里要举办钢琴比赛,学校又派张雪参加,张雪向老师保证一定要拿到第一名。

可能是压力过大,张雪在家练习钢琴的时候老是出错,一出错就发脾气,焦躁不安。妈妈从老师那里知道了原因,帮助张雪制定了合理的目标。张雪练习时,再也不觉得压力大了。

父母对孩子期望过高,孩子担心达不到预期目标会遭到父母的责备,因而忧心忡忡、焦虑不安;孩子对自己没有客观的认识,为自己制定过高的目标,一旦实现不了就会加重孩子的焦虑。由此可见,父母帮助孩子制定合理的奋斗目标尤为必要。

父母要给孩子充分的发展空间,给孩子制定跳一跳就能够着的目标,偶尔孩子自己把目标定得很高,父母也要做巧妙的调整。这样就能保证孩子不至于因为没有退路而产生焦虑,半途而废。

方法四:教育孩子学会自我放松

容易焦虑的孩子一般对压力过于敏感,但是他们又缺乏释放压力的能力,这就需要父母教育孩子学会放松,帮助孩子抛弃压力带来的焦虑,坦然对待压力。

现在的孩子面对激烈的竞争,心理要承受很大的压力,压力造就了焦虑。父母要理解孩子害怕落后、失败的心态,并要注意合理调适孩子的心理,教育他们放轻松,避免压力过大产生的焦虑成为孩子身心发展的绊脚石。

情绪稳定——稳定的情绪利于身体机能的运转

情绪是人对客观世界、客观事物是否符合自己需要的一种特殊反应形式。情绪稳定表明一个人的中枢神经系统活动处于相对平衡的状态,反映了中枢神经系统活动的协调。如果孩子的情绪经常不稳定,则是情绪不健康的表现。

情绪稳定的孩子具有良好的自制力,而情绪不稳定的孩子不具备自制性,往往会冲动,不善于控制自己的情绪。情绪不稳定的孩子经常"管不住自己"。他们是情绪的奴隶,而不是情绪的主人。

情绪稳定的孩子容易感到安全,表现坚强,就算遇到突发事件,仍然能够轻松自如。情绪不稳定的孩子容易感情用事,容易心烦意乱。

有情绪不稳定问题的孩子在学习中的表现是心情时好时坏,学习劲头时高时低,对父母、老师、同学时而亲近,时而疏远。

姜卉在父母的宠爱下养成了乱发脾气的坏习惯。只要父母稍微不合她的意,她就要大哭大闹。父母按她的意思办事之后,她又会恢复常态。

这天晚上,姜卉要吃冰淇淋,妈妈说太晚了,明天再买吧,她竟然躺在地上不起来。待了一会儿,姜卉爬起来说:"你们不疼我,我不想在家里待着了,我要去奶奶家。"

爸爸妈妈有些慌张,立刻同意给她买冰淇淋,但姜卉却不依了。无奈之下,他们只好把姜卉送到奶奶家,她才安静下来。

爸爸妈妈很头疼,他们后悔对姜卉太娇惯了。但是,孩子的情绪这么不稳定，他们也不知道怎么做才好。

造成情绪不稳定的原因主要有以下三个方面：一是父母对子女要求苛刻，过分严厉；二是父母则对子女过分照顾、溺爱；三是父母从小经常打骂、恐吓及限制子女与外界正常接触。

同时，情绪稳定与否和孩子的心理素质有很大的关系。心理素质好的孩子，能够正确对待生活、学习中遇到的各种情况，而心理素质较差的人，往往因为小小的瑕疵而自责，从而导致情绪极易波动。

保持稳定的情绪是孩子成功的前提，所以父母要留意孩子的情绪，帮助孩子度过情绪不稳定的关卡。

方法一：提高孩子的情商

生理素质是孩子成才的基础，情商则能为孩子提供良好的生理条件，使孩子在生活、学习、工作中保持稳定的情绪，激发孩子的各项潜能，帮助孩子取得成功。

妈妈发现张晴虽然已经上三年级了，但是还是缺少朋友。其实这和张晴不懂如何交朋友有关。

妈妈觉得这样下去不利于孩子情感的完善。于是妈妈主动邀请张晴的同学来家里做客、玩游戏。不知不觉中，张晴身边的朋友多了起来。

情商可以将孩子的兴趣、自信、乐观等积极的情绪全都调动起来，让孩子在积极情绪的带动下实施成才活动。情商还可以帮助孩子拥有良好的人际关系，为成才提供必要的帮助。提高孩子的情商是稳定孩子情绪的必要手段，父母要加以重视。

方法二：教孩子驾驭自己的情绪

能够驾驭自己的情绪是孩子有良好的自制力的表现。让情绪服从于理性的判断，理智地控制自己的情绪，自觉地控制自己的行为是孩子今后能够取得成功的必要前提。

每个人在人生旅途中都难免会有得志和失意的时候，父母要教育孩子学会驾驭自己的情绪，有了成绩不骄傲，保持冷静的头脑继续赶路；失意时不悲观失望，能够迅速地从情绪的低谷中爬起来。这就是能够驾驭自己情绪的表现。

方法三：增加孩子心灵宁静的体验

现在的社会是一个充斥着竞争和喧嚣的社会，让孩子在嘈杂的环境中有着宁静的心灵是父母应该重视的事情。宁静的心灵可以让孩子坦然面对生活、学习、工作中的竞争，宠辱不惊，以良好的心态面对自己的人生。

父母可以让孩子多看些书，多听些轻音乐，多进行绘画之类的静活动。让孩子在不断地体验中学会修身养性，稳定自己的情绪。

方法四：给孩子一个发泄和倾诉的空间

情绪不稳定的孩子想把自己内心的感受和情绪波动的原因表达出来，可是往往不知如何发泄。有时父母需要给孩子一点空间，让孩子记录自己的心情或是大哭一场，借此来松弛一下情绪。

温杰上五年级了，学习成绩还不错，是班里的学习委员。但是妈妈发现他的情绪很不稳定，尤其是考试之后，他的不稳定情绪通常会持续很久。

妈妈觉得这样下去不行，就为他买了一本带锁的日记本，让他把自己的心情完全记录下来。温杰按妈妈说的，把心里话全写出来。慢慢地，他就能自觉地控制自己的情绪了。

父母要意识到，当孩子向父母诉说他们的烦恼和痛苦时，潜意识里是想让父母来理解自己，安慰自己。善于给孩子一个发泄和倾诉的空间，就是帮助孩子把握了调适自己情绪的杠杆。

活泼开朗——让孩子的身体、心灵都健康

活泼开朗是指孩子具有高度的主动性和积极性，思维活跃，勇于探索，能够通过自己的努力去获得新知识，并且对周围的环境和人、事有较强的适应性，对事情能够始终保持一种乐观的态度，并且对人非常热情，乐于与别人交往。

反之，性格内向的孩子不善于和他人交流沟通，时常会感到孤独，这对孩子的性格发展和身心健康都会产生不利的影响。所以，父母要重视培养孩子的活泼开朗的性格。

幼年时期是培养孩子活泼开朗性格的关键时期，父母要努力使孩子具有积极的愉快情绪，能够主动与别人交往等。

林青是一年级的小学生。有个周末她和妈妈一起逛街，对面突然有一个孩子叫林青的名字，可是林青不但没有答应，反而躲到了妈妈身后，那个孩子只好走了。

妈妈问林青："那是谁？"林青小声地说："是我同学。"妈妈问她："那你怎么不答应呢？"林青不吭声了。

其实妈妈知道林青为什么不和同学打招呼。林青小时候，妈妈工作忙，只好请保姆带她，保姆不经常带孩子下楼玩，时间一长，林青就成了内向的孩子。

上学后，林青接触到的老师和同学都是陌生的，一些活泼开朗的孩子想和她交朋友也都被她拒绝了。

活泼开朗性格的形成除了和遗传有关系之外，很大程度上是受后天的成长环境和教育方法的影响。孩子在生活中已经积累了一些复杂的情绪经验，如果能够经常处于乐观的情绪之中，能够体验每份情感，那么就容易培养活泼开朗的性格。

培养孩子活泼开朗的性格，还要不断调整孩子的心态。孩子的年龄小，自我控制能力很弱，自我调节能力也很弱，在这种情况下父母要教孩子学会调节自己的情感，保证孩子心情舒畅。

不仅林青的妈妈想让孩子活泼开朗，每位父母都希望自己的孩子开朗活泼，善于交际，有一大群小伙伴。相信通过父母的耐心引导和帮助，每个孩子都能变得活泼开朗。

方法一：要重视环境对孩子性格的影响

在家里经常看不见父母笑脸，得不到父母疼爱的孩子，将来很难活泼开朗。父母要想把孩子培养成活泼开朗的人，就要努力为孩子创造一个和睦民主的生活环境和家庭氛围。

林依今年八岁了，以前是个活泼开朗的孩子，现在却像变了个人似的，不爱说话，把自己封闭起来，不和同学交流，放学后就躲在自己的屋里和玩具熊说话。

原来，林依的爸爸妈妈最近关系很紧张，动不动就吵架，搞得家里冷冰冰的，一点都没有家的温暖。在这种环境下，林依也开朗不起来了。

父母要互敬互爱，性格开朗，积极改善与孩子的关系，多给孩子一些温暖，让孩子感觉到被重视，心中得到满足，以此来促进孩子活泼开朗性格的形成。

方法二：为孩子提供与人接触的机会

如果孩子性格孤僻，父母不妨试试这两招：多带孩子去人多的场所，让他多接触人；多让孩子参加一些集体活动，让孩子体验到人际互助的乐趣。

陈姗是个害羞的女孩，在外人面前很少说话。周末，妈妈带她去游乐园玩。她突然被一辆自己从来没有见过的摩托车吸引住了，她小心翼翼地告诉妈妈自己想到那辆车上玩。

妈妈趁机告诉陈姗，那辆摩托车是一个小哥哥自己带来的，要想玩就得得到他的同意。为了玩，陈姗不再害羞，在征得小哥哥的同意后，她和小哥哥一起玩了起来。

陈姗的妈妈抓住了孩子的心理，并教给了孩子交往的技能，使孩子活泼开朗起来。父母也可以让孩子多接触外人，比如让孩子帮父母去买东西，去邻居家借东西等，既可以锻炼孩子的独立能力，又能培养孩子活泼开朗的性格。

方法三：改变孩子的孤僻性格

现代社会的变化与发展对未来人才的要求越来越高，这不仅体现在知识结构及劳动技能方面，在人的性格、生活态度方面也有着更高的要求。孩子性格孤僻，势必会造成发展的障碍。

父母要在生活中多带孩子外出，让孩子感受丰富的世界，也要鼓励孩子走出去多和同龄孩子接触，这样既能让孩子学会合作，也能使孩子变得开朗。同时，父母也可以用培养孩子的语言表达能力的方式改变孩子的孤僻性格。

方法四：让孩子摆脱害羞的束缚

害羞的孩子往往不善于和人打交道，也不和外界交流，久而久之就会变得更加自闭。孩子害羞是不自信的表现，父母要了解孩子的心理特点，有针对性地进行诱导，对孩子尽量不要责备，多多鼓励孩子。

不论孩子出现在什么场合，都要让孩子做好充分的准备。其实只要充满自信、心情愉快、保持积极的态度，害羞的孩子也会逐渐变得活泼开朗。摆脱了害羞的束缚，孩子离活泼开朗就近了很多。

第十章
心理健康的好习惯：让孩子的内心快乐起来

远离恐惧——让孩子的内心不再害怕

恐惧是一种心理疾病。容易感到恐惧的孩子一般意志薄弱，缺乏自信，不能以积极的态度面对挑战，经不起困难和挫折，难以取得成功。

现在不少孩子对很多事情都表现出"恐惧"，做事缩头缩脑，遇到挫折时想到的是逃避，而不是积极地采取措施去克服。

孩子形成恐惧心理的原因很多：有的父母本身就不够勇敢，没有给孩子做好示范；父母过分溺爱孩子，孩子的事情一手包办，孩子得不到锻炼胆量的机会；父母经常打骂孩子，挫伤孩子的自尊心和自信心，使孩子遇事感到恐惧。

恐惧对孩子的身心发展影响很大，父母要意识到这种危害。但是为孩子驱逐心中的恐惧不是一朝一夕就能实现的事情，要找到孩子恐惧的原因，然后对症下药。

张琪今年六岁了，平时爱看故事书。这天晚上，她和往常一样按时躺下，可是没过多久，她突然喊道："有鬼来抓我，我不敢自己睡觉了！"然后，她就从自己的屋子里冲到父母的卧室里。

父母以为她做噩梦了，急忙劝道："孩子听话，这个世界上没有鬼的。"可张琪却不断地说："我怕，我不睡觉了！"

张琪那天确实梦见了鬼来抓自己，所以以后的好几天，她睡觉的时候都会有相同的反应。孩子的反常行为几天以来一直困扰着父母，妈妈突然想起有一次自己曾吓唬女儿，说再不听话就让鬼把她抓走。

为了帮助孩子消除恐惧的心理，妈妈向她检讨了当时的错误，并告诉她这个世界是不存在鬼的，这才让她恢复了正常的睡眠。

容易恐惧的孩子更需要来自父母的关爱和鼓励。经验不足、知识不丰富是导致孩子恐惧的一个重要原因，了解了真实情况就没有什么好害怕的了。恐惧来自孩子的心理暗示，父母要帮助孩子迈出勇敢的第一步，让他们告别恐惧。

方法一：父母要给孩子示范什么是勇敢

孩子的恐惧心理很多时候是来自父母的恐惧，父母在生活中把恐惧的情绪传染给孩子，孩子就会变得恐惧了。

研究发现，有效的榜样可以帮助孩子克服恐惧的心理。因为孩子最初总是模仿父母的，父母的勇敢无疑是孩子最好的榜样。

坚强的父母才能造就勇敢的孩子。同时，有些孩子也会表现出人际交往中的恐惧，父母要在家庭中表现出积极的态度，乐于与人交往，并将这种情绪传达给孩子，让孩子得到锻炼，远离社交恐惧。

方法二：帮助孩子培植自信心

孩子之所以会产生恐惧的心理，和缺乏自信心有很大的关系，父母要帮助孩子树立自信心。父母可以适当地通过表扬孩子来让他享受成就感，这样其自信心就会增强很多，也会将恐惧驱逐出内心。

父母要发掘孩子的独特天赋，使孩子认识到自己的长处和优势，并为之自豪，以形成积极的自我意识。父母也可以分析他恐惧的原因，然后设置一些具体情境，帮助孩子在情境中取得成功，这样也可以帮助孩子远离恐惧。

方法三：增强孩子的心理承受力

现在的父母习惯于为孩子做好所有的事情，所以孩子根本没有机会去接触失败的事情或是对自己有打击的事情。他们在困难和挫折面前往往表现出极差的心理承受能力，在恐惧面前往往不知所措。

父母要注意增强孩子的心理承受力。可以让孩子多一些失败的经验，然后教给孩子学会正视困难和挫折。经历的事情多了，孩子的心理承受能力就会增强，也就会远离恐惧的困扰了。

方法四：为孩子设置必要的挫折

勇敢的性格不是与生俱来的，是靠父母的后天培养形成的。父母教育得当，孩子就会摆脱恐惧的困扰。为孩子设置必要的挫折，对于锻炼孩子的勇气是有很大帮助的。孩子只有经历的事情多了，再次面对困难时才不会感到恐惧。

李娟今年都10岁了，可还是个胆小的小姑娘。她特别害怕黑夜。每天天一黑，她都不敢出门。妈妈为了锻炼她的胆量，在这天晚饭后，故意躺在床上说自己发烧很严重，需要李娟去外面的药店帮妈妈买点药。

李娟的恐惧涌上心头，可是又不忍心让妈妈那么痛苦，就狠了狠心出门了。走在路上，感到害怕的时候她就唱歌，最后，她买到了药并顺利地回到家。有了这次经历，李娟明显地不再惧怕黑夜了。

父母可以有意识地让孩子去做一些有难度的事，并且要把所有可能出现的情况告诉孩子，以便让他减少恐惧感。

对于挫折和困难，孩子需要较多的尝试和时间来适应。在反复的锻炼中，孩子会学会应对各类困难的方法，内心的恐惧感也会逐渐减轻。

打败忧郁——内心愉悦才能保持健康

忧郁是一种比较常见的心理疾病,是由于受到外界不良的刺激,遭受到重大的人生挫折,再加上本人先天的遗传因素和性格的懦弱,不良的认知与归因,对外界发生的一切过于多愁善感等所导致的一种心理障碍。

孩子产生了忧郁的情绪,会对身心健康造成损伤,也无法正常地学习和生活。忧郁的孩子具体表现为唉声叹气,对什么都不感兴趣,对以前爱好的事情也提不起精神,最后会发展成感觉这个世界上的任何事情都没有意义,对什么都感到索然无味。

除此之外,忧郁的孩子大多不愿意活动,身体各部分都感觉不适,连最起码的生活自理方面的小事,都需要别人催促着才会行动,而且动作极其缓慢,思维反应也十分迟钝。

而且,忧郁的孩子容易对自己各方面都持否定的评价,遇事总往坏处想,失去了自信与自尊;严重者还会伴有厌世想死的念头与做法,损害孩子的身心健康。

忧郁不是孩子应该有的心绪,父母如果发现孩子有这种情况,应尽快采取行动,让孩子走出困境。大多数情况下,孩子的忧郁都可以找到较为明显的影响因素。

夏莉的脸上很少有开心的笑容,她还经常和妈妈说自己现在对什么事情都没有兴趣,总是想哭,却又哭不出来。

这次考试夏莉的语文考得很好,大家都向她表示祝贺,她却一点儿高兴劲儿也提不起来。她总觉得自己心里闷闷的，晚上睡觉也是多做不好的梦。

妈妈对夏莉的状况很担心，不知道她为什么会变成了这个样子。

每个孩子在实现目标的征途中如果遇到了障碍，都会心情不好；每个孩子碰到了重大的挫折也都会心情沮丧。

孩子的心境容易变动，而且看问题比较偏激，很容易随着情绪摇摆。调控不好自己的心绪，就容易陷入一种忧郁的状态中。

孩子陷入了忧郁，自己很痛苦，家人也会感到很焦心。现在，忧郁已经成了一种比较普遍的少儿心理疾病，应引起父母们的重视。

方法一：教孩子理智地调节情绪

孩子出现了忧郁的情况，不是真的遇上了什么特别让人悲观、绝望的境遇，只是孩子对事情的错误、歪曲的看法，让他们对事态觉得很不乐观，从而用一种很消极的态度来面对事情。

父母要帮助孩子主动调整自己的情绪和看法，纠正其认识中的偏差。孩子学会了理智地管理自己的情绪，也就能正确客观地看待生活中的一些事情。

方法二：教孩子转移情绪

当孩子遇到了不好的事情时，比如考试考差了，父母要及时引导孩子进行情绪转移。

父母可以让孩子去从事一件比较愉快的事情，比如去和自己的好朋友打一场篮球赛，让孩子把不高兴的情绪转移、发泄出去，学会用积极的情绪来抵制消极的情绪。

尤其是正处于情绪敏感期的孩子，父母更要教会他们在碰到不高兴的事情时，要懂得进行情绪转移。

方法三：适当地宣泄

当一个人的情绪波动得比较激烈的时候，要进行适当的宣泄。如果一直压抑在自己的心里，时间久了，就会出现心理疾病，如抑郁症等。

当孩子遇到不痛快的事情时，父母要鼓励孩子通过大哭、高喊、运动的方式来进行相应的发泄，让孩子的心理能够保持一种平衡的状态，这样才有利于心理的健康正常的发展。不能让孩子过于压抑，使自己陷入死胡同。

方法四：进行积极的暗示

父母在孩子出现抑郁的现象时，可以通过一些积极的心理暗示，帮助孩子进行心理调整，使其渐渐地走出抑郁。

当孩子出现忧郁的情况时，父母可以跟孩子说："不要为打翻的牛奶而哭泣，这样于事无补。不如我们来总结一下错误的原因，下次不要让错误再出现就行了。"

方法五：给孩子定一个目标

有时候孩子出现了忧郁的情况是由于对前途和未来比较茫然，不知道自己人生的目标在哪里，因而觉得生活很没意思。

父母要根据孩子的实际情况给孩子定一个生活的目标，让孩子切实可以抓住这个目标，并鼓励孩子朝这个目标努力。

告别害羞——让大大方方成为生活的常态

害羞是人类普遍具有的情感，它通常表现为对陌生事物的一种本能反应。一般来说，家里来了陌生人，孩子就会表现出害羞的心理，他们通常把自己关在屋子里不敢出来，说话声音也会明显地变小。

害羞的孩子通常会被人认为胆小与不自信，因为他们面对陌生事物时表现得非常畏惧，不敢去面对，总是怀疑自己是否有能力做好某件事情。

孩子在大约一至两岁的时候都会经历一段害羞期，他们见到陌生人时会躲进父母的怀里，不敢迎视他人的目光。

但是在经历了害羞期后，孩子们大部分都可以正常地参加社会交往活动。然而有一些孩子却依旧表现得非常害羞，甚至到了工作岗位上也依旧如此。

王雪盈是个很内向的孩子。周五的最后一节课，班里照例组织了一次班会活动。老师为了活跃气氛，便提议玩"成语接龙"的游戏，输的同学上台为大家表演节目。

王雪盈内心开始紧张起来，她很害怕自己答不上来，她心想："要上台表演节目该多难为情啊。"

正在王雪盈思忖间，她发现大家都看着自己，原来轮到自己接了。可是刚才她走了神，没听清前一个同学的成语。无奈，她只能表演节目了。

这让王雪盈更加紧张，她的脸开始红起来，心跳也加速了。一分钟过去了，她依旧傻傻地坐在座位上，头都快低到课桌底下去了。

孩子之所以会害羞，主要有两方面的原因：一是遗传因素的影响；二是环境的影响。

一般来说，父母都比较内向、害羞，孩子也会表现得更为害羞一些，但这并不绝对，许多天生害羞的孩子经过有意识的锻炼也可以成为活泼、外向的孩子。

环境的影响包括父母的教养方式和文化环境。受中国传统文化影响，一般父母都不认为孩子害羞是什么大问题，他们甚至不太支持孩子太"出风头"。

另外，父母的教养方式也会引起孩子的害羞心理。父母过于严厉，对孩子过度保护，也会造成孩子的害羞心理。

适当的害羞不会影响正常的生活，但是如果害羞心理过重，则会影响孩子的正常发展。一个害羞的孩子不敢迎接挑战，自然会错失成功的机会，在社会交往中也会遭遇挫折。

害羞的心理完全可以通过训练和教育进行调适。因此，父母应该采取及时有效的教育方式来帮助孩子调适他们的害羞心理。

方法一：接受孩子害羞的本性

害羞是人类的本性，父母的训练可以帮助孩子缓解这种心理，但是不能完全根除。对于孩子的害羞心理，父母首先应该坦然接受，然后再采取有针对性的措施。

孩子害羞了，说明他心里很害怕，不知道怎么办，父母不要为他的害羞行为而愤怒，而是应该温和地宽慰他们，告诉他们害羞是很正常的，然后再采取正确的方法来训练他们。

方法二：指导孩子进行积极的心理暗示

积极的心理暗示可以使孩子克服自己的害羞心理。积极的心理暗示会让孩子的内心产生一股力量，激励他们去行动，这是克服害羞心理最好的方法。

王坤是个四年级的小男孩。他以前也很害羞,但是经过妈妈的引导后,他改变了很多。

王坤以前不敢和小区里的小伙伴们玩,妈妈就告诉他:"害怕没关系,你可以更勇敢一点的,被拒绝也没关系。"

有一次,小伙伴们要玩捉迷藏的游戏,王坤鼓起勇气走上去说:"我也想参加,可以吗?"伙伴们答应了。从那以后,他就经常进行自我暗示,也变得不再那么害羞了。

当孩子感到害羞时,让他们思考一下为什么要害羞呢?我在害怕什么呢?找出自己害怕的原因后,再对自己进行积极的心理暗示。如果怕同学笑话,那就告诉自己不要害怕,其实没什么。

方法三:尽量不要责备孩子

对孩子的责备会让他们觉得自己很不受欢迎。得不到认可,使孩子在他人面前没有自信,不敢发言,这也是造成孩子害羞的重要原因。

父母平时尽量不要责备孩子,即使孩子做错了事情,也要先耐心地听孩子讲明原因,不要急于责备,更不要在情绪激动的情况下打骂孩子。

方法四:利用小目标进行强化

目标对人的行为具有非常大的激励和导向作用。孩子的害羞心理有时候是冰冻三尺,非一日之寒,这时候父母就应该从小目标出发,不断地引导孩子克服内心的害羞,使他们慢慢成长为心理健康的孩子。

平时在生活中,父母就可以为孩子设立一些目标。例如家里来客人了,如果他可以望着客人的眼睛进行谈话,那么就给他一些奖励。通过这些小行为的纠正,小目标的实现,孩子慢慢就能克服害羞心理了。

消除多疑——放下疑虑，遵从自己的内心

　　孩子一般都敏感多疑，经常对某人或是某件事带有自己的偏见，并擅长通过自己的想象把本来不存在关系的事情联系在一起，或硬性地按照自己的想法制造出某些事情，来证明自己无中生有的想法。

　　多疑的孩子会把别人的好意或无意误解为对自己怀有敌意，没有证据就胡乱怀疑别人欺骗、中伤自己，导致人际关系紧张，不利于自身的进步和发展。

　　多疑是孩子心理上一种不好的品质，它是破坏孩子和他人之间友好关系的"有力武器"。多疑心理的产生原因主要有：儿童时期没有得到父母足够的关爱，安全感缺失，导致对他人缺乏信任和信赖；孩子在和他人的交往过程中受到过伤害；本身性格存在缺陷等。

　　孔雅今年上初一了。因为两岁之前和爷爷奶奶一起生活，缺失父爱和母爱，心里没有安全感，这影响了她日后的人格发展。

　　在学校里，她如果看见两个同学在窃窃私语，就会猜测他们是不是在说自己的坏话；别人无意中看她一眼，她就以为别人是不是不怀好意。

　　孔雅怀疑别人对自己的真诚，认为没有一个人可以与她谈心、做朋友，因此经常会感到孤独、焦虑。孔雅每天都闷闷不乐，直接影响了她的人际关系和学习成绩。

　　多疑会造成孩子性格的偏执，他们往往心胸狭窄，敏感，怀疑别人的用心，遇事爱往坏处想，总认为别人都和自己作对，在向自己耍阴谋，甚至会

捕风捉影，别人不经意的言行都会激起孩子心中的怒火，产生带有攻击性的言行。

多疑的孩子与亲人感情不和睦，不能和同学友好相处，周围人际关系很紧张。多疑的孩子自己心里也很痛苦，经常被紧张、孤独、沮丧等不良情绪困扰，得不到真诚的情感。

多疑的孩子，往往先在主观上设定他人对自己不满，然后再在生活中寻找证据，甚至会把别人的好意误解成恶意。这是孩子缺乏理智、盲目认识的结果。

方法一：加强修养

多疑的孩子不会受到大家和社会的欢迎，他们往往缺乏修养，心胸狭窄。生活中孩子会遇到很多不公平的事情，也会遇到很多让人无法接受的人。与其愤怒地指责别人的行为，不如怀着理解的心态给对方一个微笑，很少有人会伤害一个善良的人。

要善于将不愉快的经历抛之脑后，不让多疑的心来破坏自己的思想和情绪，以积极的心态来面对这些问题，快乐地生活，这样才会得到更多人的尊敬。

方法二：及时和他人交流，消除怀疑

生活中有很多误会，关键是要学会消除误会的方法，不能及时消除误会，就会产生怀疑之心。孩子和他人存在误会时，要和他人进行沟通，消除自己对别人的怀疑。

池方是个心眼很小的女孩，怀疑心重，在班里只有陈晨把她当好朋友。因为池方的缘故，两个人经常会闹一些小矛盾。

一次，池方无意间看见陈晨正和别的同学小声说话，她就怀疑陈晨在和别人说她的坏话。

这次考试，池方希望自己的成绩能排前几名，但结果并不理想。陈晨为

了安慰她，微笑着劝慰她，她却觉得陈晨是在嘲笑她。因为池方的怀疑，两个人的关系从此恶化了。

当孩子怀疑别人时，父母可以鼓励他们坦率地把自己的猜疑向对方提出来，双方平心静气地谈一谈。只要孩子真诚地和他人沟通，相信怀疑会很快消除的。

方法三：遇事要善于分析

当孩子怀疑别人讽刺自己、嘲笑自己时，父母要教育孩子，不能马上采取对他人的攻击行为，要仔细地分析事实，正确地判断别人的行为。这样孩子可能会发现自己的猜测与事实根本不符，从而改变自己的心理。

多疑是孩子的一种心理疾病，整日提防来自他人的侵害，会给自己的心理造成沉重的负担。所以孩子要学会先查明真相，再决定是否和他人进行沟通。

父母要教孩子，遇到这类的事情时要多往好处想，可以主动和对方接触，开诚布公地交谈，这样不仅可以消除疑惑，还可以增进彼此的友谊，因怀疑造成的烦恼也会一扫而光。

方法四：让孩子学会自我安慰

在生活和学习中，父母要教育孩子学会宽容地对待身边的人和事。善待周围的人，就是善待自己，要学会积极的自我安慰。

孩子要积极地调整自己的心态，不要毫无根据地怀疑他人对自己的用心。即使自己真的受到他人的非议，遭到他人误解，也要心胸豁达地去面对。这样既可以显示自己的大度，也可以避免给自己增加无谓的烦恼。如果觉得别人在怀疑自己，应该安慰自己不被别人的言论而影响自己的心情。

不再孤独——努力让自己融入热闹中

孤独是指人的社会交往动机、合群行为得不到满足时所产生的内心体验。孤独是一种很不健康的性格特征，一个人如果长期被孤独感笼罩，势必严重影响心理健康，心理也会提前老化。

孤僻者被沮丧、消沉、自卑、抑郁、忧愁，甚至仇恨、愤怒等有害情绪控制，心情烦躁不安，会导致人际关系紧张。另外，孤独还会降低人体的免疫力，使人容易感染各种疾病。

严重的孤独症患者，由于平时离群索居，不与人交往，因而缺少来自别人的关心和安慰。倘若一时想不开，很可能失去战胜病魔的信心，甚至失去继续生活下去的勇气，从而走上轻生的绝路。

韩林是家里的独生子，父母自然对他疼爱有加，什么事情都要"服务到位"，甚至连鞋带开了都舍不得让他自己系。

久而久之，韩林变得很享受父母为自己做事，心理上也对父母产生了强烈的依赖感，一看不到父母就感到恐慌。

上幼儿园了，韩林发现在学校里和在家里是不一样的。他困惑，渴了怎么没人给端水？饿了怎么没人给东西吃？

韩林完全不适应学校生活，其他小朋友也不和他一起玩耍，他每天只能一个人躲在角落里，期待着早点回家。

有的父母对于孩子保护过度，从小就将孩子封闭在"象牙塔中"，使他们与外界隔离。这样做，虽然可以起到很好的防护作用，避免外界"病毒"

的侵扰，但是同时也过滤掉了很多孩子成长过程中所需要的"养分"。

这类孩子最容易体验到孤独的情绪，没有人和他们一起分享成长的喜悦和成长的烦恼，感受不到融入集体的快乐与自信。

长期独处的孩子性格会变得越来越孤僻、冷漠，将来很难融入社会。因此，对孩子的孤独症，如果父母不及早进行积极的矫治，将会影响孩子今后的事业和一生的幸福。

父母要告诉孩子，不要因为害羞而独处，不要因为挫折而独处，不要因为怕受骗而独处。唯有敞开心怀对人，才能获得他人的信任。

不论生活和学习上遇到什么问题，孤独都不可能帮孩子解决，唯有融入群体之中，孩子才会不再害怕，才会充满力量。

方法一：给孩子一个充满爱和温暖的家庭

孤独的孩子一般都生活在缺乏温暖、爱和理解的家庭中。父母要和睦相处，为孩子创造和谐的家庭气氛，保证孩子身心的健康发展。

孩子生活在温馨的家庭环境中，能体验到家庭的温暖，促进心理的健康。父母要积极营建良好的家庭氛围，改善与孩子的关系，关注孩子的生活、学习，多与孩子沟通，让孩子的心理需要得到满足。

同时，父母不可过于娇惯孩子。对孩子有求必应，会导致孩子走入学校后，发现学校与家里的情况完全不同而感到困惑，把自己封闭起来，进而逐渐走向孤独的囚室。

方法二：扩大孩子的视野，培养孩子的兴趣

父母要多带孩子出去走走，扩大视野，根据孩子的爱好有针对性的培养孩子的兴趣，孩子便能在这些有意义的活动中找到乐趣，从而远离孤独的侵扰。

孩子喜欢新事物，内心也渴望与人交往，但是在父母的庇护下缺少机会。父母要尽可能多地为孩子创造走出去看看的机会，增长孩子的见识，陶冶孩子的情操。

在培养孩子兴趣的过程中。孩子生活充实、心情愉快，同时也能接触到许多有共同兴趣爱好的朋友，与朋友交往，这是治疗孤独最有力的针剂。

方法三：教给孩子正确地认识孤独

适当的孤独可以帮助孩子静下心来思考问题，处理事情，而过分的孤独则会阻碍孩子的身心发展。父母要教育孩子正确地认识孤独，利用孤独，不被孤独束缚。

夏蕾是个乐天派的孩子，和别的小朋友关系很好，整天闹闹腾腾的给家里增添了不少欢乐，好像从来都没有让她安静下来的事。

这天回到家，她出奇地安静，妈妈一问才知道是因为考试没考好。妈妈没说什么，只是让她自己一个人待着。第二天早上，夏蕾又恢复了以往的活泼。

父母要意识到，适当的孤独作为一种正常的生理现象，可以帮助孩子摆脱浮躁的心情，头脑清晰地看待问题。

方法四：让孩子多交良友

心理健康的孩子，一般都有比较好的朋友。在孩子交朋友的过程中，父母要做好指导，让孩子多结交些性格好、教养好的孩子，孩子在了解他人的基础上也能调节自己的行为。

父母不要总是把孩子关在家里，要尽量让孩子和朋友在一起玩耍、学习，增进友谊，并且要教育孩子要有一两个知心朋友。培根说过，没有知心朋友的人，是真正孤独的人。有了知心朋友，孩子的快乐有人分享，痛苦有人承担，就不会感到孤独了。

摆脱悲观——让孩子的心里天天是晴天

现实生活中，有的孩子似乎沾染上了忧虑的悲观心态，不管遇到什么事情，都会首先启动自己的悲观神经，既为事情的经过担忧，也为事情的结果担心。这是一种无益的心态，是对精神和心理的损耗。

悲观是一种消极的生活态度。当孩子以悲观的心态对待生活、学习时，会看不到生活、学习的目标，对未来没有信心，与积极的孩子相比，更难以取得成功。乐观是孩子应该具备的良好品质，是成功的催化剂，悲观则是失败的孵化器。

田伟今年读四年级，是个很悲观的男孩，在家里和学校里都不喜欢和别人说话。在学校里，他在课上没有回答出老师的提问，课下就在座位上哭，嘴里还说着："我真笨啊，我的未来没有希望了。"

在家里，田伟养了不少金鱼。有一天早上，金鱼死了好几条，没想到田伟哭着说："我怎么这么不幸啊，养什么死什么，什么事情都做不好。"

妈妈看到田伟这么悲观，心里非常担心，却不知道该怎么引导他。

乐观的孩子即使面对困境，也深信自己有能力扭转现状，会为了达到自己的目标努力；而悲观的孩子认为好事是短暂的，失败是经常的。

在逆境中做最坏的打算是应该的，但是在日常生活中就没有那个必要了。拥有豁达的心态，是孩子应该具备的良好品质。

悲观的孩子对待身边的事情总是存在负面的想法，对未来不抱任何希望，尽管事实并非如此。这样的孩子会时时感到无助，失去努力的动机，缺乏安全感，长期下去，还有可能会产生抑郁症，对身心造成严重的影响。

既然悲观是一种毫无积极效果的行为浪费，那么，父母就要帮助孩子消除这一误区。

方法一：重塑孩子的乐观性格

如果孩子现有的性格是悲观性格，父母就应该达成共识，帮助孩子重新塑造性格，要坚信"性格是可以重塑的"，从而树立帮助孩子重新塑造性格的信心。

庄蓉因为脸上有很大一片胎记而感到自卑，而自卑又使她变得悲观。她总是觉得自己是多余的，身边的人都不喜欢自己。看见女儿这么悲观，爸爸妈妈心里很焦急。

爸爸妈妈经常夸奖庄蓉，这让庄蓉觉得父母是爱她的。爸爸妈妈还每天都给庄蓉讲笑话、讲有趣的事情，周末带庄蓉出去玩，接触大自然。

庄蓉在玩的时候认识了不少朋友。在朋友的带动下，在父母的鼓励下，庄蓉忘记了自己的胎记，变得积极乐观了。

父母要指导孩子认同乐观性格，让孩子清晰地认识自己现在性格的缺陷，明白乐观的重要性，并且还要相信经过努力，就可以达到改变自己悲观情绪的目的。

父母还可以将孩子身边乐观的朋友组织在一起学习、做游戏，引导孩子向乐观的孩子学习，重塑自己的乐观性格。

方法二：调整情绪，多向好的方面想

很多孩子在遇到难以解决的问题时，就悲观失望，本来很好解决的问题，却因为没有调整好情绪，使简单的问题变复杂了，在悲观情绪的支配下，事情就更难解决了。

张静今年读初三，是个很容易悲观的孩子。马上就面临中考了，因为成绩在班级里一般，所以她老是担心自己考不好。

妈妈教育她:"情绪好不好会直接影响到学习状态。勇敢地面对现实,凡事往好的方面考虑,同时做好失败的心理准备,这样才会取得进步啊。"

在妈妈的引导下,张静每天都将自己的情绪调整到最佳状态,为中考做准备。

父母要让孩子调整好自己的情绪,有条不紊地把握好事情的关键,把每个细节都处理好,还要把事情向好的方面想,这样悲观的情绪就会逐渐淡化。

方法三:学会向别人倾诉自己的苦闷

在孩子的成长过程中,快乐和悲观都是不可避免的,关键是找到正确的疏导方法。学会向别人倾诉自己的苦闷,就是一条有效的途径。

孩子心里有苦闷的事情,如果不和别人倾诉,就会憋出病来,还会形成悲观情绪。父母可以教育孩子多交朋友,向朋友倾诉。孩子把心中的不愉快向身边的亲人和朋友倾诉之后,心情会变得开朗,从而能够摆脱悲观情绪的困扰。

因此,父母要对孩子给予充分的理解和尊重,并且用合适的方法引导孩子将烦恼说出来,以自己的人生经验为孩子排忧解难,这会使孩子的情绪由悲观转为乐观。

平息暴躁——让孩子熄灭心头的无名之火

脾气暴躁的孩子往往不能冷静地处理问题，动不动就会乱发脾气，不能控制自己的情绪，这样的孩子是不会给别人留下美好的印象的。

脾气暴躁的孩子往往不懂得与人为善，不能维持良好的人际关系，对生活、学习都会造成很大影响，从而丧失很多的机会，难以取得成功。

孩子脾气暴躁的原因主要有：父母本身脾气暴躁，给孩子不好的影响；孩子自我调节情绪的能力低，缺乏自控能力；父母对孩子过度溺爱，凡事都让孩子由着性子来；父母容易向乱发脾气的孩子妥协，经常让孩子尝到发脾气的甜头等。

鲍娇是在爷爷奶奶的精心呵护下长大的，在家里，他们不让鲍娇受一点委屈。这就使鲍娇觉得自己所做的事情都是正确的，提出的任何要求都是合理的。

有时候鲍娇做错事，爸爸批评她，她就哭着去找爷爷，爷爷就会对爸爸说："鲍娇小，大了就好了。"有了爷爷奶奶的庇护，鲍娇越来越爱发脾气了。

在学校里，鲍娇一不高兴，就冲同学发脾气。时间一长，鲍娇就被同学们孤立了。面对这种情况，爸爸妈妈感到很头疼。

孩子的暴躁脾气也是分情境的。一般在亲人或比较熟悉的人面前，暴躁脾气会暴露得更明显。他们遇到刺激就会产生激动、愤怒、与人争吵等反应，所以会给人惹不得的感觉，逐渐会失去身边的朋友。

孩子形成暴躁脾气是每位父母都不希望看到的，孩子乱发脾气也会影响孩子的发展，因此，父母要采取积极的措施，及时纠正孩子乱发脾气的坏毛病。

方法一：告诉孩子暴躁的危害

暴躁的孩子遇到事情沉不住气，别人的行为触怒了他，他便会火冒三丈，他们常会为小事和身边的人闹矛盾，这样会影响孩子的正常人际交往。父母要让孩子意识到暴躁的危害，引导孩子远离暴躁脾气。

叶朔今年七岁，在父母的娇惯中养成了少爷脾气，一旦别人触及了他的利益，他就会不依不饶，脾气很是暴躁。

这天班级大扫除，王刚拖地时将水溅到了叶朔的运动鞋上，叶朔立即翻了脸，说了不少难听的话。王刚和他道歉，他还是不肯罢休。

老师和同学看到叶朔的暴躁脾气，都不自觉地疏远了他。

暴躁是孩子情绪出现问题的一种表现。脾气越是暴躁，对孩子的危害就越大。暴躁会使孩子的身体受到损害，高血压和心脏病患者在暴躁时更容易导致死亡。

父母要让孩子意识到发脾气并不能找到解决问题的方法；暴躁会给孩子的生活、学习带来不利影响。一旦孩子意识到暴躁的危害，就会自觉地远离暴躁了。

方法二：以正确的方式关心孩子

父母疼爱孩子是可以理解的，但是应该以孩子的正常发展为目的来关心孩子，要以正确的家教观念来教育孩子，不要只重视物质享受。

父母不能为了博得孩子的欢心，有求必应。这样只会滋生孩子以自我为中心的自私意识，在这样的意识下，孩子会变得脾气暴躁。

方法三：转移孩子的注意力

当孩子乱发脾气时，父母应该充分利用周围环境，设法转移孩子的注意力,让孩子暂时离开让他发脾气的人或事,过一阵子孩子就会平息怒火了,也就能很好地控制自己的情绪了。

妈妈带李枫逛商场,他看上了一把枪,妈妈不同意买。李枫就开始发脾气,他挣开妈妈的手,在柜台面前又哭又闹。

这时候,妈妈看见了李枫最喜欢吃的薯条,就去给他买了薯条。李枫看见自己喜欢吃的东西,就忘记要妈妈给他买枪了。

当孩子遇到让他愤怒的事时,父母不妨告诉孩子,不如丢开让孩子愤怒的事,做些自己感兴趣的事,也可以想想别的事情,转移一下注意力,这虽然不是根本的方法,却能受到立竿见影的效果。

方法四:对孩子进行冷处理

当孩子乱发脾气时,父母要采取冷处理的态度,必须让孩子意识到发脾气是无济于事的。等孩子停止了哭闹,能够心平气和地和父母对话时,父母再去教育他。孩子看到成人态度坚决,自然会远离暴躁的脾气。

父母对脾气暴躁的孩子进行冷处理,并给予正确的引导和教育,让孩子知道乱发脾气的孩子是不受欢迎的。通过冷处理,孩子会慢慢控制自己的暴躁脾气,从而赢得他人的喜爱。